鲁迅说:"我本来每天写日记,是写给自己看的,大约天地间写着这样日记的人们很不少。"

　　我这日记也是如此,不仅不打算给别人看,并且在生前还要禁止别人看,以免自己脸红也。

燕园

清华园日记

夏鼐 著

中国出版集团 东方出版中心

图书在版编目（CIP）数据

燕园清华园日记 / 夏鼐著 . 一上海：东方出版中心, 2020.10

ISBN 978-7-5473-1673-3

Ⅰ. ①燕… Ⅱ. ①夏… Ⅲ. ①夏鼐（1910—1985）－日记 Ⅳ. ①K825.81

中国版本图书馆CIP数据核字（2020）第138052号

燕园清华园日记

著　者	夏　鼐
策　划	付　江
责任编辑	赵　龙　马晓俊
封面设计	钟　颖

出版发行	东方出版中心
地　址	上海市仙霞路345号
邮政编码	200336
电　话	021-62417400
印刷者	山东韵杰文化科技有限公司

开　本	890mm×1240mm　1/32
印　张	14
字　数	230千字
版　次	2020年10月第1版
印　次	2020年10月第1次印刷
定　价	48.00元

出版说明

　　2020年是夏鼐诞辰110周年，我们出版这本《燕园清华园日记》，来纪念这位为新中国考古事业做出卓越贡献的学术专家。

　　夏鼐是著名的考古学家，在埃及考古学、中国史前考古学和历史考古学、中国科技史和中西交通史的考古学等方面，取得了杰出的成就。曾主持甘肃史前考古、辉县战国大墓与车马坑等发掘，指导北京明定陵、长沙马王堆汉墓等项目的发掘与研究。荣膺中国科学院学部委员、英国学术院通讯院士等中外七个院士称号。他的日记既是我国考古教育、考古事业的有价值的参考文本，更是特定时代的缩影和反映，向我们生动地还原了当时的历史状况，是十分宝贵的历史记录。

　　《夏鼐日记》原件共有23本，其中学生时代的为1931年至1940年，共有6本，此次出版的日记，为1930年至1934年他在燕京大学、清华大学读书时期的这一部分。这一时期是中国社会动荡，人民生活极度困苦的时代。当时，军阀混战，民不聊生，日本帝国主义对中国蠢蠢欲动。"九一八"事变发生后，神州大地，满目疮痍。

　　夏鼐于1930年8月进入燕京大学，学社会学，1931年9月转入清华大学，后学历史学。他在校园读书，不仅潜心读书，增长知识和见闻，还心怀国家，关心民族前途。如1933年1月1日，日记中记载"社会记事：热河形势又危急，真不知国亡何日"。他虽为一名无法左右时局的学生，却绝不是"两耳不闻窗外事，一心只读圣贤书"。

从日记中，我们也可以看出，夏鼐读书之勤、读书之广、读书之精，以至著名学者陈寅恪先生在批改其作业时也连声称赞："所论甚是，足征读心（书）细心，敬佩敬佩。"在日记中，我们可以看到夏鼐时常读一些厚度达一千页左右的著作，而且每次买书数量也不少，甚至还去读很厚的外文原版著作。这样的求学精神，实在是我们年轻人学习的榜样和楷模。

由于这本日记写作年代较早，日记中的语言习惯也与今天大为不同，为了保持日记原貌，我们保留了这些语言方面的内容，如"的、地、得"三个字在具体用法上不做区分。一些方言、口语之类的用法，亦一并保留。还有一些与现代语法标准不太吻合的语言句式，不做修改。对于同一本书的名称的简称和同一人的称呼也不做统一。对于日记中涉及的近现代名人，我们尽可能做了注释，以便读者可以详细了解日记里发生的事情。对于日记中其他需要解释的地方，也用中括号（[ ]）予以注释，以方便读者阅读。

最后，感谢北京印刷学院叶新教授对书稿做的注释。中国社会科学院考古研究所年逾八旬的退休研究员，曾长期在夏鼐身边工作的王世民先生，为重新整理这部分夏鼐日记提供了莫大的帮助，我们尤为感激。

目　录

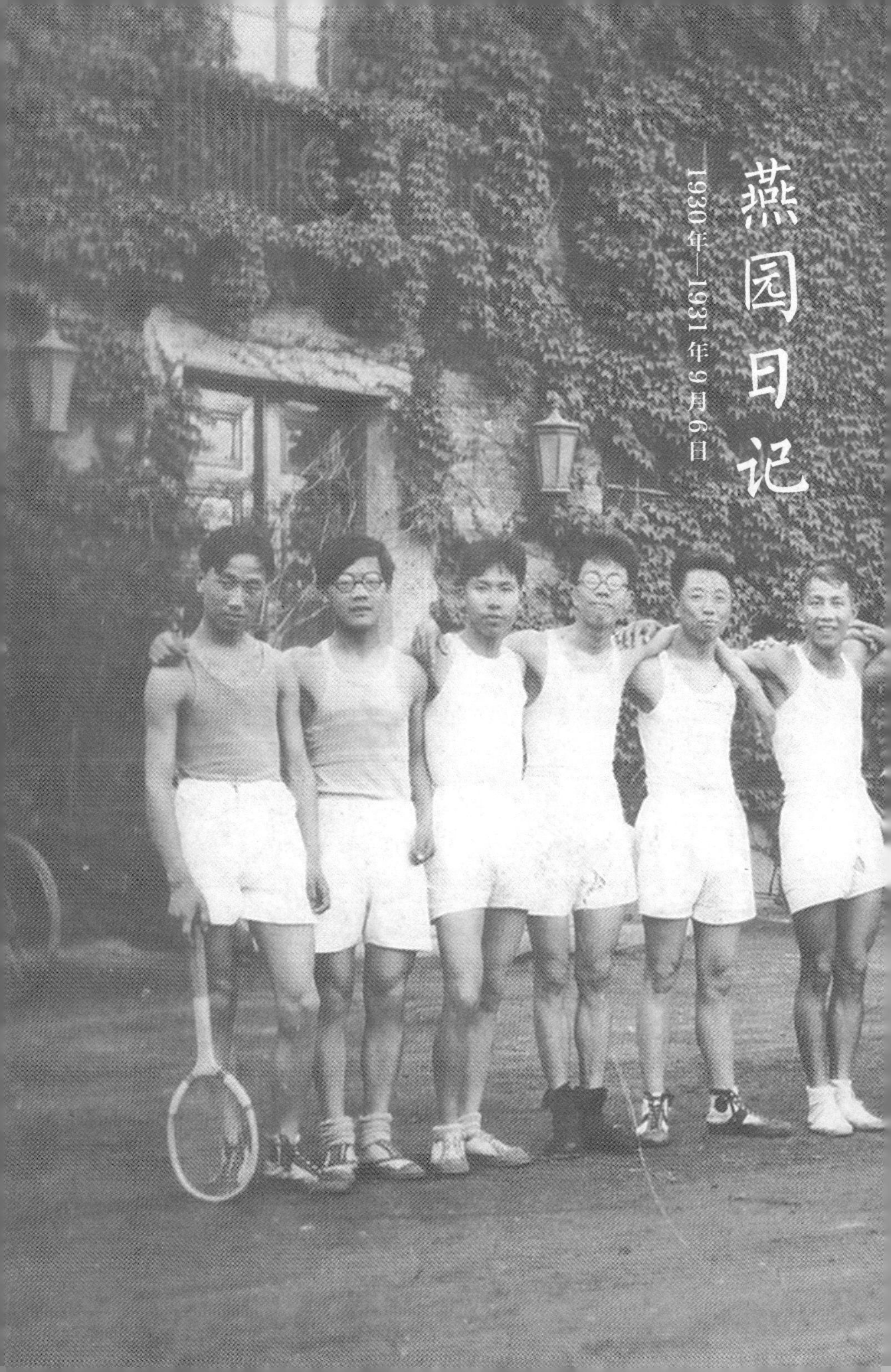

燕园日记

1930年—1931年9月6日

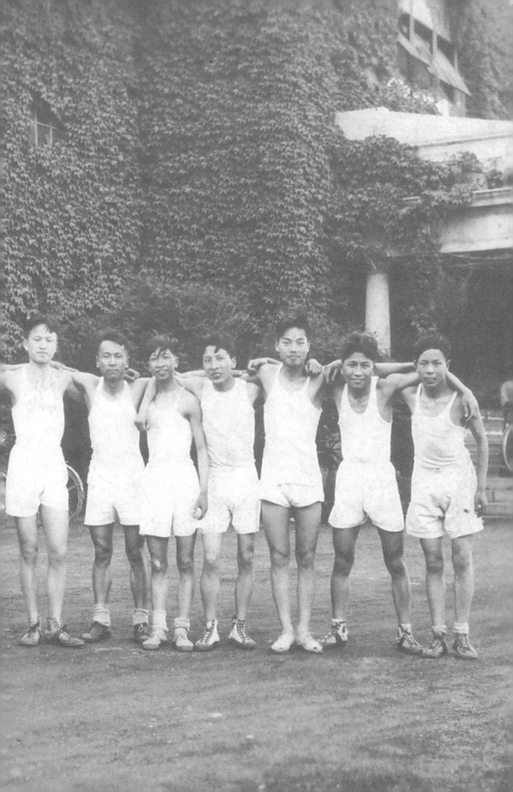

1930 年日记片段

大学生活

　　枯燥无味的中学生涯已经完结了，崭新的大学生涯方将开始，在生命史上似乎重新掀开了一页，想象到未曾经历过的境界，常使人起了一种憧憬。固然幻想中黄金色的未来乐园，往往化成了铅灰色的现实，教人感受到一种幻灭的苦痛。但是人们像投火的飞蛾，决不会因为幻灭而起嗒然若丧的心，废然而返，所以虽然不断地遭受了希望破灭的打击，仍是不断地发生新的期望。我也是人类中的一员，当然免不了这种人类同具的缺点。大学生涯对于我，是具有新鲜、活泼、光明的意义。

　　一谈起希望，便接着联想到希望的幻灭，这便足以证明我的心房是已经有受过伤的创痕。是的，我去年的期望并不在燕京[1]，更不在中央[2]，我只想进交大[3]工科或清华[4]文科。我对于将来的生活，是希望做一

1　燕京：即燕京大学的简称，夏鼐在日记中也简称为"燕大"，以下同。

2　中央：即中央大学的简称。

3　交大：即交通大学的简称。

4　清华：即清华大学的简称，以下同。

图一　夏鼐 1930 年就读于燕京大学社会学系时的照片

个工程师，在辘辘作响的马达旁边，辛勤着、挣扎着，每天劳作几小时，然后划上一根香烟，躺在沙发椅上，悠然看闲书，这种生活是何等安逸和可爱。去年一年的生活便消磨在预备投考工科的功课，然而大考后，突然发觉患有沙眼症是要遭淘汰的，这对于我实是无限的失望，接着又知道清华也以同样原因有沙眼不能投考，实教我失望之至。

赴平旅行

大学生活的序幕是长途的跋涉。8 月 30 日恰巧是七夕节，由温州登轮。父亲和哥哥都来送我上船，到船上又碰到锄非和纪泽，便一同到舱面上，一面眺望，一面闲谈。纪泽因为病躯不支，先行告辞归去。

锄非与我一同在码头上散步。后来回到房舱中，看见少兰亦来船中送行，等到船将开行时，才各自告别登岸回去。31日抵上海，寓香槟旅馆，与郑棨同住。安憩一会儿后，出去至马路上巡行各书局，购了几本书便回栈。晚间偕同郑棨及王书之[1]，往谒张国雄的父亲，以张君未得家庭同意，谎称已考取税专[2]，骗了家中的钱跑到北平[3]去。张先生托我抵平后，遇到国雄时劝他南返。9月1日陪张先生赴通易公司，后赴光华晤及陈凤书[4]君。陈君亦曾投考燕京，未遭录取，现拟继续在光华[5]肄业。赴注册部取得文凭后，归途赴张东荪[6]先生家中，晤及宗炳[7]、

1 王书之：浙江温州人，1931年在中央大学借读，曾任温州《葱茏晨报》副刊编辑、广西柳州中国农民银行经理等。
2 税专：即北京税务专门学校的简称，创办于1908年，停办于1937年。
3 北平：系北京的旧称之一，1928年国民政府设立北平特别市，简称"北平"，1949年9月被设为中华人民共和国首都并更名为北京市。
4 陈凤书：1909—？，吉林长春人。经济学家。1931年考入燕京大学经济系，1935年毕业后赴英国伦敦政治经济学院深造，1938年获经济学硕士学位，曾在法国巴黎大学短期听课。次年回国后，先后任教于上海大同大学、厦门大学、上海沪江大学等校。新中国成立后任教于上海对外贸易学院、上海外国语学院。著有《在华外商银行业务经营论》《欧洲货币市场》等。
5 光华：即光华大学（1925—1951）的简称，是上海一所著名的综合性私立大学。夏鼐在1927—1930年曾就读于光华大学附中高中部。
6 张东荪：1886—1973，原名万田，字圣心。浙江杭州人。哲学家、政治活动家。毕业于日本东京帝国大学哲学系，1911年被授予格致科进士。任中国公学、政治大学、光华大学、燕京大学、清华大学等校教授。曾主编《时事新报》《解放与改革》杂志等。1934年与张君劢等组织国家社会党，1944年参加中国民主同盟。1949年后任中央人民政府委员、民盟中央常委等。著有《新哲学论丛》《思想与社会》《认识论》《唯物辩证法之总检讨》《阶级问题》《民主主义与社会主义》等。
7 宗炳：即张宗炳（1914—1988），张东荪长子。浙江杭州人，生于上海。昆虫毒理学家。1930年考入燕京大学生物系，1934年毕业后继续攻读研究生，1936年考取庚款留学资格赴美国康奈尔大学攻读昆虫生态学。1938年获得博士学位后回国，在上海东吴大学生物系任教，后任系主任、教授。1941年后任成都燕京大学生物系教授兼系主任，1946年任北京师范大学生物系教授。1949年后任北京大学生物系教授等。著有《昆虫毒理学》《杀虫药剂的分子毒理学》《杀虫药剂的毒理测定》等。

宗燧[1]昆弟，二君亦已考取燕大，不久即随其父北上。返栈后获悉同乡单猛（次刚）亦将赴平，现在因为冯阎战事，津浦路不通，须改由水道北上，故约定单君同行。傍晚往船票局购票，夜深始返栈，船系怡和公司之定生号轮船。9月2日晨上船，9时开行。午餐后至舱面闲眺，万里沧波，定生轮行驶其上，不啻一叶扁舟。午后有微雨，更显得海上的空濛无边。下午5时返舱中进晚餐。9月3日风浪颇大，颗粒未进，仅食去皮橄榄数枚而已，偃卧床上，阅林译《茶花女遗事》讫。9月4日早晨略进咖啡及饼干，8时许抵威海卫，定生轮停泊江中不靠码头，倚立舱面阑干闲眺，威海卫及刘公岛皆在望中。舟停一小时许，又启碇开行，午餐后抵烟台。小艇载水果蜂集轮旁，将水果箩陈列两舷若市肆。我买了一些紫葡萄，晶莹若宝石，不仅香味可口也。船停泊约四小时，又启碇开行，风浪又大，略进晚餐后，又偃卧床上。9月5日晨起后食昨日所购之紫葡萄，8时许进早餐，餐后又赴舱面闲眺。船在海中，四顾茫茫，并无片帆孤屿，时东方已明，但朝阳为靆叇之黑云所遮盖，仅射微光于海面，闪烁若银鳞。少顷微雨纷纷，天容阴霾，景况至惨凉，使羁旅之人萧然兴悲，复下舱偃卧。午间舟进大沽口，船徐行河中。下午4时

1　宗燧：即张宗燧（1915—1969），张东荪次子。浙江杭州人。理论物理学家。1930年考入燕京大学，次年转入清华大学，1934年毕业后继续攻读研究生，1936年考取庚款赴英国剑桥大学深造，两年后获得博士学位。1938年到丹麦哥本哈根大学理论物理研究所工作，随著名物理学家尼尔斯·玻尔研究量子场论。1939年回国后，担任重庆中央大学物理系教授。1945年底以英国文化协会研究员身份在英国剑桥大学做研究并授课，一年后担任美国普林斯顿高等研究院研究员，1948年回国担任北京大学物理系教授，后任北京师范大学物理系教授、中国科学院数学研究所研究员，1957年当选为学部委员。著有《电动力学与狭义相对论》《量子力学》《色散关系引论》等。夏鼐在日记中称之为"宗燧""小张"等。

抵天津，船泊紫竹林，上岸住长发栈。晚间以秋雨淅沥，不得出游，仅由窗口外望，见街心车辆往来不绝，两旁店铺有类上海。9 月 6 日晨 8 时，运行李出栈，乘北宁火车于 12 时许抵北平。由燕大新生招待所接收行李，在车站中将行李交代清楚后，由招待员陪往东安市场购物，后赴南池子燕大汽车行乘车赴校。5 时半领取行李，检点无误，即暂住第一宿舍 227 号。

北平初影

当北平渐渐临近的时候，我的心房怦然跃动了，七百多年的都城，必定保存有不少的史迹，令人低徊感叹。火车从草原中驶过去，由窗口外望，只见浓绿的夏木与高粱秆子连接不断，最后突然在青翠的丛林枝头露出一座巍峨的城楼，灰色的瓦，红色的墙，这不就是我梦想中的北平吗？犹如获见久已通信并见过照相的恋人，心中有无限的愉快。接着，雄伟的天坛祈年殿也隐约可见了。车中的人渐渐的骚动了，我也取了随身的手篋，站立起来向窗外瞧。少顷，车抵正阳门车站，我便很高兴地跳跃下来。单君要我和他再同住一天客栈，我一口应承下来。行李在车中一时不能取出来，我便先跑出车站月台外面去，无意中看见燕大新生招待处的人员拿着旗，正在那儿等候着，我便向他们打招呼，告诉我便是燕大新生之一，他们表示欢迎，并且说行李可以交与招待处，以便一起运回校去，我将行李交代清楚后，便去午餐。出了火车站，便是正阳门，虽没有前门牌香烟的绘画中那么热闹与优雅，因为经过了长久时间的风吹雨打，已有些地方剥落了，然而因此反而越发显得古朴。只有这样的建筑，才足以表示真正东方式的风味。我到今天才赏鉴到真正的东方艺术。这正同我第一次到上海时初度感到西洋建筑的美观时相似。我记得1927年初次到上海，招商局轮船将靠岸时，黄浦滩边，一眼望去，尽是高耸的洋楼，汇丰银行、江海关大楼等一排的洋楼，巍然矗立于阳光中，给我一个初次感到西洋建筑物的壮大雄伟。在正阳门附近一个饭店中进食后，即乘黄包车赴东安市场，只花了20铜子，途经东交民巷，建筑及街道都完全洋化，与上海租界中住宅区，如霞飞路、静安寺路一带，倒有一点相似。进东安市场，巡绕一周，是一个类于上海城隍庙的商品贩卖所。市肆栉比，乱七八糟，别无趣味。出来后以20铜子坐车赴南池子，乘燕大汽车赴校。汽车由燕大校门进去，所得的印象是一座美丽的花园，几座雕梁画栋的宫殿式的房子，衬着绿茵一般的芳草与森森的树木，教人起了无限的美感。在这一瞥间，我享受到无限的愉快，真不枉我这一番的长途跋涉。

在北平第一个引人注意的商场状况，便是铜圆的缺乏和铜圆票的盛行。他们叫铜圆为"大子儿"，是一种值2枚的铜币，但是通常所用的多是铜圆票，分为20枚、40枚、60枚、100枚、120枚、150枚、200枚。当时1元可兑400枚。至于零碎的铜制硬币，有时另称为"铜子儿"。又有角子票，分为1角票、2角票，一角抵40枚铜圆。

9月10日晚至校中图书馆。燕大系男女同学，教会学校，社交风气较为开通。图书阅览室中，电灯下映着并肩而坐、亲密地喁喁私语的一对对。退出图书馆，回到宿舍去。这时候寝室中阒然无人，只有窗外秋虫悲鸣不已，格外动人离愁，孤零零地坐在灯下，欲哭无泪，血液似乎凝滞着了，只得上床蒙被而卧，辗转不能入睡，最后自怨自艾，何必远涉长途到此地来啊！这种矛盾的心理织成了我的生活中的苦痛结。

北海纪游

9月20日，偕张国雄、刘武[1]二君游北海。这样的一个下午，天是那般的澄清，我们一总三人，悠然闲坐在北海公园中五龙亭内饮茗。亭子临着水次，湖风拂上衣襟，轻盈凉爽。对岸便是琼岛，白塔巍然矗立着，背后衬着蔚蓝的青天，而底下便是碧绿的浓荫，露出来朱栏雕槛的漪澜堂。更妙的是塔影倒映入湖，逐着漪涟的湖水而荡漾，教人有"身处图画中"的感想。

我们三人都是老相识的。国雄是十中时的同学，刘武是小学时的同学，而且在上海美专也遇到几回。所以吾们便随便地谈着，从国家大事，党国要闻，一直谈到女学生的服装，最后又说起人生的离合靡定；我们都是漂泊着的浮萍，现在偶然被轻风吹在一处，然

---

1 刘武：1910—1961，原名翰武，字叔扬。浙江永嘉（今温州）人。其父为近代著名温州学者刘景晨（1881—1960），其长兄刘节（1901—1977）为著名历史学家。先后考入上海美术专科学校国画系、北平中国大学英文系就读，毕业后入南京正中书局任助理编辑。1937年"七七事变"后辞职回家，先后在私立瓯北中学、缙云仙都中学、永嘉县立中学、浙江省立第三临时中学、浙江省立温州师范学校任教。新中国成立后，任教于浙江青田中学。译有萧伯纳《一个逃兵》等。

而无情的波浪，又时时可以将我们分散开去，于是大家将要各自追逐着自家的漂泊生涯，而后会更不知是何时何地。说着大家都默然感叹。

西方水平线上只剩了几片飞霞，太阳早已不可见，而月亮却又一时不出来。琼岛上的白塔、绿树只剩黑黝黝的阴影，而漪澜堂却灯火点点，与天上稀少的星星争亮。我们要想等着观月出，然而夜寒衣单，湖风又劲，看看游人都散了，只好勉强而归。可是梦中还觉在游着北海呢！

离开北海之游还没有半个月，张国雄早已回到上海了，刘武也在城南汇文中学读书，只有自家独自在这万籁俱寂的深夜，对着半明不灭的残灯，来草这篇游记。抚今追昔，令人觉得无限的凄凉与惆怅。

1931 年

1 月

1月1日　星期四

社会纪事：蒋介石颁布御用的国民会议及"皇恩浩荡"的大赦令。

昨天在城中三海公园（即中南海公园）跑了半天，很觉疲倦，今天 9 时才起身。从窗口望出去，雪已停了，可是满地的积雪，已厚数寸，天空依旧是铅灰色的云密布着；邻近的西山，已隐罩在模糊不明的薄暮中了。到饭厅中，以油条蘸豆浆而食，像刘君[1]所说的"别有滋味"。后来到董允辉[2]君那边去闲谈。他的思想虽很旧，可是人却非常忠实而勤学。11 时许，到董子容[3]君那边闲谈，一直到中

1　刘君：即刘古谛（1911—1968），原名调中。广西北流人。1930 年考入燕京大学经济系，次年转入清华大学经济系。1935 年赴美留学，获得伊利诺伊大学商科硕士学位。1938 年回国后，任广西大学会计专修科教授兼系主任，后转入广西银行界任职，任广西银行总行行长。新中国成立后，曾在广西工业干校、广西财政学校工作。

2　董允辉：1902—1981，又名蕴辉，字朴垞，号敬庵。浙江瑞安人。1930 年考入燕京大学国学研究所，毕业后长期在中学任教。1949 年后任教于浙江工学院。著有《中国正史编纂法》《中国史学史初编》《瑞安孙诒让学记》等。夏鼐在日记中也称其为"董君"等。

3　董子容：浙江象山人，1930 年考入燕京大学法律系就读。夏鼐在日记中也称其为"董君"等。

饭时才离开他的寝室，到饭厅去。饭后阅报，下午写信（一封致林焜，一致李寿昌信附后面）。到校东门外购另用物。晚间将下午未写完的信续完。这二封都是文言，实有别种原因所致。我的文言越发生涩了，不过我却替自己喜欢，因为这样一来，将来我自己在文字革命方面反动的可能性便要减少了。今天是新年元旦，可是我觉得没有意思。今天和昨天的区别，同昨天和前天的区别，不是一样的么？不是同是地球的自转一次么？何必在今天特别作乐，高兴了不得。可是我也不反对他们的作乐。

1月2日　星期五

上午写信给祥第[1]，告诉他《双城记》书未买来。下午阅书 Woodruffe, *Foundation of Biology*［伍德罗夫：《生物学基础》］第7、8章，约50页。这书是生物学的课外参考书，我觉得生物学很有兴趣，因为既没有像数学、物理那样的枯燥，要硬着头皮读下去；并且又不像文哲科那样虚浮不切实，只讲空话。我很有点想改习生物，此间生物系很不错；至于社会系，因为主办的人是宗教中人，有点偏重社会服务，至于社会科学的理论，许仕廉[2]这一班货色，连宗教

1　祥第：即王祥第（1911—1990），号伯宇。浙江平阳人。毕业于上海光华中学附中高中部，1931—1935年在清华大学历史系就读。先后在上海肇和中学、浙江温州第三中学等校任教。1979—1981年曾应夏鼐之邀在中华书局编辑所从事《真腊风土记》的整理、校注工作。夏鼐在日记中也称其为"祥第""王君"等。

2　许仕廉：1896—? ，湖南湘潭人。社会学家。1918年留学美国，1920年获斯坦福大学经济学士学位，1922年、1923年获艾奥瓦大学政治社会科学硕士、哲学博士学位。回国后历任武昌师范大学教授、燕京大学社会系教授兼系主任等，1931年赴美讲学，随后转入外交界、银行界工作，1937年赴美定居。著有《中国人口问题》《人口论纲要》《文化与政治》等。

的颜色眼镜也还没有脱掉，更休说资产阶级理论的隐身衣，当然是紧裹不放了。不过改系事要征求家庭同意，只好从长计议。下午刘君回来后，拆启陈凤书君来函，报告光华风潮事。傍晚医治沙眼。晚8时许睡。

1月3日 星期六

今天依旧读那本《生物学》，因为想将后面的索引都译成中文，费了许多辰光还没有完功。后来一想，用不着这样呆做，还是先看完全书再说罢！第9、10章。

上午曾至图书馆。今年图书馆又将书库闭起来了。我本来是喜欢在书库中乱翻的，现在这样一来，很不方便。我以为图书馆为增高书籍流通的效率起见，为阅读者方便起见，应该将书库开放。纵使有不肖之徒，私窃书籍出外，也是不能免的牺牲，只好忍痛耐受。否则将使图书馆成为藏书楼，书籍固然可以不致失落，奈减少流通的效率何！从前在光华也遇到同样的事，将书库制改为闭库制，都很使我不快。

下午剪发，一个多月没剪了，长得像乱草一般，真是懒得要命！

1月4日 星期日

天气稍暖。温和的阳光，从薄云后射出，照在未融化的残雪，鲜明动人。在窗内向外眺望，蓦地里想起从前居家时，像这样的天气，正好同家人们在窗外围坐着晒太阳，大家一块地有说有笑。现在呢？孤身漂泊在外，家里的人围坐谈笑时，也不知念及过我这远客他乡的游子否？也知道我现在正在想念着他们否？思之不禁凄然！

今天依旧读《生物学》，索引的中译，因为昨天已做了一半，舍不得半途而废，所以又费了一个上午去译好。下午看第11—15章，这五章都很短，竟也费了这许多辰光。看书的速度实是太慢，明天要用点精神，赶快的读下去，以便读完后改读他书。假期所余无多，毋悠然空过时日！

感冒，流鼻水，很觉不适。

1月5日　星期一

前次的残雪还没有消融干净，傍晚时又降雪，阴沉沉的天气，很使人不爽畅。在南方罕见降雪的故乡，赏雪景成为很可玩味的风雅事，此地有点司空见惯了，降雪和下雨一样的平常，自然无心去欣赏，只觉得路上泞滑，不便行走，有点讨厌。

整天读《生物学》第16、17二章，一总也只110余页。近来看英文书平均的速率大概是每天100页左右，一点钟常只能看10页余。这速率还是太低，可是一时不能骤然提高，只好一步一步耐着心向前走去，与其读快而不入脑筋，宁可慢读而领会每一句每一字的意义，这是呆法，可是我相信读书没有一蹴便到捷径。虽可用较省力的方法，而不能太取巧以贻后悔。

下午治沙眼。

1月6日　星期二

阅书：今天看完《生物学》。这本连索引、附录一并在内也只

476 页的书，竟费了这许多天的工夫，真出意料之外。午后至董子容处看见这书的改订本，借来一对照，有好几处不同，并且加了一章 40 多页的"生物学与人生幸福"。坐下来一页一页的对照着看，改了几处重要的修订。这种义务校对实在是无聊的工作，然而我自己本来是无聊的人呢！

晚间看电影《怕难为情》（罗克[1]），是滑稽片子。我觉得自己太不注重娱乐了，似非人生常道。记得一个笑话："病人问医生：'我的病可能好吗？''这要看你平日的生活如何而定。你喝酒吗？''不。''吸烟吗？''不。''喜欢跳舞吗？''不。''高兴赌博吗？''不。''可怜的人，那么你医好了病做什么！'"

1 月 7 日　星期三

继续《生物学》校对工作；发现修改得最多的是马化石的进化、性染色体外 Y 染色的提及等。校对毕再看新插入的一章"生物学与人生幸福"，是讨论应用生物学的。于是这本书便算看完了。我觉得这书最好的部分，还是末几章如"生物个体的起源""遗传""演化"等。至于中间那几章讲解剖的顶枯燥，并且专名词太多，看时要多查字典，太不爽快。不过这也许是我自己性癖及学识的关系。我的性癖近于抽象的思考，而远于实体的解剖。我过去获得的知识，关于遗传、演化等，已看过好几部书，可是关于生理解剖，在初中经

1　罗克：即哈罗德·劳埃德（Harold Lloyd, 1893—1971），20 世纪 20 年代前后中国观众非常熟悉的喜剧电影明星，上海人称"罗克"，或称"鲁克""陆克"等，因其在 1915—1917 年间主演的影片多取 *Luke* 或 *Lonesome Luke* 之名而得此中文译名。

张景飞一教，反弄不好，因他教得太无兴趣，所以完全不注意，考试时抄书好了。于是像俗语所说的"只因嫁妹那夜少困了一觉，一生一世也补不足"。到现在还觉得懊悔。下午到董子容那边闲谈。图书馆中出来后，治沙眼。晚上眼睛不舒服，不能看书，早睡。

1月8日　星期四

昨夜因消化不良，时常醒转来，辗转难入寐。刚一合眼，又做归乡的梦，真真惊醒后，越发惆怅，加以不消化的食物在腹中作祟，身心两方面都不舒服，真是难过。起床时已九时许了。天涯此夜，有哭无泪。

阅书：观朱新繁著《中国革命与中国社会各阶级》上集，约313页（未完）。此书上集为《中国革命之过去现在与将来》。自西欧帝国主义侵入讲起，至1927年北伐完成，分析各次革命之性质。说得很是精粹可取，尤其是有许多难得的材料与统计，读得很是爽快，似乎先前读漆树芬著《经济侵略下之中国》时，也有此景况。

下午董子容来，借出政治学课本参考书的摘记。

1月9日　星期五

今天特别的冷，连每日例行故事到丙楼阅报也停止。坐在室内，听着寒风撼树的巨声，真有点战栗。晚上睡时，再加上一条棉被。

阅书：继续读《中国革命之过去现在与将来》，434页的书总算读完了。此书所指革命的现在，是1927年北伐为止的。所以虽站在无产阶级的立场，还主张可暂时容纳小资产阶级。

下午看《东方杂志》27卷17号（125页）、18号（129页）。这二册本已看过几篇，今天把未看的几篇一起看完。近几年来的《东方》，我差不多每本从第一篇看到末一篇。这种笨读的方法，也觉很可笑。不过和王云五那样把《大英百科全书》从头至尾读了一遍（在上海青年会读书运动中讲演"怎样读书"，见光华书局《读书月刊》一卷二期）一比较，却未免"小巫见大巫"了。他虽忏悔这种多看的坏处，白费时间，花精神，但是小规模的多看，我以为也有好处，尤其是不求成专家的我，多看本是消遣。晚间看河上肇《经济学大纲》（陈豹隐译），60余页。

1月10日　星期六

社会纪事：报载昨日北平城内冻毙者18名以上，此中社会的意义恐较宋子文的抵津更为重大。

阅书：朱新繁《中国革命与中国社会各阶级》下集《现代中国社会各阶级》，200余页（未完）。这书大概可分三段，首叙资产阶级，次叙农民及地主阶级，末叙无产阶级。首段最详细，占200余页。结论是中国资产阶级已有发生，且表面上获得一部分政权，但势力太弱，且迫于客观条件，故投降帝国主义，与封建势力相妥协，永不能充分发展。

午后阅报，这是每日例行的故事。校内的报纸有《北平晨报》《京报》《民国日报》《华北日报》《全民报》《益世报》《世界日报》《英文导报》（以上北平出版）、《大公报》《庸报》（以上天津出版）、《申报》《时报》（以上上海出版）。差不多每种都要翻一翻，北方的日报，于评论及副刊都较精彩，不比上海的日报完全商业化，除电讯及要讯外，几不值一看。

1月11日　星期日

阅书：续看《现代中国社会各阶级》（322 页）。关于中国土地制度一部分，叙述驳杂一点，条理较不清楚。劳工运动除第 10 章较善外，下面二章只是事实的报告和统计，也无甚精彩，觉得远不及首段叙述资产阶级及上集《中国革命过去现在与未来》。后阅河上肇《经济学大纲》70 余页。此书系依照马克思《资本论》而编，极精彩，惟读时须精神集中，略疏忽即读不下去，有点莫名其妙。这种"硬着头皮读下去"的东西，非其本身另有价值，实不肯读。只因这书实在好，所以读得有点舍不得抛去。本想今晚看书，也只好延搁到明天再说。

1月12日　星期一

今天又上课了。

至于教授的名单：生物——李汝祺[1]，社会——林东海[2]，英文——

1　李汝祺：1895—1991，天津人。遗传学家。1911 年考取清华学校，1919 年留学于美国普渡大学，先后获理学学士和农学硕士学位，1923 年入哥伦比亚大学研究院，先后获遗传学硕士、博士学位。1926 年回国后，先后任复旦大学生物系副教授、燕京大学生物系教授兼系主任、中国大学生物系教授兼系主任、北京大学解剖系和动物系教授。著有《人类生物学》《细胞遗传学的基本原理》《发生遗传学》等。

2　林东海：1894—？，字椿贤。广东新会人。曾先后获美国耶鲁大学哲学博士、拉尼尔大学法律博士学位。回国后任南开大学、金陵大学、武汉大学、燕京大学社会学教授，1932 年转入外交界任职。1943 年曾任教于中央政治学校。夏鼐在日记中也称其为"林博士"等。

Miss Milles［米勒斯小姐］，国文——钱穆，政治——萧公权[1]，经济——任宗济[2]。

今天下午没有课。写二封家信（一致双亲，一致大哥），看《经济学大纲》约 50 余页。

1月13日　星期二

因预备明天生物学的考试，没多工夫看课外书，只读了《经济学大纲》约 50 页。

今天在《晨报》的"北平学园"上看见胡适的"九年家乡的教育"。这题目我在《新月》的目录上已看见。不过《新月》第一期图书馆中到现在还没有寄到，所以看不到。这篇是胡适的老笔调，有旧小说的风格，叙事明显，但便在这明显二字中，失了小说的动人的折回的好处了。从前看郭沫若的《我的幼年》（不是全书）之"反正前后"，二部都［是］自传式的小说，《我的幼年》的笔调且多无谓的夹叙发对政局时事的议论（这"无谓"当然就我的主观而论）。然而自传式的书在中国便很少，所以我仍旧喜欢看，尤其是他们已成了名的所谓"大人物"的自传。

1　萧公权：1897—1981，原名笃平，字恭甫，号迹园，笔名巴人、石泓、君衡。江西泰和人。政治学家。1918 年考入清华学校高等科三年级学习，1920 年留学美国密苏里大学新闻系，次年转读哲学系。1923 年获硕士学位后，入康奈尔大学攻读政治哲学，1926 年获哲学博士学位。同年回国后，任南开大学、东北大学、燕京大学、清华大学、四川大学、南京政治大学、台湾大学等校政治学教授。1949 年赴美，任华盛顿大学常任教授。著有《政治多元论》《中国政治思想史》《中国乡村》《迹园文存》等。

2　任宗济：清华学校毕业后赴美留学，获哥伦比亚大学硕士学位，先后在燕京大学、南开大学任经济学教授，曾任上海大夏大学盐务专修科主任。

1 月 14 日　星期三

阅书:《经济学大纲》约 150 页。

我觉得上了这半年每周 2 小时的经济学课,得益实不如这几天读这书所得的多。我真有点痛恨误人子弟的教员,空废了人家有用的辰光,我更惋惜自己的错过,空废了许多有用的辰光在听无聊教员的无聊教讲。然而既甘心进了学校,只好每天随众上课,有什么法子可想呢?我真有点想不通,为什么自己不早点辍学自修,恐目前的进境比现在要大得许多呢?至于说到什么资格和文凭,像我这种人对于这些劳什子有什么用处呢?我难道能利用这些东西去摇尾作态,以乞怜他人么?左右是回家去吃老米饭,我真想不通为什么不早辍学自修,只好说是"惰性"作用。

1 月 15 日　星期四

阅书:《经济学大纲》约 150 页。

1 月 16 日　星期五

阅书:河上肇《经济学大纲》50 余页。

上午第一课生物学,讲到进化论中古生物学的证据时,教员说到在中生代时爬虫类的霸占,忽然在我的心中轻轻地掠过一幅童年时的光景。那时我正在小学读书,每天课后要在模范小学门口的书店,像日新、新新、维新三书局中看小说或童话,记得商务[1]的《说部丛刊》中有一本叫做《洪荒禽兽》[2]，述一个探险家到非洲内部遇到一地与外界隔绝，中生代的爬虫正称霸于此区域，百余丈长的恐龙，数十丈长的怪禽。我回家后，这种印象还不能消灭，在后院玩耍时，偶然仰头看见天空变幻莫定的灰色积云，竟当做在中生代的爬虫。看啊！这些伟大的翼手龙，竟随着风而飞腾，而跳跃。再看，那一边的一堆黑云，也不是很像恐龙么？觉得自己也经历一次洪荒世界了。

下午董子容来闲谈一小时许。经济课毕后，张宗燧来，谈一小时许，说到柳承春的婚姻事。张君去后，刘君论及此问题。此君见解，颇有点近于叔本华的女性厌恶论。女子的一生目的在嫁了一位好丈夫，女子读书为增高自己的声价，以便可以获得更好的丈夫。在中国式的社交中，所谓自由选择，对于女方，也许便是一个异性种选择这唯一的一个做配偶，否则只好做老处女去。恋爱，恋爱，骨子里依旧是金钱的买卖关系，男的要花了许多钱及许多精神在女的身子，以求猎艳的胜利。恋爱确是与求学有折冲。这些话中间当然含有真理，不能以劳骚视之。晚间至允辉［处］话故乡事，9时半始回，即睡。

1月17日　星期六

阅书：河上肇的《经济学大纲》（597页，完）。这本书完全是

1　商务：当时对商务印书馆的简称，1897年创办于上海，是当时中国最大的民营出版企业和文化机构。

2　《洪荒禽兽》：应为《洪荒鸟兽记》。

依照马克思的《资本论》而作，只要看他的目录，便与普通经济学书不同。一、商品和货币，二、资本的生产过程（剩余价值的来源），三、资本的流通进程（资本的周转及增值），四、资本的总进程（利润、利息、地租等）。至于这书的文笔方面，开首时因所说的都是新的概念，稍难懂；可是越到后来，越使人不肯舍去，我以为无论信仰马克思学说与否，要懂得新经济学的内容，都非读这书不可。

阅书：波格达诺夫著、施存统[1]译的《经济科学大纲》。这本书实是从经济方面去描写社会进化的历史，从原始共产制、家法制、封建制一直说到未来的社会，今天只读第一篇"自足自给社会时代"100余页。

下午至图书馆，读《新月》中潘光旦[2]及罗隆基[3]的文章，罗氏为西洋式的自由政策主张者，潘氏为优生学者。优生学者本是拥护

1　施存统：1899—1970，即施复亮。浙江金华人。曾在浙江省立第一师范学校就读。1923年任上海大学教授，兼《民国日报》副刊《觉悟》编务。后任北平师范大学、上海大陆大学、广西大学等校教授。新中国成立后，任劳动部副部长等职。著有《现代唯物论》《中国现代经济史》等，译有《资本制度浅说》《世界社会史》《经济科学大纲》《辩证法与资本制度》等。

2　潘光旦：1899—1967，字仲昂。江苏宝山（今属上海）人。社会学家。1913—1922年在清华学校就读，毕业后去美国留学，两年后获学士学位。1925年在哥伦比亚大学攻读生物学、社会学、优生学，次年获理学硕士学位。回国后在东吴大学、光华大学、中国公学等校任职，1934年后任清华大学教授，并担任教务长、社会学系主任、图书馆馆长等职，后任西南联合大学教务长。新中国成立后，任政务院文教委员会委员等职。著有《优生概论》《人文生物学论丛》《中国之家庭问题》等，译有霭理士的《性心理学》等。

3　罗隆基：1898—1965，字努生，又名国琅，笔名生辉、野度。江西安福人。政治活动家、学者。1913—1921年在清华学校就读。毕业后赴美留学，先后攻读于威斯康星大学、哥伦比亚大学，获政治学博士学位。1928年回国后，先后任上海光华大学、中国公学、南开大学、西南联合大学等校教授，并积极从事民主运动，创建中国民主同盟。1949年后任森林工业部部长、民盟中央副主席等职。

社会支配阶级的人，在西方支配阶级是资本家，所以优生学者是想如何去增殖资本家的子嗣，以图势力的永远保持。潘氏因生在中国，而中国现今的支配阶级还是封建式的地主等，所以潘氏保守性质更是显著，拥护旧有的门阀制，以及"承前启后数代同居"的家族制，甚至于想保存蓄妾制，真是新时代的怪物。

图书馆出来后，观燕京、清华赛球。晚间和刘君讨论资本生产之特征。他说的是剥削方式及扩大生产，我以为仅是剥削方式，扩大与否无关系，事实上二事或不能分开，而理论可分离。这次恐怕是我们从来最长一次的讨论了，使人回想到从前和王栻[1]讨论的情形。

1月18日　星期日

今天上午阅书：郭沫若译《浮士德》二幕。后来因为大考近了，想从今天起预备功课，暂时不看课外书。今天下午预备政治学，晚间赴一九三四年级会。

1月19日　星期一

昨晚散会已11时许，熄灯后半小时始入寐，精神有点疲倦。交际会的狂喜高笑，仿佛犹在目前。我真痛恨自己年来畸形的生活，使自己的心情、习惯竟铸成那样落落寡合的状态，在同学交际会的时

1　王栻：1912—1983，原名载栻，字抱冲。浙江平阳人。历史学家。清华大学历史系第七级（1935年）学生，毕业后考入该校研究院，1939年毕业后，先后任金陵女子文理学院、金陵大学历史系教授。1949年后任南京大学历史系教授。著有《慈禧太后传》《严复传》《维新运动》等，主编《严复集》。夏鼐在日记中也称其为"王君"等。

候，时觉局促不安。看见他人那样的高兴，非常羡慕。青春的血，也微微地在我的心中涌起。可是终因为约束久惯了，似栏中的绵羊，虽看见同类在丽日清风之下如茵的草地上打滚，生了欣羡的心，然终不能冲破了积习的藩篱，加入他们中间游戏。于是这样的引诱，只引起本能到达的祈望，反使我相形之下，更觉得自己的孤零，更加痛苦，所以有时不得已便忍着心不去列席，省得一切烦恼（像这半年来的社会学系一年级会每间一周一次的交际会，我便到会一次）。这种的畸形生活，自然是不应该，可是自己已习惯了，还有什么办法呢？

下午预备英文。

1月20日　星期二

星期四的三种考试一样没有预备，真有点着慌，下一次决不可再像这次一样的迟延才好，课外书还是少看点，多预备功课才是。预备英文及政治。

1月21日　星期三

预备政治课及社会课。社会课直到傍晚时才开始预备，明天恐非开早车不可。下午经济课发还第二次月考课卷，侥幸得97分。这一科我想好好地预备一下，或者有 E[1] 的希望，以便提高别样功课

1　E：即"优秀"（Excellent）。燕京大学当时学生的学业考核实行的是绩点制度，绩点依成绩计算，采取五等制。第五等为最高分100分，以下四、三、二、一等依次递减10分，用英文 E（Excellent，优秀）、G（Good，良好）、M（Medium，中等）、P（Pass，及格）、F（Failure，不及格）。

的绩点。政治与社会第二次月考都是 M，这次预习又是这样半生不熟，真是有点危险。（我自己真是矛盾，明知道分数是怎样一种不值钱的虚伪的东西，然而总想得到高一些的分数，似乎心中舒服一点。正像一方面不喜欢人家的谀己，也很高兴人家誉自己的好处，知己的朋友奖誉得恰触到痒处。）

1月22日　星期四

本预定早些起身，醒转来时天还是漆黑的。洗面后，向窗外一看，黑暗中已有微光，原来昨夜下过雪，白晃晃地反映到眼帘来。今天地上大概不好走，换穿皮鞋，天已亮了。报告早餐的木柝一声声传来，呀！已 7 点钟了。去过饭厅后，匆匆地看一遍社会课，丑媳妇免不得见公婆，只好硬着头皮去应考。幸得林东海还识相，分发考卷及试题[1]后便跑。"沙！""沙！""沙！"大家一齐摊开讲义拼命的抄，谁也不是呆子，哪肯错过机会。第二课政治课[2]做了 7 页。下午忽接挂号家信，心中暗暗吃了一惊，不识为底事，硬着心肠把它放在抽屉中不拆，深恐乱了考试的心思。英文考试过后，拆开一看，原来是寄衣服来，真是空吃了虚惊。李福堂借去生物学的摘记。

1月23日　星期五

阅书：《东方杂志》第 27 卷 19 号 126 页。

1　社会问题课的考试试题未录。
2　政治课的考试试题未录。

下午至董允辉处谈话。晚间写家信，一致双亲（北京寒冷，室内温暖，冻疮未发），一致大哥。现在我决定每隔二星期写家信一封，隔得太久了自己过不去。

1月24日　星期六

国文考试，钱穆没有来，只托人带来两个题目："到校半年之回顾"及《史通·疑古篇》书后"。星期一交卷。这样一来倒讨厌了，本来一个早晨便可完了的事，现在却非延长到下午不可。于是索性到图书馆去看杂志 Current History，Dec 1930（《当代历史》1930 年 12 月号），看了两篇搁下来。到国文学系取了卷纸。11 时许开始做，第一题做了 3 600 余字，第二题做了 1 800 余字，直到晚上才做完。一个下午便去掉了。我觉得自己近年来做国文作文，常有下笔不能自休的弊病。做得太长，而且反因之讨厌。并且常恐言多有失，恐怕夹有不通的句子，或白字在中间。可是提起笔来，便有非说个痛快不可的脾气。

晚间在预备生物学。

1月25日　星期日

预备生物学，只看了课堂中记下来的笔记一遍，至于讲义只看了一半；时间来不及了。明天第一时便考试，起身不能太迟，只好不看下去。好在重要的地方笔记上都已有了，大概不妨事。（26 日追记）这位生物教授谈到优生学时，有几句话很新奇。他说："人类在最近的时期很少机会产生'超人'的人种，因为（一）异种结婚（如黄白种结婚等）既以社会心理关系，难大规模的进行。（二）又因婚制是一夫一妻制，精虫和卵由同一的父体和同一的母体产生，没有变换，因之由染色体而传递的质素也是差不多。假如行了杂交制，各异个体的精虫和卵结合的方式千变万化，也许有机会产生新的人种。至于现在的情形之下，除非有'突变'（Mutation）出现，否则后天所得性既不能遗传，优生的结果至多不过拣选出纯种（Pure Live），很难创造新人种。"

1月26日　星期一

考试生物学[1]。

1月27日　星期二

预备经济学。晚间与刘君闲谈。说到做教员的秘诀。做教员的人第一件事要滑头，懂得秘诀，学问呢倒在其次。十余年来的学校生活，使我也领教过不少的歹教员。做教员的必须懂得学生的心理，起首一点钟便要声明："我对于平时的功课是要认真的；不过分数算不得什么一回事，总可商量！"使学生安心，不怕分数问题。然后不亢不卑地介绍自己的履历（一方面诉说自己当年的下苦功夫，以坚学生的信用；一方面谦伪地满口称"与诸位研究研究，不敢称讲授你们以学术"）。开首一年自己用心点预备功课，以免出丑。教过几年后，那便是"衙门当老了，红缨帽拿在手中走"，怕他们其的。假设经济宽裕，不妨开茶话会，以联络学生感情。只说自己当年在

1　生物学课的考试试题未录。

大学中时，教授们便时常如此，算不得拍马，不过交换意见，以便改良教授法及联络感情而已。这类种种秘诀，实不可不懂。

1月28日　星期三

阅书：波格达纳夫《经济科学大纲》160余页。

预备经济学。在本学期所教的科目中，经济科分量顶少。一本教科书只教过106页；课堂的笔记也只有50页。并不是我记下来的量少，实因他发音既慢腾腾地说一句后，隔一晌才说第二句，并且时常一个意思重复叙述，浅薄的例子多举几个，所以弄得笔记中空空无物。但是这少少的百余页，竟使我费了昨天一天及今天一个上午才看完，这实因预备的时间看书心不专注。人类的脾气是和耕牛一样，只有在叱声鞭影之下，才肯一步一步地去耕田，丝丝的细雨淋头也不管，可是后面的强制压迫一去，便要偃卧在浓荫中，翻着一只眼看天，连动弹也不动弹。

1月29日　星期四

阅书：《经济科学大纲》约170余页。

考试经济学[1]（8时—10时）。昨晚不知道怎的，睡得很不舒服，天未亮便醒来了，卧在床上到7时许才起床，精神不大舒服。

晚间陈篯熙[2]君来谈，并承其代购《双城记》。王祥第君来信催

1　经济学课的考试试题未录。
2　陈篯熙：浙江永嘉人，燕京大学化学系学生，曾任教于成都华西大学化学系。夏鼐在日记中也称其为"陈君"等。

买此书，今日始完此债。

1月30日　星期五

阅书：波格达纳夫著《经济科学大纲》约170余页（完）。这书一共只有614页，竟费了四天才看完，证明自己的懒惰，不肯一口气读下去，时读时憩，以致如此。这本书较河上肇那本编法不同，文体为通俗读物体裁，较为活泼有趣味，不似教科书式的一本正经。然而正因为这样，反觉稍浅薄平淡，不像那本河上肇的深醇，并且稍带有唯心的倾向。（近来喜看枯燥精粹的书，一看见平淡的书，便认为平庸不足观。）

上午去体育馆等处逛逛。回舍后看书。下午饭后与朱义析[1]君、钱天祐[2]君至海甸各地乡间乱跑，4时许才回来，两腿跑得都酸了。晚上睡时，脱下皮鞋一看，袜子上已有两个洞。在回来的路上，看见道旁小溪的水已有点融化了，春水潺潺地流着，报告阳气的将临。

1月31日　星期六

阅书：辛克莱著、易坎人[3]译《煤油》（今天阅过601页，平均每

1　朱义析：燕京大学学生，译有《中国之新货币制度》（林维英英文原著），1937年由商务印书馆出版发行。夏鼐在日记中也称其为"朱君"等。

2　钱天祐：燕京大学学生，译有歌德的《少年维特的烦恼》，1936年由上海启明书局出版发行。

3　易坎人：著名作家郭沫若的笔名之一，在1928—1930年间他曾用此笔名译过美国作家厄普顿·辛克莱的《石炭王》（现译为《煤炭大王》）、《屠场》、《煤油》（现译为《石油》）等小说。

小时约读五六十页，这是我近来阅书速度最高的记录）。这书是美国式的普罗文学，我久闻其名，今天才有空闲来读。

2月

2月1日　星期日

阅书：《煤油》阅完（全书共 930 页）。晚间赴光华同学会聚餐，餐后游戏。

2月2日　星期一

上午起身时已 8 时多了，这是因为昨天散会太晏的缘故，睡时已熄灯了呢。至图书馆中阅 *Review of Reviews*（American），Jan 1931［《美洲评论周刊》1931 年 1 月号］。晚间阅读《东方杂志》第 27 卷 20 号 100 余页。下午将书寄给祥第，后来到陈钱熙君处闲谈，并同到董允辉那边去，陈君询及杭州工学院的情形时，董君告诉了一大套，陈是想读制革的，我在旁边默默地听着，忽然想起从前的志愿，那时是想将来作工程师，口里衔着烟斗管理引擎的移动，散工后躺在沙发上看文学及社会科学的书，那是何等美妙的生活啊！现在呢？我堕落了，劳动筋肉的工作将不复降到我身上了，我只好躲懒开去，至多也只能以"劳心者"的臭名词来掩饰自己的丑态。引擎、汽锅、发电机，这些名词在我心中如曼丽、露西一样好听的女人小名，可是现在我是无缘亲近了，我真悔恨了，我曾想再改工科，可是这离开可能性更大了。唉，可怜软弱的我。

2月3日　星期二

偕陈、董二君至刘廷芳[1]处谈话，承其邀赴城中至正阳门旁肉市大街全聚德食红烧鸭。据云为北平食品特产，而以此店最有名，此外尚有正阳楼之羊肉及某家之芙蓉鸭。抵店时已2时许，堂倌先将生鸭数只送来由客择定，熏好后又送来经客过目，再切细置盆中送来，皮层多脂、很厚，与肉分离，味较肉尤美，蘸辣酱后以面张包裹而食之，味殊不恶。

晚间至图书馆，阅《当代历史》1931年1月号，美人撰述关于中国共产党军事方面情形之文二篇。关于中国的事情，有许多还是外国杂志报章上详细得许多。今天接到家信二封及王祥第信一封。

2月4日　星期三

今天几乎整天费在写信上。上午阅书：陈映璜著的《人类学》10页及Kroeber, *Anthropology*［克罗伯：《人类学》］10页。（关于人类学的书，我只零碎地读过几本小册子及几篇论文；系统的著述，今天是第一次拜读。）晚间到图书馆看杂志，回来更写封信给翔鹏，这位仁兄半年多没有通信了，这次不知能否得到复信否？今天一共写了六封信。（我统一心思的工作，比蒋主席统一中国的工作还要

1　刘廷芳：1891—1947，字亘生。浙江永嘉人。牧师、学者、诗人。从上海圣约翰大学毕业后赴美留学，1914年进入哥伦比亚大学学习，1920年获得心理学博士学位，并按立为牧师，在此期间还获得耶鲁大学神学学士学位。回国后担任北京大学心理学教授、燕京大学神学院教授，1921年任该院院长。他还创立了心理学系并担任系主任，1928年任校长助理。著有诗集《山花》《山雨》等，译有《赞美诗》等。

难，因为他总算发行过统一化的邮票，然而我到现在还不敢说我的心思已统一了。——致翔鹏书中语。）

2月5日　星期四

阅书：陈映璜著《人类学》200 余页。此书平庸，无特出精彩处。这大概因科学书难写好，加以用古文笔调叙述，越发困难，我觉得远不若《科学大纲》中关于人类学的那几篇有趣。

2月6日　星期五

阅书：陈映璜著《人类学》50 余页（全书 257 页，完）及克罗伯《人类学》50 余页（第 2 章"人类化石"，第 3 章"现代人种"）。上午至陈篯熙君处，同赴董君处谈话。后三人同至燕东园，此园结构与燕南园类似，各教授每人西式屋一幢，此种西式屋每幢闻须万元左右，四周围以冬青篱及草地，甚觉可爱。我在光华时看见上海乡间的西式屋，便有此感想，以为西式屋比中式的住得舒畅多；书房的明窗，朝向屋外；寝室、浴室、会客室，都布置得整齐。屋外小小的草地绿荫，散置着几把铁椅，葡萄藤缠绕着爬上屋脊，墙上满是绿叶及蔷薇。住着这种房子是另有风趣的。不过不适宜于中国式的喜事礼堂，然而将来的喜事可以借旅馆等作礼堂了，所以也不碍事。下午，范钟鋆[1] 君来借去《浙江史地纪要》。

---

[1] 范钟鋆：1912—1983，浙江绍兴人。1930 年保送燕京大学学习，第二年转入清华大学心理系。毕业后曾任浙江玉山中学校长，后去东北，先后任教于新民中学、辽西师范专科学校、沈阳教师进修学院等。夏鼐在日记中也称其为"范君"等。

2月7日 星期六

阅书：克罗伯《人类学》约70页（第3章"人类问题"，第4章"语言"）。

今天至图书馆中翻阅各校年刊，看见他们毕业生小照下的小传，各自吹牛或代吹，什么"学行兼优""运动特长""善于××"一类的话。我想假使我做自传，必定要写着："一个平凡的人，没有为善的努力，也没有为恶的勇气，同时又是一个充满矛盾的人。"

2月8日 星期日

阅书：克罗伯《人类学》第5章"人类最初的文化"，今天仅读50余页，太慢了，明天起非得赶快读不可。我今年计划要多看几本社会学的书，以视察自己的性癖到底近否？否则下学期决定改科，像这样糊里糊涂下去太不省事。至于英文呢，现在每晚预备第二天的功课，不可间断。政治学要早点读完，愈早愈妙。有闲多和老友们通信，以及时常看小说，找朋友谈话，这些都是必要事情。

2月9日 星期一

阅书：《自然界杂志》中 Osborn［奥斯本］《第三纪人的发现》及 Grabau［葛利普］《亚洲与人类的进化》。克罗伯《人类学》（第7章"遗传、气候与文化"，第8章"播化"，第9章"进化"）60余页。

傍晚至陈篯熙君处，偕同至西宿舍。这舍位于校外，我这次是第一次进去参观。房舍有些似城内公寓，宿费每学期仅 6 元，所以要住的人很不少。遇到几位北方人，我竟一句话也不敢说。这样实在太不行，今年非拼命学会北方话不可，否则对不起自己。

2月10日　星期二

下午注册，因为上学期的生物是半年的学程，今年要另选 4 学分的学程，从 2 时一直商量到 4 时才排定。"公共卫生" 2 学分，"宗教与人生" 2 学分，然而教会学校里的宗教课程，我是不高兴选的。后决定改读 "历史 104"，听说很吃力的，课外参考书很多，然而不去管他。今天发还成绩簿，各科成绩与我预测的差不多，英文 G（预测 M 或 G），国文 E（预测 E 或 G），生物及经济 E，政治及社会 G（皆与预测同）。

阅书：克罗伯《人类学》第 10 章 "拱弧及星期"，第 11 章 "字母的传布"。50 余页。

2月11日　星期三

阅书：克罗伯《人类学》（第 11 章 "原始宗教之发展"）约 50 页。

2月12日　星期四

阅书：克罗伯《人类学》（第 12 章 "美洲土人之文化"）30 余页。

今天是第一天上课，此后又要过着刻板的课室生活了。去年的生物不开班。今年要改读"历史104"，这一科的得分恐没有生物的容易了，要好好地干一下，不要偷懒，不要延搁。政治今年的参考必读书已知道了，共有480页，要早一点看完它才是。英文易组，要生周折。

晚间（7点半—9点半）社会学会一九三四年班开会，回来后和刘古谛君闲谈，说到这种会顶无聊，更扩张说一下，人生也不过是同样无聊的事。黄金色的梦境，已被现实的无情毒棒，打得粉碎。人生是这样，值不得认真，糊里糊涂地再活几年下去，死神自然会降临，用不着着急。这样的人生观也许太灰色，然而有什么法子可想，赤裸裸的现实使你不得不推到这一步。

2月13日　星期五

阅书：克罗伯《人类学》（第14章"先史时代及考古学"）约50页。尚余86页，不知道明天能读完否？

晚间董子容来闲谈，说到某君恋上某女生，明天去看影戏了。这是光华同学会的成绩，原来校中结社原由是如此。又说某君也单恋上她，可是她不理。最后又说到某女生，说有许多人向她进攻。差不多可成一部大学趣史。

2月14日　星期六

阅书：克罗伯《人类学》（第15章"有史时代及人种学"）。这本书一共只有506页，竟费了这许多天才读完，我的读书速率，真有点像阿米巴的爬行，太缓慢了。

2月15日　星期日

阅书：Hayes, *A Political and Social History of Modern Europe*［黑斯：《欧洲近世政治社会史》］30 余页。

2月16日　星期一

阅书：《东方杂志》27 卷 21 号 100 余页。

下午去听张尔田 [1] 的史学概论课。疏疏的胡须，杂乱的头发，进课室来毕恭毕敬地鞠一躬，然后坐下来。微微摇着头说话，苍白的唇间可以看出两列的黄牙，中间已落下几粒了。用两只手做着姿势来加重语气，使得坐在头一行的女性，掩口作吃吃笑。他越发得意了，以为是学生们听得有兴味而笑了。越发高兴地说他自己是想造就几个人而教书，却不知道这下面一大堆人都是为学分而读书。我幻想着，他现在大概还在那里做美满的梦罢！可怜这位老头儿，不知道假设这肥皂泡般梦破炸了，他也能感到幻灭否？我觉得他们这种人也是幸福的，虽然"日蒿时艰，世风日下"，未免要摇头叹息几下，而他们自信为是的态度，使他们的苦痛感低了许多。像我现在这样彷徨的境况，真算太苦了。

1　张尔田：1874—1945，又名采田，字孟劬，号遁堪（一作遁庵）。浙江钱塘（今杭州）人。清末举人，曾任刑部主事、候补知府等。1914 年任清史馆纂修，次年参加编修《浙江通志》。1921 年后，先后在北京大学、北京师范大学等校任教，晚年为燕京大学国学总导师。著有《史微》《蒙古源流笺注》等。

2月17日　星期二

阅书：陶希圣[1]著《中国社会之史的分析》80余页。

昨晚在图书馆中阅政治学参考书，听着外面爆竹的声音，霹雳不绝，令人想到去年在家的情景。与朱义析君谈到"我们便在图书馆过年了！"虽然是微笑着说，心中未免惨然。今天又与钱、范二君到海甸大街逛逛，静悄悄地各店紧闭双扉。没有意思。近来情绪愈来愈麻木，并没有引起什么旅思或悲观。冷眼看世事，此心如同已死的一般。

下午托董君向张尔田处讨得听课证，我要改英文西洋史，改读他的课了。这事还要等到明天定夺。

2月18日　星期三

阅书：陶希圣著《中国社会之史的分析》100余页。今日改课，将西洋史一课改作张尔田中国史学概论及俞平伯[2]小说研究。这两门课学分虽多1分，然课程便容易得多了。我曾几次对友人说过，我的念书成了瘾，用功这字和我无关，要克制欲望以读书才配称用功，上了瘾的人便不配称用功。不过我的读书瘾是喜欢自己读书，不喜

1　陶希圣：1899—1988，原名汇曾。湖北黄冈人。1922年毕业于北京大学法律系，曾任中央军事政治学校武汉分校政治教官、《党军时报》主编，后任中央大学、北京大学等校教授。抗战期间，任《中央日报》总主笔、国民党中央宣传部副部长、蒋介石私人秘书。曾为蒋执笔《中国之命运》。1949年去台湾。著有《中国政治思想史》《论国家》等。

2　俞平伯：1900—1990，原名铭衡，字平伯。浙江德清人。作家、学者、诗人。1919年毕业于北京大学。曾在燕京大学、北京大学中文系任教，1932年受聘清华大学中文系教授。新中国成立后，任中国社会科学院文学研究所研究员。著有《燕知草》《杂拌儿》《古槐梦遇》《燕郊集》《红楼梦研究》等。

欢有教员在后面督促着。西洋史虽不选了,我誓于本学期读完这本《欧洲近世政治社会史》第一集。

2月19日 星期四

阅书:陶希圣《中国社会之史的分析》70 余页(全书 265 页,完)。陶氏的观点,以为中国现今的社会是资本主义未发生而封建制度已崩溃的社会,但封建势力仍旧存在;所谓封建势力是指地主官僚士大夫阶级,尤着重士大夫阶级之特别指出。然实则士大夫阶级仅依赖于统治阶级之智识分子,不能在社会结构上占重要势力;至于以超地主利益的政策来证明士大夫与地主不同,自成一阶级,尤为谬误。实则即在资本主义社会中,为资本主义奴隶之智识分子,亦未尝不提倡社会改良政策。此盖基于统治阶级恐地位之动摇,不得不假示仁慈,并以缓和阶级争斗之尖锐化。其利益与地主阶级实不能分离也。

又读林超真〔郑超麟〕译、Wolfson〔沃尔夫森〕之《辩证法的唯物论》100 余页。

2月20日 星期五

阅书:林超真译《辩证法的唯物论》约 150 余页。上部分叙述这学说的历史,颇为扼要;下部分专述马克思的辩证法唯物论,更见精彩。尤以第二、第三和第五 3 章,叙述马克思主义的哲学基础和方法,以及应用到历史过程去的唯物史观,很是明晰。译笔虽不知忠实与否?但还流畅。只是下篇第二章所叙述的哲学基础,须稍具哲学常识,否则恐难领悟。

2月21日　星期六

阅书：林超真译《辩证法的唯物论》100余页（全书347页，完）。Willaughby, *The Government of Modern States*［威洛比：《现代国家的政府》］第三篇"政府之设立"（宪法之制定及修改）50余页。这书较Ganner, *Political Science and Government*（加纳：《政治学与政权》）为简单，注重实际问题之解决，对于理论如各家定义之争执及学说之主张等，殊少叙述。故最好能与加纳那本参阅，较能得到政治学之真相。

2月22日　星期日

阅书：加纳《政治学与政体》中"宪法"一章50余页。

写信：致王栻及祥第、沈钧信各一封。

2月23日　星期一

阅书：傅东华译、M. Meterlinck［梅特林克］之《青鸟》100余页。

写家信二封，叙述学校开学及旧历过年的事。

晚上与刘古谛君闲谈，据云：范君与米君一班人，专门打听女同学的消息，谁和谁好，谁已订婚，谁尚在进行程中。这班人中以徐君最厉害，情形最熟悉，他们给他上了一个绰号"土地"。当方土地当方灵，对于当地的情形自然无不通晓。据说他们给顾君一个绰号"Butterfly（蝴蝶）"，满园飞舞，知道的艳迹韵事真是不少，怪不得人家说："入大学的目的便是：社交、恋爱、结婚；男的娶一位秀外慧中的老婆，女的嫁一位有钱有势的小白脸"，如是而已。

2月24日　星期二

阅书：Walfe, *Reading of Social Problem*［沃尔夫：《社会问题解释》］第7章"移民问题中之经济因素"共85页。这是社会问题课外参考书。这位林博士真是胡闹，将这与中国无关的美国殖民问题，硬要学生去参考，可见一般的 Ph.D.［哲学博士］，都不过是在外国读几本外国书，回来后照原样地教给学生，连阅读参考书这事也不会变通。在美国闹得很厉害的限制移民的问题，当然使美国研究社会问题者加以注意。对于中国研究社会问题者，几可说毫无关系。并且中国社会问题比这重要的不知多少，偏不去谈他，真是奇怪。又讲义中对于欧美（尤其是美国）的离婚法令，占了好几十页，但对于中国的，一字也不提。连"中国"二字，也没有看见。这位博士的学问太博了，以致看不着中国，中国算什么东西。

2月25日　星期三

阅书：《青鸟》80余页（全书181页，完）。

2月26日　星期四

作社会问题札记。

2月27日　星期五

阅书：英译本《青鸟》(*Blue Bird*) 约50页。

晚间去看瑙门塔文主演的电影《茶花女》，表演得还不错，不过自家因为刘半农译的及林琴南译的二书都看过，所以难唤起深刻的情感。

2月28日　星期六

阅书：英译本《青鸟》60余页（全书122页，完）。

下午和董、陈二君相偕赴达园，这是校中教职员的住所，今天是第一次到这里来。这园是王怀庆的别墅，进门便是一座照屏迎面而立，向左边转过去是一座亭子，翼然临水次。由亭子再前进，是一小阁，额上题着"爱莲"二字。阁前是小湖，现在依旧薄冰结着。据董说，暑天的辰光，满湖都是莲叶，炎风吹动，绿叶摇曳，光景很是动人；尤其是骤雨下注，听雨丝敲莲叶的声，如珠落玉盘一样。可惜现在看不到。由阁前进是一道游廊，曲折蜿蜒。再绕后面过去，是教职员的宿所，阶前列着蜂房。后面是假山，山巅一座朴素的亭子，坐着一对情人，正在喁喁私语。由假山下来后，便是前门了。出了达园，去看圆明园遗址，荒烟蔓草间，罗列着废井颓墙，景色很惨凄。

3 月

3月1日　星期日

阅书：戚洛比《现代国家的政府》第8、9章"论国家之权限"50余页。因今天胃病又发，很不舒服，不能多看书。

晚间赴一九三四年社会学系班会，又是那一套讲笑话、游戏、吃茶点，真是无聊。昨天范君曾想出一个作弄女生的游戏，一人坐在中间，以巾遮目，四周的人与她握手，令她猜出是谁人，这目的不外是可以将细柔温滑的玉手轻轻地一捏。今天他怕这作弄得太显明，改为四周的人以掌敲拍，这样便离原始的目的较远了。范君曾说过一句名言："什么 Social meeting［社交聚会］，不过是借此机会可以揩油而已，不会揩油的非但错过机会，并且有点自认呆子的嫌疑。"

3月2日　星期一

阅书：周谷城《中国社会之结构》约 110 页。

晚间光华同学开会，匆匆地议决几条议案便散会。大家同去看女生比赛排球，我看一局便回来了。

3月3日　星期二

阅书：周谷城著《中国社会之结构》200 余页（全书 372 页，完）。这书庸俗浅薄，不值一读。

3月4日　星期三

阅书：黑斯《欧洲近世政治社会史》一章约 30 页。

下午听冯友兰讲演，题目是《中国哲学史中为什么没有近世史》，讲得声音既不大高，而且又加口吃，只听得他"这个，这个"的乱叫，听后终于不知道他说的什么。至体育馆拍台球及篮球。好久没有运动了，每星期两次的体育课又无限期延搁不上，只好自己有空去白相，出了满身的汗，觉得愉快了许多。

3月5—7日　星期四—六

阅书：黑斯《欧洲近世政治社会史》，30余页、70余页、80余页。

3月8日　星期日

阅书：黑斯《欧洲近世政治社会史》70余页。今天看到《大公报》"摩登"栏一篇稿子中说："要硬硬不起来，要软软不下去，不硬不软，又不甘心。"这真道着现代青年的心理。报纸上载，北平（私立）河南中学一个学生，以恋爱关系被学校开除。老先生们摇头叹息世风不古，看了这段消息后，大概可以捋须赞许了。现在中国的思想，在教育界中还是这样落后，怪不得今日报上又载，上海小学生5人以学费购船票赴四川，想入峨嵋〔眉〕山求道。又去年上海也曾有两个学徒赴苏州荒山中求道。使人疑问现在的中国到底是在哪一个世纪？说是20世纪吧，实在不太像。

3月9日　星期一

这几天胃病又发了，精神颓废，连看书也没有好心情了。

3月10日　星期二

阅书：黑斯《欧洲近世政治社会史》一章20余页。至清华访黄万杰[1]君，不遇。在宁有澜[2]君处谈话片刻即返校。

3月11日　星期三

晚间观新兴剧社的戏剧，所演的是辛格莱的《居住二楼的人》及山本有三的《婴孩杀戮》，演得并不见得怎么好。前一剧，我从前在光华中也曾看过一回，觉得较此次为佳。

3月12日　星期四

今日只作了一篇英文作文。下午将明天英文课要演讲的材料，略略草成一稿。吾的读音不太好，心中有点恐慌，怕要遭受讥笑，所以只好先自预备。

今日本拟进城，晨起既晏，兼以功课又未完结，只好改到星期六再去。傍晚黄万杰君来谈，晚间至董允辉君处谈话。

3月13日　星期五

阅书：黑斯《欧洲近世政治社会史》50余页。英文讲演。

3月14日　星期六

进城，至顾丹夫[3]君处取钱，坐着谈了许多辰光。他说旧历年关

1　黄万杰：字云畴，浙江乐清人，清华大学政治系第六级（1934年）毕业生。夏鼐在日记中也称其为"黄君""老黄""云畴""万杰"等。

2　宁有澜：安徽青阳人，清华大学物理系第六级（1934年）毕业生，毕业后赴美国麻省理工学院留学。

3　顾丹夫：浙江永嘉人，当时供职于通易信托公司北平分公司。

曾回瓯[1]一次，用了400余元，温州的景况与前并没有大变进，中山公园还没有完竣。后来到中南海公园去，进园一望，湖水已全部融化了，水波潋滟，泛浮几队水鸭，与前一次坚冰如陆，滑冰者穿梭般在上面滑走，仿佛凌波而行，那一种的光景又似乎别有一番风味。绕道而至瀛台，由涵元殿向左行，藻韵楼的底下一楹，据云便是光绪驾崩的地方。由窗棂纸隙内窥，冷清清的一张木床，蜘蛛网也结起来了，房中没有别物陈置着，只见得尘埃积得很厚，一种凄凉景态。末路王孙也未见得如何幸福，而像袁世凯这班人偏还愿做皇帝，使人不懂。由公园出来后经东安市场而返校。

3月15—17日　星期日一二

阅书：黑斯《欧洲近世政治社会史》，20余页、40余页、50余页。

3月18日　星期三

阅书：黑斯《欧洲近世政治社会史》50余页。

今日因为英文作文，没有工夫看书。晚间至董允辉君处谈话，遇到朱义析君送来选举票，学生会代表改选的期间又到了，左右二派的人又各去活动，斯君[2]也曾到房间中来。本来我没有什么成见，随便在单子上依他们的推举选出13人，董君正在作史籍目，他因为大家说到张尔田讲解不善，学问不高，很觉气愤。本想叫我去，向

1　瓯：温州的简称。

2　斯君：疑即斯颂德，浙江诸暨人，先考入上海光华大学，后转学燕京大学，系中共燕大党支部成员，曾任《政治学报》编辑等，后脱党。

我发泄牢骚，可是我并没有他那样的拜佩张先生，只随便谈几句便回来了。张尔田的思想，便在国学堆中，也不能适合。因为现在一班国学，正如他所说的充满着抄书匠的考据家，你来讲求义法，反要遭藐视。

3月19日　星期四

阅书：黑斯《欧洲近世政治社会史》今日才看完，共 581 页。这是《欧洲近世政治社会史》的上册，共分三篇，第一篇"近世史的基础"，第二篇"欧洲各国王位及殖民地的竞争"，第三篇"自由、平等与博爱"，叙述到 1815 年拿破仑时代完结。此书叙述得颇详细清楚，然而费去我的时间也不少了。

下午听胡先骕[1] 讲演《新诗与旧诗》。他是拥护旧诗的重要人物，这次讲演自然是发挥他自己的主张。他先叙述中国诗学的历史达到三个结论：（一）各种体裁如诗、词、曲相继发生，但各能同时存在，并未相代。（二）形式虽变化不已，然节奏韵脚总是要用。（三）各种体裁皆起自民间，但一经文人采用成为文学，即变高深风雅。因此推论白话诗纵能存在，但须有大诗人出，且此大诗人必不排斥旧诗。其结论似乎较退守，并未根本反对白话诗。不过依我的

1　胡先骕：1894—1968，字步曾，号忏盦。江西新建人。植物学家。1909 年入京师大学堂预科学习，1913 年赴美留学于加利福尼亚大学农学院。回国后任南京高等师范学校、东南大学农科教授。曾参与创办《学衡》杂志，反对新文化运动。1923 年赴美国哈佛大学留学，两年后获植物分类学博士学位。历任东南大学、北京大学、北京师范大学生物系教授，1940 年任中正大学首任校长。新中国成立后，任中科院植物研究所研究员。著有《高等植物学》《经济植物学》等。

意思，新诗自有其站得住的地方。旧诗的成就非不伟大，然而以现代人而作旧诗，这便有点问题，新诗也可讲求韵脚节奏，然终不能如旧诗般的刻板，以读旧诗的板眼来吟新诗，胡先生感觉得不顺口，然而一般人未必然。我也承认现在新诗尚未成熟，试问旧诗呢？也已一般的衰落，像胡先生所说中国现代学术是衰极了，以已做数十年诗的诗人尚不能做出如何好的诗，如何好来怪连发生也只有十余年历史的新诗坛呢！至于旧诗创作能存在与否，社会的定律自能决定，我们可不去管。

3月20日　星期五

读伊里奇《唯物论与经验批评论》序文 50 页、本文 100 余页。晚间至董子容君处谈鬼神的事，中国现在的社会，还是充满着牛神蛇鬼的迷信，更休说到唯心论及不可知论，更休说到唯物论。

3月21日　星期六

今日本来想读《唯物论与经验批评论》至少 150 页以上，但因种种的缘由，却只读了 60 余页。上午正读得起劲时，陈君来了，喊我一同到董子容君那边去谈谈，半个多小时过去了。接着和董君去听陈援庵[1]的史学课，又去了一小时。看点报纸新闻又去

1　陈援庵：即陈垣（1880—1971），字援庵。广东新会人。历史学家。1910 年毕业于光华医学院后留校任教。1921 年任教育部次长。新中国成立后，任北京师范大学校长、中科院历史研究所第二所所长。著有《元西域人华化考》《史讳举例》《中国佛教史籍概论》《通鉴胡注表微》等。

了半小时。下午以为可以安心读书，清华黄万杰君来，只好陪他谈话，至董君处，又至圆明园、朗润园、燕东园、达园等处，谈到事业出路及女人的问题，这当然是青年的重要谈料。5时半才回去，一个下午又去了。晚间总可读书了，不想董君又来谈话，谈到读书及他家事问题，8时许才去。我便索性去剃一个头，回来睡觉。

3月22日　星期日

阅书：读伊里奇《唯物论与经验批评论》约170余页。

上午陈君及张君来谈话，晚间赴社会学会茶话会。

一个"三书主义"（这是从前听王栻君提起的，细目是读书、教书、著书），终于因圣人难做（到现在才懂得为什么在文庙中吃冷牛肉的先贤先儒那么少的缘故），只好丢开了这主义，改宗"三Ｇ主义"（"三Ｇ主义"者见于《社会与教育》周刊，其细目为GOLD〔金钱〕、GIRL〔女孩〕、GRADE〔地位〕）。但是"三Ｇ主义"，更难成功，只好再度跑到书斋中，躲在书堆里，重新拾起已丢掉的"三书主义"，偷观窗外，摩登男摩登女，手牵手儿散步密谈，才信"诗书误吾！"（25日补记）

3月23日　星期一

阅书：读《唯物论与经验批评论》40余页。

今日上午史学概论两小时，张先生请假，以为有空暇可多阅书，想不到一时高兴，向图书馆借来了《敬乡楼丛书》，看完了宋平子

（恕）《六斋卑议》，是当年所谓维新党一班人的口气，政治、社会、教育、法律、学术一切都谈，然而每条都至多不过十几行。这令人想到当年一班维新人物的呆气和鲁莽，然不得不佩服他们的胆子大，不管懂不懂都要强说话。

下午至体育馆拍台球，回来后已晚饭过了。

3 月 24 日　星期二

阅书：《唯物论与经验批评论》[1]（连序文约 500 页，完）。

学生会选举事，今天有人攻击说大一文书作弊。平心说一句话，这次选举的当选人，确有人在后面运动。然只要在合法的范围以内运动，不能算是作弊。

下午至图书馆，观新生命那派人办的《社会与教育》周刊，一共 16 期，其中较有兴趣的是陶希圣的《旧小说新诠》，然理论上尚未十分稳妥。他人的随笔批评，很有幽默的风味。

3 月 25 日　星期三

阅书：蒲列哈纳夫《史的一元论》第 1 章 "十八世纪法国唯物论" 20 余页。

3 月 26 日　星期四

阅书：Tennyson, *Morte Darthur* ［丁尼生：《亚瑟王之死》］33

1　应为《唯物论与经验批判论》，下同。

页，为英文课外读本。

3月27日　星期五

晚间至董允辉处谈话。他说到耕西一生交桃花运。即他巢县的差使也是安徽烟草局局长的姨太太在上海旅馆中听到他的拉琴，而赏识他，因而提拔起来的。初次出门是由黄某在林某家中看到他的字迹，而带至京的。又说到瑞安现今尚有进士之人，即张纲、黄方及沈某。

3月28日　星期六

阅书：加纳《政治学与政体》50余页。

晚间至音乐会听奏西乐。我是不懂音乐，对于音乐完全是门外汉，不过我觉得今天他们奏得很不错。乐声由低咽如流水潺潺的音调，渐渐升高；骤然高亢繁急，如夏午的急雨敲窗；忽转宏大，如波涛雄厚，一霎间又低下去，音调清冷，如深山松涛低吼。瞑目静听，心弦起了共鸣，灵魂似乎和乐声高低应节，在空中飘舞升沉着。直到曲终一划，突然停止。四座肃然，接着鼓掌声如雷。又有一段唱小曲，一位绿衣西女，曼声吟唱，旁立一乐师，拉着小提琴。我虽听不懂调中意义，然而音节很是动人，我觉得这种曼唱情歌，最好是在古朴村庄中的绿荫树下，旁临清流，偃坐石上，悠然而吟，那更有诗趣了。

3月29日　星期日

阅书：《史的一元论》60余页。这书翻译得有点晦涩，远不及

《唯物论与经验批评论》那样的流利，虽然意义方面并不见得比那本深奥。

昨晚胃病又发，夜半醒转来，腹痛如绞。刘古谛君进城未归，阴沉沉的室中，孤卧着呻吟不已，辗转反侧，不安枕席；到东方微明，曙色透进窗棂时，还不能入梦。微睨窗外，凄凉如处坟墓中。万里负笈，为着何来？后来腹痛稍止，朦胧入寐。醒时已8时许，精神不舒，未进早餐。9点半与陈、董二君到刘君处座谈，话着故乡的事。11时许回来。下午写信二封。

3月30日　星期一

阅书：《史的一元论》约180余页。

今天午后，阴沉沉的天空，忽变成赭色；若夏日薄暮，夕阳反照，幻云一般。不过这种赭黄色是有一种阴黝怪异的性质，决不能与明朗鲜艳的晚霞相比。后来更变成灰黑色，沉闷黯里，房内几不能看书，似乎南方暑雨将至时的浓云；然远不及雨云的爽畅，4时余便开上了电灯。据同学云这是塞外飞沙，由大风刮起漫天而至。记得《科学》杂志上曾有一篇论文，说中国大戈壁的沙漠有南移的趋势，黄河区域在数千年以后，恐便要受着新疆天山南路同样的命运。鄯善、楼兰诸西域国家，现在都一起埋在流沙底下，安知数千年后的北平，不会罹着同样的命运呢！

3月31日　星期二

阅书：《史的一元论》约170余页（共462页，完）。这部书是蒲列哈纳夫反驳俄国主观社会学者Mikhailovsky〔米海洛夫斯基〕等的书，内容有许多地方很见精彩，但是译笔实不大高明。晚间与陈君至海甸[1]剪布，预备做长衫。

4月

4月1日　星期三
预备明天政治学考试及做英文一篇。

4月2日　星期四
政治学考试[2]。

4月3日　星期五
阅书：《上海工人生活程度的一个研究》（北平社会调查所出版）约100页。晚间至达园（偕同来刘、范四君）看桃花。晤及钱〔穆〕先生，这位先生是一位梁启超式的维新人物，不能说他是怎样的顽固，然而也不见得如何新鲜。今天他谈了一会儿后，又大发牢骚，说中国的中学、大学太不重视国文，文言文为中国民族的精神所寄托的地方，像现在这样下去将来一定要丧失。又说现在的青年在中学时太重学问而不重体育，到大学时，已不是朝气蓬勃的青年，竟是个暮气沉沉的学者。并且又学着一种"少年老

1　北京市海淀旧称。
2　政治学课的考试试题未录。

成"的脾气，遇事喜欢打算盘，未入大学先预算着将来毕业后的出路。这样一来，便没有野心或雄图，不肯为学问而求学，或为将来贡献社会而求学。只是为自己将来饭碗计而已。这种教育便是大失败。又说到青年们在校时候谈恋爱与革命，出校后便是赌博与吃鸦片。赌博还带点投机一试的勇气，吃鸦片便是只求麻醉苦痛了。

4月4日　星期六

阅书：加纳《政治学与政体》中"选举权"一章约30页。又作社会学课外参考书札记。

4月5日　星期日

旅行西山。这是陈君昨日发起的，一共10人（朱义析、刘古谛、陈馁熙、董子容、董允辉都在内）。9时许骑驴去（1.1元），二董不敢骑驴改乘人力车去。八驴一同出发，好久没有到郊外眺望了，今日耳目所及，自觉分外新鲜，更何况骑在驴背上，时或驰驱，时或缓辔，沿途两旁的柳树已迸新芽了。淡淡的嫩绿色衬着青天，像薄雾，像轻纱，古人所谓"柳如烟"，今天才领略到妙处。抵西山后，等董君良久不至，只得先行出发。雇了一个小童作导引（2角）。先到灵光寺，后面有水心亭，流水由岩隙注入池中，池中养鱼，游泳自如。出寺后，便走二处寺院，至龙泉庵坐下来休息，喝茶解渴。后至仙界寺，有木兰花已盛开，芳芬扑鼻。接着到宝珠洞去，洞中镌有佛像。大家都有点疲倦了，坐下来休息，远望山下，历历在目，连燕大校舍也可看得到。这时已不早了，大家再起身向秘魔洞出发，羊肠小道，崎岖不平，好久没有爬山了，很觉有趣。抵秘魔洞后摄影。洞壁上游山题名或诗几篇，信手涂鸦，玷污风景。中国人的风雅，实使人有点不敢请教。抵山麓后，至长寿寺一游，内有白皮松及蜂房，别无可观，出至附近餐馆食面。再行出发，欲绕道香山碧云寺回校，驴费每人加2角，至香山慈幼院，上山至双清别墅，墅内布置雅洁，小亭临浅池，树木森森，风景颇不恶。下山骑驴将近颐和园，询驴夫以碧云寺，云已过头，并坚持论价时未言明碧云寺，何物恶汉太煞风景，与之理论无结果。乃驰驴回校，所加之价2角仅予以5分以示薄惩。

4月6日　星期一

阅书：威洛比《政治学》50余页（做札记）。

4月7日　星期二

阅书：威洛比《政治学》40余页（做札记）。

晚间董子容君来，座谈片刻，借去政治学札记。前日骑驴腿酸腰倦，昨日连面色也变苍白了，身体这样弱真是不行。

4月8—10日　星期三—五

阅书：威洛比《政治学》"立法机关""行政机关""司法机关"三章共140余页（做札记）。

4月11日　星期六

阅书：威洛比《政治学》50余页（全书436页，完），加纳《政治学与政体》30余页。

晚餐后与朱义析、刘古谛诸同学在未名湖畔散步。

4月12日　星期日

明天英文要考试，整天预备英文。晚间写家信一封。（报告此间天气、春假及故乡脑膜炎事。）

4月13日　星期一

阅书：Sorokin, *Contemporary Sociological Theories*［索罗金：《当代社会学学说》］序言30余页。

下午无事，赴体育馆打乒乓球。

4月14日　星期二

阅书：加纳《政治学与政体》30余页（做札记）。

4月15日　星期三

下午至体育馆拍台球。晚间陈君来谈，8时许始去。陈君提议要时常提出问题，如"约法问题""盐法问题"，大家来研究和讨论。然而这种兴趣我现在大都消灭了，与其空辩几回，不如利用这时间去读书，否则散步、睡觉一回也好。政治问题管他做啥，"海内杀头知多少，留得头颅贫亦好"。侥幸将自己的性情训练得暮气沉沉，毫无热气，何苦更将他煽动生热，自寻苦吃呢！

4月16日　星期四

下午听 Thompson［汤普森］、Warren［沃伦］《人口问题》的讲演，内容平平，无甚高论。晚间作英文作文一篇，叙述内战中避乱时所发生的一件冒险事。

4月17日　星期五

阅书：加纳《政治学与政体》30余页。政治学的课外书，本学期所要求的都已看过了。这本书偏重理论方面，是一种教科书的体裁。

4月18日　星期六

阅书：索罗金《当代社会学学说》第1章"机械学派"，及第2章"Le ploy［勒·普累］学派"100余页，因欲以原文校订译文之正错，故速率稍慢。

下午至体育馆拍台球。

4月19日　星期日

阅书：《当代社会学学说》第3章"地理学派"约190余页。这书的著述法，是先叙一学派的重要观点，然后再加以批评。叙述各派学说，颇见渊博，批评论断，亦殊见精辟，惟译文方面常有错译或硬译之弊。连大学教授的译书也还这样不可靠，怪不得只读半年日文速成科的文丐译得令人丈二金刚摸不着头脑，真令人替中国学术界叹气（书边上现已一一注明）。

4月20日　星期一

阅书：《当代社会学学说》第4章"生物学派中之社会有机体论"30余页。星期三要考经济学了，课外书只好暂停阅读，考试这种事真是无聊的事。《当代社会学学说》这本书正读得起劲，硬生生地被打断掉兴趣。

晚间偕朱、刘等四君散步湖畔。

4月21日　星期二

预备经济学考试。下午张宗燧来谈。

4月22日　星期三

上午经济学考试[1]。下午听张继演讲。他说"政治家的责任应该根据客观的观察以定政策"，又说"中国今日的政策应该向西北发展，由北向南发展的路是引起内战的主因，中国欲治必须维持目前和平的局面"，真不愧蒋主席部下的人物。

4月23日　星期四

阅书：《当代社会学学说》第5章"种族学派，遗传学派，淘汰

1　经济学课的考试试题未录。

学派"。

4月24日　星期五

阅书:《当代社会学学说》第6章"战争的社会学"（生存竞争派）。

4月25日　星期六

阅书:《当代社会学学说》第7章"人口学派"100余页（上册共660页）。

4月26日　星期日

阅书:《当代社会学学说》第8、9章"社会学派"70余页。

上午至董允辉处谈话，言定下午游大钟寺。下午去董君处则已先期出发，与陈君废然而返，乃改赴清华晤及黄君，谈话几小时，傍晚始回。

4月27日　星期一

下午听 W. Thompson ［汤普森］讲演。

4月28日　星期二

阅书:《当代社会学学说》第10章"经济学派"约90页。

4月29日　星期三

英文作文。

4月30日　星期四

阅书：《当代社会学学说》第11章"心理学派"60余页。

5月

5月1日　星期五

下午至体育馆拍乒乓球。

5月2日　星期六

上午为本校校友返校日，参观女院。下午至清华。晚观游艺。

女院平日不准男宾进去，故有"紫禁城"（Forbidden City）之称，每年仅开放一次。此次因年刊缺少经济，由女生购置物品（如冰激凌）及游票（如摸彩、吹针等），这简直是女招待员的流风了。女院宿舍中颇清洁整齐，我是和董允辉、赵泉澄[1]一同去的。不过我有些怀疑这种清洁整齐是否为平日都如此的，或是今天才如此的。女性固多好洁，但未必能如今日这样整洁吧！女生床头常发现洋娃娃，大概是练习做母亲吧！化妆品颇不少，并且都很考究，但书籍多者寥寥无几。参观后至图书馆及宗教楼，观善本书籍及宗教艺术

1　赵泉澄：1905—？，浙江嵊县人。历史地理学家。考入燕京大学政治系学习，后在燕大研究院攻读历史，师从顾颉刚。毕业后在北京大学研究院、社会调查所、社会科学研究所和禹贡学会工作。先后执教于东吴大学、光华大学、圣约翰大学、上海美术专科学校、无锡国学专修学校等。1949年后任上海社会科学院历史研究所研究员。著有《清代地理沿革表》等。

之陈列品。

王□□请同舍生刘古谛引导至男生宿舍参观，欲观男生寝室内之情形。刘君本欲引导至范君处，适范君不在，不得已将自己室门一开，床上凌乱不整，墙上毫无装饰品。最难看的是桌子上书籍、文具，乱抛在一堆。刘君有点窘了，只好红着脸说："我们懒得很！"亏得她的嘴巴倒灵活，说："你们用功得很！"刘君乘机将门一闭，引她和她的双亲到别处参观去。我回来时一听是这话，便将门口名字卡片拿去，自身也到清华去了。

5月3日　星期日

进城，先至天然博物院，入门后有海棠数株，而花红已过，残红满地。入动物园，其时颇多为前所未见者，如牦牛、象、鳄鱼、五腿羊等。由小径至松风梦月亭稍为休息。此间为农业试验场，前望皆陇亩，稻麦正在滋长，后至四烈士墓，再由豳风堂至动物植物室，其中多珍品，如美洲野牛、袋鼠、斑马、驼羊、海豹之类。皆为前所未见。旋至畅观楼，此楼为光绪二十四年帝后临幸之所。楼上有清德宗光绪帝及西太后驻跸之榻，各种陈列品甚多。入门须购门票（一角），地上悉置精美地毯恐遭践损，现更以粗毯盖之，四壁陈设光绪御笔书画等；楼上驻跸所，左为光绪，右为西太后，室内陈设铜床，绸帐黄缎被，旁置红木几椅，几上置金制座钟，又有红木立橱，四壁上架仿西式风景画。出来后便至邕春堂，为宋渔父〔教仁〕办公所，现已改为中山纪念堂矣！游毕以时尚早，便赴故宫参观，是日开放中路。游览御花园、坤宁宫、乾清宫等处。

5月4日　星期一

阅书:《当代社会学学说》第12章"社会心理学派"（文化学派）50余页。

5月5日　星期二

阅书:《当代社会学学说》第13章"社会学特殊研究及结论"（50余页，全书761页，完）。

5月6日　星期三

阅书:潘光旦《人文生物学论丛》上篇100页。其目为:《近代种族主义史略》《武林游览与人生地理学》《评陈长蘅〈中国人口论〉》《今日之性教育与性教育者》。

下午作英文作文，题为《中国新文化运动之原因》。余以为原因有下列各种:（一）西方思想之输入，使中国思想得一生力军；（二）西方工业机械之输入，生产组织起变化，故观念形态亦起变化；（三）政治革命（1911年）后，最上层建筑之意特沃罗基[1]亦起变化；（四）中国思想界之趋势，此即整理国故所由起。

5月7日　星期四

阅书:潘光旦《人文生物学论丛》下篇（208页，全书308

1　意特沃罗基:即英文 ideology 的音译，现译为"意识形态""观念"等。

页）。其目为:《优生概论》、《西化东渐及中国之优生问题》、《读〈读中国之优生问题〉》（附录周建人《读中国之优生问题》）、《二十年来世界之优生运动》、《生育限制与优生学》、《合众国绝育律之现状》。其书以生物学为发生点，以为人之智力德性皆能遗传（按：此在生物学亦无定论）。文化选择与天择相冲突，故为强种起见，应以天择为准，因之推而言之，以为下等社会多劣种，应加生育节制，而上流社会则否。中国旧制度，如"无后为大不孝""女子无才便是德"、父母择婚、门第主义、科举制度等，皆颇合于优生。以其说之根本立足即成问题，故不是为确论也。

5月8日　星期五

阅书:《二十世纪》第 1 卷 1 期 124 页。其批评潘光旦学说，所论以优境学为主，但肯定本能真有，后天所得性能遗传、智力能遗传等，殊觉颇有可商榷处。阅东亚病夫（曾朴）《孽海花》一、二两篇（377 页）。其书以当时吴县官场及名士为蓝本，有点类似乎《儒林外史》，描写还不错，但结构似觉太松。

5月9日　星期六

阅书:《东方杂志》第 27 卷 23 号（126 页）。其中关于产业合理化运动五篇殊可一观，因为这运动是资本主义最近的新发展。合理化的特征为科学管理法、排除浪费、机械化制度，以及德国产业统一化等。

下午至体育馆拍乒乓球。晚间董允辉君来谈。

5月10日 星期日

阅书:《东方杂志》第 27 卷 24 号（116 页）。其中关于世界失业问题的几篇，颇有参考的价值。写信八封（双亲、大哥、王栻、祥第、叶棫、继严、单猛、李良）。

5月11日 星期一

阅书:《二十世纪》第 1 期 100 余页（论郭任远的《社会科学概论》《经济学的根本问题》）。是书关于批评方面较可观。关于介绍方面，则有些是唯物论者的老生常谈耳！作者并未能深入分析也。

5月12日 星期二

阅书:《二十世纪》第 1 期 100 余页（全册 351 页，完）。

5月13日 星期三

阅书:《二十世纪》第 2 期 60 余页。关于批评胡适的理论颇有趣。下午读 Gillin 的 *Poverty and Dependency* ［吉林:《贫困与依赖》］40 余页，作札记。

5月14日 星期四

阅书:《二十世纪》第 2 期 100 余页（全册 221 页，完），《中国古代社会研究》70 余页。

下午听胡适之讲演《禅宗是什么》。

5月15日　星期五
阅书:《中国古代社会研究》200余页。

5月16日　星期六
进城:车中遇陈篯熙君,亦同时进城者。至西直门下车,乘电车至西单牌楼,赴西交民巷通易公司,晤顾丹夫君,领取30元,谈话一小时许,乃赴宣武门西安公寓访单猛君。午餐毕,以单君另有约会,乃告别而返,以时尚早赴中山公园(门票5分)。入门后,有牌坊迎面而立,即公理战胜纪念碑也,据云乃从前德公使克林德遇难纪念碑所移置改筑者。碑两旁为行道,植古柏,绿荫可爱。向西游,有兽禽所,枯树构木笼以养禽鸟,且临水次,其中有白鹤、沙鸥等;南向为养鱼处,巨缸盛金鱼,种类既多且佳,有狮子头、绒球、蛤蟆头、凤蛋各种。西折渡桥为水榭,朱阑画槛,又临水次,风景绝佳,过此为土山。经四直轩而至唐花坞,有玻璃室以养花,四旁隙栽牡丹,时正盛开。由唐花坞至社稷坛、图书馆、卫生陈列所。再返至春明馆,经鹿苑、格言亭,再回至来今雨轩。轩前有牡丹一畦。由水法池畔出园。至东安市场购物,即返校。

5月17日　星期日
游长城:光华同学会打算好今日游长城,并约了20位女同学一起去。五点半便动身至校门外,坐汽车赴清华园车站。一共两部车子，左面的是新车，油漆光亮得动人，吾与刘古谛、二张［宗炳、宗燧］连忙挤进去坐，同时女同学们也都拥挤进来，刚好将吾们四人围住。刘以车小人多转回到那部车子。这时车子向校门开去，前面几位苏州女生娇滴滴地讲起南方话，吵得耳里一刻没有清静，霎时又曼声唱歌了，心想这倒不错，比如带来一架留音机，总算是不费之惠。不过她们谈笑自如，又唱又讲，吾坐在中间却有点局促不安，真有点窘了。吾顿时感觉到这不如春假中骑驴登西山时的爽快，那时骑驴驰逐，顾盼自豪，大有不可一世之概。今日却是"窘了、窘了"。我于是更深切地知道，自己的性质反近于横戈跃马的莽汉子，绝不是个脂粉队中厮混的宝二爷。到车站后，郭主席分发纸帽子，拍了一张照片。上火车后，郭君竟故自落后，返校不来。车行3小时左右始抵青龙桥。车中带了一副扑克牌，几位男女同学在那儿 Play Donkey［抓大头］，自家是呆子，一窍不通，只好在旁边看。车行经过三个隧道，路线渐峻。由南口以下，机头改放客车后面，向上推进。抵青龙桥后，下车步行上山，山路也未见得如何崎岖（也有人骑驴上山，雇价2角）。这时四围一望都是重重起伏的高山，万里长城蜿蜒随山势上下，形势雄伟，前所未见。抵长城后，缘城墙上步道而行，抵八达岭巅峰时已经气喘不已了。于是大家坐下来，面包、牛肉、梨子等随便乱吃，同时随便谈笑。举目四顾，来时路径已为峰峦所掩，不可复见，惟时于绿荫中见火车风驰电掣而过，如长虫爬行。城外有小村落，参差间以灌木，田地则唯见黄埃，不辨其为沙漠抑为黄土，村外更为高山所阻，不能远瞩。有人以为八达岭能睹及蒙古沙漠者，实诳语也。左右两边便是丛冈起伏，长城凝然横卧冈上，连绵不断迂回曲折，城砖虽已苍苔削剥，而当时英气固犹勃勃在心目间也。城上有小贩席地而坐，陈列铜器、箭镞、化石之类，以备游人购取。2时许始由山岭返车站，火车4时一刻开行，在车站中没有事做，有些人便再向附近爬山眺望，我和刘古谛、董允辉等坐在詹天佑铜像下闲谈（此君为中国第一次官费留学生，亦即京绥路之工程师）。火车至南口后改乘三等车（此次离平原坐头等车，返平时以南口上车者有头等车客多人，张歆海亦在其中，乃改乘三等。因车票原为三等且已打对折，不好再揩油）。返校时已7时许。此次共用去英洋2元。

5月18日　星期一

阅书：社会学参考书 Blackmore Gillin, *Outline of Sociology*［布莱克莫尔·吉林：《社会学概论》］30 余页（札记）。

5月19—21日　星期二—四

阅书：《双城记》。

5月22日　星期五

阅书：《双城记》中译本。傍晚至体育馆拍乒乓球。晚间至董允辉处闲谈。

5月23日　星期六

写信给祥第（游长城，女生宿舍开放）。

下午偕董君至清华，晤及黄君，傍晚始返。

晚间陈箧熙君来，忽提及要去旅行妙峰山。妙峰山的香会是阴历四月初一到十五，朝香的人非常多，并且有各种"圣会""老会"等，沿途又有茶棚、粥棚等，很可一游。于是与他约定明早5时来唤醒我一起去。又向图书馆借了一本《民俗》周刊"妙峰山进香调查专号"（第69、70期合刊，1929年7月24日出版）。看书后知道，这庙是供奉碧霞元君天仙圣母；妙峰山距海甸约40里，而由山麓至金顶娘娘庙又有40里路。

5月24日　星期日

今日5点起来，匆匆洗面毕，6时许便与陈箧熙君共雇洋车（一天，价1.7元）向妙峰山出发。过颐和园便看见有朝山回来的信徒，头上满戴着绸花或纸花，有时还有书着"回香大吉，代福还家"的纸条。抵北安河至长明栈打尖，已8时半矣。食干点及挂面后，欲雇轿，以价昂而止（5元轿费，酒费、茶费另外）。于9时一刻，步行而进，山路虽经善男信女的修补，然总是崎岖不易行走。抵娘娘庙已12点半矣。途中所经过处有朝阳院、金仙庵、玉仙台、庙儿洼、涧沟、灵官庙。沿途时有进香的圣会，担着钱粮把子，有旗帜插在上面，随有乐队及都管。路畔有写着"天津合郡老路灯"的路灯七八百盏。路畔又有茶棚，为进香者所设。朝礼者顶拜神道，即有人敲着钟磬念着"先参驾后落座，这边喝茶"。朝拜回转者则带着花朵，坐轿的也有，步行的也有，疲倦了便进茶棚中喝茶休息。我们是二毛子，不敢进去。娘娘庙将近时，又看见扮五虎棍者。正殿为娘娘庙，后面为白衣大士殿，两旁左首为王三奶奶庙、财神庙、华佗庙，右首者为广生庙、五圣神、释迦。我在碧霞君殿求了签，陈君在王二奶奶殿求了药签，大家闹着玩，很有趣。但庙中烟气窒鼻，人又拥挤，钟磬又闹吵。1时20分便回来，4时抵长明栈休息一会，喝了茶，吃点樱桃。4点半起身返校，8时半始抵校。此行约用去2元余。一天走了80里山路，在我几乎是破题儿第一遭。回来后腿酸软得很。

5月25日　星期一

今天本想将国文或政治学论文做好，然而不知道怎样的一来，却一件事也没有办，一天便匆匆地过去了。我觉得自己太没有一股向前的勇气，要办的事常搁下不办，直到临时才着忙。今天张尔田的历史概论又要做论文了，这些债欠了不知几时才还得清。晚饭后偕陈钱熙、董允辉二君去取照片，不料一张好的都没有，陈君真是晦气。后来在湖畔散步一回便返舍。将本学期的英文看完。

5月26日　星期二

今日只做了一篇国文，整个下午与晚间便去掉了。做事像蜗牛爬路，慢腾腾地连自家也有点看不过去了。国文的题目任自己拟定，我做的是《五四运动发生原因之探究》，共15页，每页约132字，共约2 000字。我的结论表示在一表中，此表为自己所杜撰，然殊有新意，惟仍有可商榷处。

	原因		五四运动的各方面
环境的变迁	新的生产工具之输入（机械文明）	→	文学革命
	政治革命（民主政体之成立）	→	思想自由
思想界的顺应	新的输入——西洋学术思想之输入及采取	→	思想内容的革命
	旧的演化——清代朴学的趋势	→	整理国故

5月27日　星期三

阅书：《双城记》100余页。

5月28日　星期四

预备明天英文辩论的材料。这次的题目是 Resolved: Environment has greater influence upon a person than heredity［毫无疑问，环境比遗传对人的影响更大］。我是主反面的，举了四个理由：……[1]。

5月29日　星期五

阅书：《史微》三卷，预备作学期考试论文。

5月30日　星期六

阅书：《史微》四卷（完）。接家信，暑假留校又发生问题，拟再函请求。

5月31日　星期日

作读《史微》杂录五篇：

1　夏鼐英文辩论的内容未录。

（一）《驳胡氏诸子不出于五官论》；

（二）《六经皆史论》；

（三）《〈古史辨〉平议》；

（四）《今古学抉征》；

（五）《中国史统表》。

皆根据《史微》以立言者也。

6月

6月1日　星期一

上午将《史微》论文交董允辉转交。

下午作政治学论文。晚间社会学会开会未去。

下午曾有两位光华同学会中的女士到房间中来，一听说这房间曾缢杀人的，吓得连忙退步要逃走。这件事在上学期便知道了，然而吾们偏生不迁移，刘君进城后独自睡一间也不怕惧，青天白日，又有五六人在一此处，竟吓得这样，女孩儿家终究不济事。

6月2日　星期二

写家信二封，致双亲（暑假住校事，考试日期），致大哥（同学籍贯及暑假事）。这两三天以来，天气已热得非常厉害，尤其是午饭辰光。听说暑假中北平的温度比上海还要高。下午作小说研究论文，题目是《小说与话本之比较》。

6月3日　星期三

阅书:《双城记》90 余页。

下午赴光华同学会欢送毕业生茶会，7 时许才散会。不外是致欢送词、致答词、奏音乐、弄游戏、讲笑话而已。张承洪[1]君讲的笑话最有趣、最应景，便是一位毕业生说："预备好了二十顶高帽子，以求应世。"教师说："应世宜以真实学问，不可以拍马为事。"学生说："天下滔滔者，皆以戴高帽子为乐，如先生以实学取人者有几？"教师说："此语不错。"学生说："高帽子只余十九顶矣，第一顶已经卖脱与先生。"

晚间有一年级同学会，未曾去。至朱义析房中谈话。

6月4日　星期四

阅书:《双城记》60 余页。下午至体育馆拍乒乓。

6月5日　星期五

阅书:《双城记》60 余页。

下午张宗燧来谈话，小张二星期前曾大谈其男女同学之益处，这几天不知受了什么刺激，把女生恨得了不得，说好好的一个大学被她们弄坏了，恨透了她们，只想把她们驱逐出去。这样的意气凌

1　张承洪：燕京大学学生，纺织印染专家。1935 年考取庚款留学生留学英国曼彻斯特大学，获工程硕士学位。曾任教于山西铭贤学院、中央技艺专科学校。任上海公益工商研究所研究师，后转申新五厂工作。

人，偏说自己是 Rational［有理性的］人。小张真是孩子气。

晚间至蔡谦[1]处谈话。后至斯君处听其大讲太极拳的好处。回舍时已 9 时余矣！

6月6日　星期六

阅书：《双城记》80 余页（共 520 页，完）。这书在光华时曾读过，不料这次重读竟这样费时。董君来谈及归期。

下午正在预备英文，清华黄君来，偕往董君处谈话。他们定月半旋里，劝我也一同回去。我的心有点动了，可是仔细一想，终于带笑地拒绝了。家中回信虽还没有来，吾想大概没有问题。后来又谈到毕业后出路问题，董君终因为年长些，总喜欢谈毕业后的出路，差不多每次遇到他时，他总要谈。

晚饭后偕刘、范、钱三君去校外田野间闲游，见钱穆先生独自地一摇一摆也在那里散步，像孤雁一般，怪可怜呢！晚间朱君来借去政治学札记，并且谈了一晌才去。

6月7日　星期日

预备英文 5 章。下午倦极而眠，此为今年第一次午睡，醒后口腔如有黏液胶粘，漱口吐出时赫然鲜红血丝。前日曾经医生诊视肺

1　蔡谦：1908—1993，字同民。浙江德清人。1936 年获燕京大学经济学硕士学位，曾任中央研究院社会科学研究所副研究员、交通银行总管理处科长、上海中国纺织建设公司统计室主任等。新中国成立后曾任教于华东纺织工学院。著有《粤省对外贸易调查报告》《中国各通商口岸对各国进出口贸易统计》等。

部，宽吾无病，疑当为胃壁出血，此身已置生死于度外，视之漠然也。晚间董子容君来谈。

夜间蚊子蜇人，睡不能安，晨起而视，臂腿上红斑肿浮，点点如生疥癣，痒不堪言。蚊帐去年未曾带来，暑假期间颇不短，若蚊子猖狂如此，则将奈何，回家之心勃然又生。（9日闻陈篯熙君及董子容君言，此种虫名白蛉子，为北平特产，蜇人至厉害。）

6月8日　星期一
预备英文8章。

6月9日　星期二
预备英文及社会问题。

下午赴张东荪君茶会。据张东荪云：罗隆基近已抵平，罗夫人为香港某富商之娇女，专攻法律。近与罗隆基反目，已回香港。罗君为畏内者，常发现其面部有指爪痕，即闺房雌威发挥时之成绩。徐志摩曾亲见罗夫人以椅垫抛击其夫。

据刘古谛君转述他人之言云：罗隆基之岳父曾于国民党有所资助。此次国民政府成立于南京时，罗隆基即入都谋官，仅得一300余元一月之小差使，罗乃拂然返沪。于是《新月》杂志上遂见其人权论争、攻击政府之文章矣。

6月10日　星期三
预备经济学及政治学。下午开会商议暑假留校宿费减轻事。

6月11日　星期四

考试英文，题目极浅，除作文一篇外，改错及课外读物试验。不必预备也可以混过去，懊悔费了许多工夫读原本《双城记》。下午预备政治学。晚间预备社会问题。

6月12日　星期五

社会问题考试，又是老套，题目发下来，一共12题，任择10题，大家一哄起来说太多，林某立刻允准打一个八折，一八得八，8题便算完卷。大家又翻开讲义来抄。他立在讲台上，俯着首装作看书，大家也知道他的意思，不好辜负了他的好意，不抄的只有呆子，然而谁肯做呆子呢?

下午预备政治学。晚间黄君来。

今日起厨房不包饭，只得另食，膳费较昂。

6月13日　星期六

政治学考试[1]。

下午预备经济。晚餐后偕刘、范君至达园散步闲谈。

6月14日　星期日

预备经济学。

1　政治学课的考试试题未录。

6月15日　星期一

晨6时起床。

上午考试国文，作文一篇，题目为《记述最近见闻或谈话一则》。

下午考经济学[1]。今日下午董允辉君回里，以考试忙迫，未及送。

6月16日　星期二

今日上午考试国文，题目为就已所知对于下列各题任行述要：
（1）关洛濂闽；（2）陆王；（3）颜李；（4）浙东学术；（5）皖派吴派；（6）今文学派。（任择五题）

考试完结后无事可做，反觉无聊之至，打电话至清华询问黄君何时旋里，据云明日乘下午火车南旋。

晚间睡时，以诸事毫无牵挂，故未及9时即睡，奈白蛉扰人，9时过去，10时过去，一直到熄灯后还未入寐。只是今年第一次失眠，苦恼之至，反侧辗转，总难合目。怪不得傍晚与斯、刘二君散步校外时，斯君云日来为白蛉所扰，不能入寐，几愤欲自杀云，思之实合此时情景也。约1时许（？）始懵懂睡去，犹时为扰醒，真是无可奈何。

6月17日　星期三

晨6时即醒，见时尚早，而夜来半醒不寐，困倦已极，故反

1　经济学课的考试试题未录。

侧又重入梦。再度醒觉时已 7 时半，匆匆起身，睡意尚浓也。赴清华晤黄君，途中精神眷散，如在梦中行，道上阳光亦黯淡无生气。抵清华后，知其下午始起身，向其借取《普通生物学》及钥匙后，重复返校，领取年刊，及向斯君借来蚊帐。复至清华，用午膳后，首途赴城。在清华宿舍内，首度晤及夏鼐[1]（翼天）君，入城至温州会馆，晤及黄君，即向黄君道珍重。乃至邮局领取汇款，等待至 1 小时许盖将放暑期之时，领取汇票者特别拥挤也。至东安市场购买书籍，后即乘车返校。刘君因事入城，乃借其蚊帐以御祸，然旧创作痒，一小时半后始入寐。又昨日有暑假内改住清华之企图，今日询问，清华知有许多麻烦，故决定打消此念。

6 月 18 日　星期四

晨至图书馆翻阅杂志。午餐后阅《伊里奇的辩证法》，未数十页即又倦而不欲续观。以前日睡眠不足，加以昨日奔波跋涉，又不慎于食，故今日特疲。

6 月 19 日　星期五

阅书：《伊里奇的辩证法》100 余页（全书 140 页，完）。这书是德波林著，分析伊里奇的辩证法极是深刻。据斯君云，这书理

1　夏鼐：1906—1961，字翼天，浙江瑞安人，清华大学外国语文学系第三级（1931 年）毕业生，曾在温州浙江第十中学任教，后在重庆中央信托局任职。1947 年赴美国布朗大学留学，后在台湾省立师范大学任教。译有莎翁名著《朱利奥·恺撒》和《卡里欧黎纳士》等。

论极正确，大概是指其合于正统派而言。不过辩证法的重点在实践，故困难点亦在如何将理论施之于实践，以应用之。否则成为空虚的东西，谈不上什么"辩证法"了。我觉得自己的短处，便是几乎绝对没有经验，更谈不上应用辩证法的实践行动，这也是由于阶级性所限，所以有此种恚懦的思想，也因为阶级性所限，所以有这种宿命观。晚间写信，复王栻君信（清华风潮，录取标准，北大事）。致双亲（汇款已收，清华风潮，天气，故乡收成）、大哥（购书事）。

6月20日　星期六

阅书：Barnes etc., *Introduction of Sociology*［巴恩斯等：《社会学入门》］70余页。又巴恩斯的《社会之演化》。

上午开会商议暑期减费事，议决征求负责发起人。晚餐至朱义析君处谈话，9时许始返舍。预计欲读完100页书，竟不能成功，清谈误事，信矣！今天是端午节，陈君买了粽子来才知道，年来漂泊异乡，已有四年未在家过端午节了，依稀还记得十中初中毕业那一年，放假恰巧是端午节，父亲向菜馆中办来几样菜，家人小酌别有风味，可是现在却是旅舍独居，未免怆神，遥望南国，祝他老人家平安幸福，不要因游子不归而伤心。

6月21日　星期日

阅书：《当代社会学学说》80余页。

早8时开会商议暑期减费事，议决办法并征求赞成人。傍晚至体育馆击乒乓。

6月22日　星期一

阅书：《当代社会学学说》60余页，"Huntington［亨廷顿］的地理环境决定论"。

上午10时开会商酌暑期减费事，赞成人尚未满100人，延期进行。晚间再聚谈，签名仍仅80余人，看他们的气都馁了，这事恐难成功。晚间下象棋。

6月23日　星期二

阅书：《当代社会学学说》90余页，"亨廷顿的地理环境决定论"。上午偕刘君及宗燨参观毕业典礼，旋赴适楼参观展览会。晚间又为暑假留校开会，决定明天派代表去见校务长。

6月24日　星期三

阅书：《当代社会学学说》50余页，"Hankin［汉金］的《生物遗传学说》"。

写信给黄云畴君，报告清华风潮。

下午陈君来，导之参观校舍，5时许始去。

晚间下棋三局，已9时许矣，淋浴后阅书数页，10时半即睡。

本预定欲读完汉金的《生物遗传学说》，竟未成功，玩物丧志，信矣。

6月25日　星期四

阅书：《当代社会学学说》50余页，读完"汉金的《生物遗传学说》"。

暑假减费事，今日校务会议仅允减低体育费1元。减费运动发起人两次集议，以无群众为后盾，只得让步。

6月26日　星期五

阅书：《当代社会学学说》80余页，"Bernard［伯纳德］的《社会心理论》"。

上午交暑假宿费。

今天学生会发通知书，学生允许如暑期不供给热水可减少4元，征求同学意见，结果以53对55票，失败。

6月27日　星期六

阅书：《当代社会学学说》50余页，"Willey［威利］的文化派社会学说"。

上午向会计处领取董君存款，即汇寄予董君。下午至陈君处谈话。

6月28日　星期日

阅书：《当代社会学学说》90余页，"威利的《文化派社会学说》"，及"Eldridge［埃尔德里奇］的《社会组织》"。

6月29日　星期一

阅书:《当代社会学学说》90余页。"埃尔德里奇的《社会组织》"及"Davis［戴维斯］的《社会问题》"。

上午至图书馆阅杂志。《生活》周刊近来忽于体育大加注意,每期都有照片,我以为实际上大可不必,女子体育在现今萌发时代尚可稍加鼓吹,男子体育则应注意普及,英雄式的打破纪录并无可嘉。在光华时交了三元的体育费,却原来是给运动员大吃其鸡蛋、牛肉。当然我们也不算吃亏,出了钱便有人代我们运动,当学校得到锦标时,自己不用运动而坐得"光华学生运动很好"赞语。虽脸上有些发烧,然未尝心中不欣然喜悦,并且比赛时作壁上观,也胜于到申园观跑狗,或西班牙去看斗牛。并且校际比赛,又养成吾们的自私心(或如提倡运动者所谓之爱校心),对于将来处世应物,有恃无恐,不过若以此为提倡中国之体育,则还差十万八千里。

6月30日　星期二

阅书:《当代社会学学说》80余页,"戴维斯的《社会问题》"(康健、娱乐、贫穷、犯罪)"。

今日整天落雨,淅沥之声引人乡思。上午6时即醒,檐头瓦雀唧啾,案上座钟滴答和雨声织成了幽怨的合奏曲,由纱帐中向窗棂外望灰铅色的天空,凄凉欲绝。晚间斯君来,大谈其唯物论的辩证法,后来提到"宗教的本质"。宗教为信仰一种,但此种信仰之特质为何，则颇难论定。刘君以为宗教乃发源于恐惧，因之对宇宙发生一种解释，以安慰心神。以此故宗教带有强迫性质。然此说亦似未能得其真相也。

7 月

7月1日　星期三

阅书：《当代社会学学说》80 余页，"戴维斯的《社会问题》（种族歧视，经济改造）"（全书 903 页，完）。此书仅 900 余页，我竟费了 12 天的工夫才读完它，每天平均仅 75 页，阅书速率实在太慢，此后应训练速览的能力才好。此书由 6 人合编而成，故内容颇为充实。但作者都是大学教授，书为大学教本之用，故自然不脱美国式的社会学之气味。作者都是已以专家闻名者，故内容有偏颇处；然同时因其为名家，故欲观各派之内容，此书却恰相宜。

下午搬房间，由一楼 229 号迁至三楼 214 号。整理物件，一直费了整个下午的辰光，才能就绪。

今天起餐事改在第二食堂包饭。

7月2日　星期四

阅书：李达《现代社会学》160 余页。

上午至图书馆阅《科学》杂志第 14 卷 8 期，杨钟健《周口店之骨化石堆积》，裴文中《中国猿人化石之发现》，及《中学生》第一卷。

7月3日　星期五

阅书：李达《现代社会学》约 160 余页（全书 328 页，完）。

上午至图书馆阅 Sinanthropus, *The Peking Man* (*Scientific American*, June 1930)［《北京人》(《科学美国人》1930 年 6 月号)］及 *The Peking Man: A New Chapter in Human History*, by G. Elliot Smith (*Illustrated London*, New, Oct. 19, 1929)［G. 埃里奥特·史密斯：《北京人：人类史上的新篇章》(《伦敦画报》新版，1929 年 10 月 19 日)］。

旋至注册处取修学证书。

7月4日　星期六

写信三封：一黄云畴（清华风潮），二双亲（暑假缴费），三大哥（考试预备）。

阅书：爱尔乌德《文化进化论》120 余页。

傍晚剪发回来遇宗燧，散步绕清华门口由成府而回。

7月5日　星期日

阅书：《文化进化论》200 余页，尚有 50 余页，拟明日看完。

7月6日　星期一

进城至北平图书馆，参观梁任公遗书及善本书籍，并浏览馆内阅报室、杂志室等处。此馆建筑颇为雄伟，为中国第一图书馆。

至北京大学三院时，以已过报名时间，乃先赴饭馆用餐。下午2时领取表格，乃至红十字医院检查身体，因清华报考生既多，加以青岛大学生在此处检验，手续又颇周密麻烦，故下午4时半才竣事。中途又遇雨，呼车至北大三院已过5时矣！乃向报子胡同林济[1]处借宿，预备明日再继续进行。

7月7日　星期二

今日晨起时，檐头雨点滴阶沿作声，知未放晴，不得已在林济君处再住一天，雨势整日未稍杀，令人纳闷。上午与林君在侧厢座谈，下午在蔡君房中三人闲谈。傍晚读《人类学》50余页。晚间睡时雨声尚送人入梦也。

7月8日　星期三

今日起身时尚未晴，晌午始稍有霁意。午餐后呼车至北大三院，时方12时半，枯坐至2时许始有人开始办公，为修业证书中缺"修业期满，成绩及格"二语又生枝节，当经书字条保证此事，如录取后发生弊点自愿退学，乃得允许领得准考证。后赴东安市场购书。4时许拟赴青年会，适有清华汽车停在门口，乃即乘车返校。

7月9日　星期四

阅书：《人类学泛论》120余页。

1　林济：夏鼐的温州同乡，曾任职于南京中英庚款董事会、上海肇和中学等。

7月10日　星期五

阅书:《人类学泛论》120余页(全书322页,完),《社会进化史》120页。

今天去看分数:英文G,国文E,社会E,经济E,小说研究G,政治G,历史E,学分全年37分,绩点66,平均绩点1.78。又去年入学试验:国文85,英文76,数学68,化学76,史地70(80?)。

7月11日　星期六

阅书:朱亦松《社会学原理》240余页。

清晨至清华晤朱义析君,借取 Deniker, *The Races of Man*［德尼凯:《人类的种族》］。

7月12日　星期日

阅书:朱亦松《社会学原理》40余页(全书282页,完),陈桢[1]《普通生物学》240余页。

上午至张宗炳处取生物学讲义。闻陈凤书已抵平,寓西河沿,欲投考燕京。下午张璟龄自沪来,亦欲投考燕京。

1　陈桢:1894—1957,字席山。江西铅山人。生物学家。1914年考入金陵大学农林科学习,后入哥伦比亚大学。1922年回国后,任东南大学、中央大学教授。1929年入清华大学任教。1943年当选为中国动物学会会长。新中国成立后,任中科院动物研究所所长。著有《金鱼的家化与变异》等著作。

7月13日　星期一

阅书：陈桢《普通生物学》40余页（全书258页，完），伍德罗夫《生物学基础》170余页。

7月14日　星期二

阅书：《生物学基础》170余页。

晚间偕张璟龄君游达园等处，张君看了很是羡慕，说自己考取后一定向光华同学宣传，多招几个人来。

7月15日　星期三

阅书：周佛海著《三民主义之理论的体系》凡354页。

下午进城寓林济君处，往清华报名处观座位号数，未曾贴出。至东安市场晚餐后，再赴林君处。阅党义，片刻即睡。

7月16日　星期四

上午6时余起身，7时乘车至试场，8时开始考试党义[1]。清华报考生，新生凡140余人，二年转学生129人，三年转学生20人，研究生17人。10时交卷。偕刘、范二君至东安市场用餐。

下午1时起考国文[2]，4时考试毕，已有雨意，亟返林君处。

1　党义考试试题未录。

2　国文考试试题未录。

阅书：德尼凯《人类的种族》。

7月17日　星期五

今日上午（8时至11时）考英文[1]，共4题。下午（1时至4时）考人类学[2]，共7题。

7月18日　星期六

今日上午温习生物学。下午考生物学[3]（1时至4时），共7题，除第4题稍麻烦外，其余尚易之耳。

7月19日　星期日

阅书：孙本文著《社会学上之文化论》161页。今日晨起已晏，因昨晚单猛来林济君处闲话，12时余始去。

7月20日　星期一

今日上午考社会原理（8时至11时），凡7题[4]。至东安市场用午餐，购旧书5册，耗去2元。旋至林君处取回手箧，道谢而别。抵校时已8时许，5日共耗去5元。然以社会学及人类学二者答案之不佳，录取希望甚低。

1　英文考试试题未录。
2　人类学考试试题未录。
3　生物学考试试题未录。
4　社会原理考试试题未录。

7月21日　星期二

阅书:《海上花》第1册210余页。此书,我以为描写陶玉甫与李漱芳的一段最好。赵二宝故事的后半段也凄凉动人。书中的人物,以描写李漱芳的天真,最为可爱。

写信:家信(清华报考事,费用),林济。晚间与陈、张、谢、蔡诸君校园内散步。

7月22日　星期三

阅书:《海上花》第2、3、4册700余页(全书完)。

7月23、24日　星期四、五

阅书:《浮士德》中译本及英译本,并作札记。

7月25日　星期六

阅书:《浮士德》,并作札记。

晚间与陈凤书、刘古谛君在校园中散步,旋至岛亭畔石舫上闲坐,畅谈光华时往事。

7月26日　星期日

阅书:《浮士德》中译本及英译本,并作注释(中译本共402页,英译本乃Taylor〔泰勒〕所译者,正文216页,连后附译注共333页)。

傍晚偕陈篯熙君游朗润园,园中红莲盛开,间以翠叶,殊为动人。

晚间至陈君处谈话，据彼前在注册处调查，上学期一年级得绩点 1.78 者仅 2 人，得 1.67 者 4 人云云。

7月27日　星期一

阅书：余上沅译《可敬的克来敦》100 余页，并参对原文（Charles Scribner's Sons［查尔斯·斯克星布纳之子］出版之 *The Plays of Barrie*［《巴里剧作集》］1929 年版）50 余页。

下午张君来谈。此君于赌经颇熟，谈到上海十六号轮盘赌窟，不觉眉飞色舞。据云此赌窟每日送贿于巡捕房千两，其进款每日万元以上，全年至少可赚百万元以上。光华同学亦有光临此魔窟，所输不下千余金。

7月28日　星期二

阅书：续昨日看完《可敬的克来敦》计 209 页（连序文共 251 页）。原文计 80 页，余君译笔颇佳，此种带幽默（humor）之文章颇难移译，如 He is a bachelor, but not of arts 一语，几无法保存原文意味，然译文大体上还不错，并且也很流利。

比条一雄著、施复亮译：《社会进化论》（236 页）。系站在唯物史观的立场而作，理论多而事实绝罕。

7月29日　星期三

阅书：《费尔巴哈论》（234 页）。此书说明黑格尔哲学中之辩证法，费尔巴哈之唯物论，及马克思之辩证法的唯物论。彭加生译本颇奥晦不易懂，林超真译本较善（在《哲学·宗教·社会主义》一书中）。今日读时以二者对照，将彭译订正或注释数处。

下午在宿舍畔草地上抓大头。

7月30日　星期四

阅书：*Tales from Munchausen* [《吹牛大王历险记》]（78 页）及 *Grimm's Fairy Stories* [《格林童话故事》]（178 页）。此二书之中文译述，曾于幼时读过，今日阅时如重睹故人，新新书局的阅书室，十师附小的图书馆，当年的旧踪，仍深深地印在脑海中。过去的是过去了，永远将不复返，可是回忆到过去时，仍不免令人作甜蜜的咀嚼。

下午在宿舍畔草地上抓大头。

7月31日　星期五

阅书：《二十世纪》第 3 期 190 余页。其中以《张东荪哲学批评》一篇为最佳。张东荪的唯心论哲学，自然以唯物论的立场去批评为最宜，这立场一站稳，批判自易见出色。今日清理这一年购置而未读的书有 10 种，拟于暑期中读完。

8月

8月1日　星期六

阅书：《二十世纪》第 3 期 65 页（共 263 页，完）。《科学与玄学》一篇系用新的见地，下玄学与科学的定义，然后对于中国那次人生观之论战，作一总检讨，颇有可观。

下午以张璟龄等之邀，与谢、陈、刘、张、王共6人作西山之游，经西苑、青龙桥至一小村，坐树荫下饮茶解渴，拟赴宝善寺，以时晏，至玉泉山坐门口休息片刻未入内，旋即返校已6时余。

晚间至蔡谦房间，请陈、张教 Play Bridge［打桥牌］。自家年来沉溺书籍，生活太干枯了，很想有机会多学些玩意儿。

8月2日　星期日

阅书：马克思《哲学之贫困》约110页。

下午在蔡君房中与陈、斯二君打桥牌。旋加入刘、王，改抓大头，输者出钱购西瓜，幸得白吃一顿，返室时已3时许。因昨晚打桥牌太晚，11时许才睡，精神很不好，昏昏又思眠，微寐片刻已近5时。

晚间与刘君下象棋二局，胜负兼半；张宗燧来，又与之对局，此君下棋颇佳，二局中第二次得刘君之助，勉强取胜。9时返室睡觉。

8月3日　星期一

阅书：马克思《哲学之贫困》140余页（连序文共270余页，完）。
下午张璟龄来座谈。晚间去打桥牌。

8月4日　星期二

阅书：加纳《政治学与政体》80余页。
下午至张璟龄处打桥牌，张宗燧、宗炳及赵紫宸二子亦在。

8月5日　星期三

阅书：加纳《政治学与政体》（104页）。

晚间与斯、刘诸君同去散步。

8月6日　星期四

阅书：加纳《政治学与政体》40余页（全书803页，完）。

蔡莫佛来校，导之往游达园、校中各处，及图书馆。午餐后回清华。

今日据报载，清华今年新生录取标准提高（由45分提高至50分）。又据清华《消夏周刊》载，今年报考生1 700余名，录取名额最多为250名左右。燕京转学生结果，今日接示陈凤书编入一年级，张君落第。清华尚未发表，不知自家命运如何，颇为之忐忑不安。

8月7日　星期五

阅书：Karl Koutsky, *Economic Doctrines of Karl Marx* ［卡尔·考茨基：《卡尔·马克思的经济学说》］，仅阅20余页。盖以神经兴奋故。

今日蔡谦君自清华来电话云有录取消息，未悉确否。旋朱义析君电话云吾等4人（刘古谛、张宗燧、范钟鋆）皆已录取，然犹未敢深信。但已不觉喜形于色，途遇蔡君即被诘何故喜气洋洋，深恐消息不确，不敢以实告，以他语搪塞过去。陈凤书自清华回来，亦云人类社会学系取 3 名，我幸获录取，大概此项消息确实不虚。下午至清华朱义析君处，回校后案头已放置清华通知书。晚间与陈镁熙君在校园内散步。

8月8日　星期六

今日张璟龄君邀赴城内游览，至城内已 12 时许，在东安市场用午餐，后赴故宫博物院，已闭馆，颇觉得失望。旋到北平图书馆参观，又到北海。先至琼岛品茗片刻，旋即划船，每小时 8 角（第二时 5 角），三人都不会划，看了别人的船双桨如飞，很是羡慕，竭力划摇，东撞西碰，居然兜了一个圈子，然已力竭神疲。于是放舟中流，任其荡飘，凭舷四顾，荷花满布的湖中时常小舟几叶交梭其间。有些人带着爱人一同划船，高兴起来更扣舷而歌，几疑天上人间。凉风夹着荷香，一阵阵吹来，令人心荡。6 时许弃舟登陆，即乘车返校。晚间至蔡谦房中学习扑克牌。

8月9日　星期日

阅书：考茨基书 40 余页。

上午写信三封：双亲（清华转系，银钱），大哥（清华考生名额），黄万杰（清华新生揭晓，开学日期）。下午至蔡君处弄扑克，3 时许始返舍。晚间张璟龄来叙谈。

8月10—12日　星期一—三

阅书：考茨基书（全书 248 页，完）。

8月13日　星期四

阅书：《侠隐记》上册260页。

8月14日　星期五

阅书：《侠隐记》下册300页（完）。又《续侠隐记》420页。

8月15日　星期六

阅书：《续侠隐记》340页（完）。又《社会进化史》50页（Müller Lyer［穆勒·莱尔］著，陶孟和等译）。

8月16日　星期日

阅书：《社会进化史》240余页。下午宗燧君来，下象棋二局。

8月17日　星期一

阅书：《社会进化史》约100页（全书共386页，完）。《行为主义的心理学》（J.B.Watson［沃森］著，臧玉洤译）20余页。

下午与晚间下象棋数局。

8月18日　星期二

阅书：《行为主义的心理学》40余页。J.B.Watson, *Behaviorism*［沃森：《行为主义》］70余页。

下午与张君下象棋，晚间在斯君房间玩球戏。

8月19日　星期三

阅书:《行为主义的心理学》约170余页。

这几天的雨丝竟织成一片凉阴的秋气,昨夜睡中已觉衾寒,今朝起来凉爽的秋风竟扑人面上来,蓦地里一种凄凉滋味涌上心头,是雨丝带来的愁思么? 不,是秋风送来的悲凉吗? 也不。我自行寻味,仔细咀嚼。哦! 原来是旧梦重现呢! 是哟! 过去的三年中,都是在这种秋气弥漫的辰光,凄然向家庭告别。不管是月朗星稀的午夜,不管是晚风残月的平旦,咽着泪黯然上船的情景,总是教人耐受了。想不到这逐渐痊愈的创痕,今天又以秋风的刮削而复裂,中怀凄怆,愁思谁语!

8月20日　星期四

阅书:《行为主义的心理学》40余页。

璟龄、宗燧来舍弄桥牌。下午与光华同学10人赴北海划船,旋赴香厂胡同新丰楼聚餐。8时许雇汽车回校,璟龄大醉在汽车中呕吐。

8月21日　星期五

阅书: 沃森《行为主义》80余页。

因昨晚的聚餐,今日精神不适。

8月22日　星期六

阅书:《行为主义的心理学》约150余页,(全书共395页,完）。这书是沃森 1919 年的著作，离其首倡行为学时仅 7 年，故态度多未彻底，且内容亦嫌空虚。首二章论心理学之范围及方法，对于内省派的攻击殊欠深澈。次三章论人类之机体（受感器、传导神经、反应之筋肉及腺）太嫌繁多，几占全书一半，似留与生物学为是。下二章讨论情绪本能，亦未能完全抛弃旧见解。如对于"本能"一名词，亦仍保留。次章论习惯之养成，较善。最后二章，论机体整个的反应及人格之研究，发挥亦未能极致。又书中对于旧心理学之术语，如"意识""注意"等，多未提及。行为学应将此种种现象加以客观的解释，并叙述抛弃此种种名词之理由。故此书虽在行为学发展之历史上自有其地位，然已嫌过时，且不合教科书之用。

8 月 23 日　星期日

阅书：沃森《行为主义》60 余页。

下午与晚间在斯君房中弄扑克为戏。

8 月 24 日　星期一

阅书：沃森《行为主义》20 余页（全书 248 页，完）。Borchardt［博哈特］著[1]、李季译《通俗资本论》40 余页。沃森的《行为主义》一书为 1924 年所作，乃聚集其讲演稿而成，全书结构与《行为主义的心理学》相同，惟标题不同，各章次序亦多相同，惟情绪、本能

1　应为博哈特编。

之讨论地位互易，此书见解已较进步，文字亦浅显易读。

上午至注册处索转学证书，请其直接寄往清华。下午在斯君房中弄桥牌。回来后写家信二封，一致双亲（下学期费用），一致大哥（北海之游）。晚间又在斯君房中弄扑克为戏，9时许始回，真有点"夜总会"的风味。

8月25日　星期二

阅书：《通俗资木论》50余页。

下午进城至东安市场，购旧书《莎氏乐府本事》一本。

8月26—28日　星期三—五

阅书：《通俗资本论》各50余页。

8月29日　星期六

阅书：《通俗资本论》60余页。

上午璟龄来，弄桥牌。下午范钟鏊来座谈片刻。晚餐后与蔡、陈、刘在校附近散步。

今日燕校资助委员会主席马文倬[1]来约我去谈，说下学期的吴校长奖金80元，我可以拿，问我有意留在燕大否？我只好摇头婉却，假使从前那次的奖金能得手，我也许连清华也不去考，现在是既已考取，就有点不高兴再留燕京了。

1　马文倬：曾于1913年创办云南基督教青年会补习学校。

8月30日　星期日

阅书：《通俗资本论》50余页。

下午至陈镁熙君处晤谈，赴体育馆拍乒乓球。晚间陈君来室谈话，赴斯君房中弄桥牌。运动又好久不高兴做了，连乒乓球都值得写入日记中去，可见吾近来运动的稀少。同时可看出我对于体育的价值并不藐视，不过习性难移，总是喜静不喜动。暑期中体重由53公斤多减至52公斤，胃病虽较少发作，然并未断根。星相家老潘曾说我要短命而死，至多不过36至42岁。我虽然一笑置之，不过我宁愿夭折，而不愿过度周身是病的苦困残年。

8月31日　星期一

阅书：《通俗资本论》90余页（全书本文436页，加序言附录56页，共492页，完）。*The Tales from Shakespeare*［《莎氏乐府本事》］100余页。

9月

9月1日　星期二

阅书：Wells, *Outline of History*［韦尔斯：《史纲》］90余页。

今天《大公报》发起救灾日运动。今年的水灾是近年来所未有的，尤其因为发生在武汉、皖、苏等交通便利、消息灵活的地方，更容易引人注意。《大公报》差不多大半是登载水灾的消息，然而像去年甘陕的旱灾，恐也未必轻松，托福于消息的不便利，吾们只能模糊的知道一点儿，因而也不能怎样大大地打动我们的心。我认为这几年的水灾、旱灾，都是证明中国封建式社会的衰落。在从前的时代，封建式社会中统治阶级虽也作恶，还能同时行使他的职务像开渠、筑堤等。现在，他们竟成了堕落分子，变成社会前进的障碍物，只想刮地皮而整万的存入外国银行去，同时又专从事于阻挠社会前进的工作。这种的社会只有两条路：一条是社会革命的兴起，改组整个的社会；一条是让他逐渐衰落，以至于消灭，像塔斯马尼亚的土人社会一般。

9月2日　星期三

阅书：韦尔斯《史纲》100余页。

今日接到王栻来信，说他就要来平了。旧友未逢已经一年多了，听到这消息时心中有一段说不出的喜欢。

9月3日　星期四

阅书：韦尔斯《史纲》50余页。

下午正在阅书时，蓦地里黄万杰君走进来，据他说是上月24日由温州动身，昨晚抵平，今日已进清华。于是谈话了好久。他一谈到学校就提到出路问题，我心中只是盘算着自己的转系到底怎样好呢？我现在非转历史系便转生物系，至于到底哪一系好，临时再行定夺。与黄君谈了一晌，一直送他到校门外才回来。

9月4日　星期五

今日精神坏极了。在图书馆中翻阅杂志，到阅报室看报，阅《大公报》，抄写英译中国诗。然而无论如何总觉得无精打采，引不起兴趣看书，我以为大概又病了，否则决不会这样颓废的。

9月5日　星期六

今日整天都觉得不大舒服。9时半林济偕黄万杰及两位林女士来，要我替他们引导一周，从宗教楼、课堂楼、贝公楼至图书馆、姐妹楼、女生宿舍、燕南园。本拟至朗润园，她两人说走不动了。到东校门餐馆用餐后，回到寝室中闲坐片刻，翻翻燕大年刊。又向达园进发，入门后她两个人便不肯再走，在门口等待，我们三人在园中巡游一周便回来了。他们回清华去。回舍抄写英译中国诗，这暑假中陆续抄写了30余首，将书还给图书馆。回来写信二封，给单猛、董允辉。8月28日写的家信还未投，一并交邮。晚间本想读书，钱君来闲谈至9时许，睡魔又来扰人，只好去困。这几天太懒了，明日起非努力不可。

9月6日　星期日

阅书：韦尔斯《史纲》50余页。

下午至清华园晤及黄云畤，询及宿舍事。据云新宿舍无空房间，转学生恐怕要住到二院去。在清华用晚餐，谈至夜9时许始回校。

我初入大学的一年是弄社会学的，后来转入历史系，已经是十字街头钻入古塔中，但是对于十字街头终有些恋恋不舍，所以要攻中国近代史，以便进一步剖析当前的社会。

1931 年

9 月

9 月 7 日　星期一

今日至清华报到。上午在宁有澜君房中闲谈。下午始去办理入学手续：（1）注册部对照片，（2）验体力，（3）复验体格，（4）缴费，（5）注册，（6）交保证书。复验体格时的凌乱无次，害得我等到下午才验完，已使我不满，验体力后的 Toss[1]，更使人觉得清华的讨人厌。下面一段是摘录一个亲自体验的人的笔记："体力验好了，拿着表格慢俄延地走进体育馆，像被判徒刑的人走进监狱。一位獐头鼠脑的旧生，执着我的手臂，印了一个'验讫'的戳子，我虽抗议道：'我不是 Freshmen［一年级生］'，一位坐着的阎罗般的同学，厉声说道：'这是验体力。'我侧身一看他张着的口露出一双白皎皎的'獠牙'，我倒吸一口冷气，便不响了，俯着头随他们做去。爬过凳下，跨过皮球，在地上打滚，以鼻推球，跑步一圈，Toss 一次，

1　Toss：即"拖尸"，20 世纪二三十年代从美国传至我国大学的老生捉弄新生的恶作剧。在燕京大学，老生将新生抬起来扔到未名湖或者其他水池里；在清华大学，则是四个老生拽起一个新生的四肢在空中摇晃几次，抛到垫子上。

图 2 夏鼐 1932 年就读于清华大学历史学系时的照片

跳板，爬走，总算一一都试过。随时听见四周的狞笑声，像黑夜中的枭声，打破体育馆的沉寂。人本来是最残忍的动物，然在这一班在我四周坐走蹲立着的动物中，这种性情似乎更表现得显著。自己造成一种恶作剧，强迫初入新地的人去耐受，借别人的受窘，以供自己的嬉笑。看见别人在地上像低级动物一般地爬行，张着血盆大口作狞笑。我不知那一种是低级动物？那一种人该被有理智的人类所哂笑？也许以为泱泱大邦的美国也有这种制度，像我们这种次殖民地的国家，不是应该亦步亦趋地模仿他吗？更不用说我们清华是受山叔叔[1]之赐得成立，更该用这种制度来表示我们受过他的洗礼，

---

1 山叔叔：当时对美国绰号 Uncle Sam 的中译，现一般译为"山姆大叔"。

永矢勿忘。”

9月8日　星期二

今天搬到清华里来，宿舍未有空着，只好暂住在教室，听说宿舍本可够用，因为旧生以及毕业生霸占寝室，新生只好认吃亏点，暂住堆房般的教室里，这本是国立大学的常态。于是我觉得清华大学有二重好处，一种是学生洋化，一种是办事官僚化。

傍晚遇见王栻、王祥第，晚间同住教室，谈到12点多钟才睡觉。

9月9日　星期三

今晨6时许便醒来，同二王、老黄逛校园。午餐后二王进城取行李。我因昨晚睡眠不充分，很是难过，便去睡了。一直到刘、郑二君来唤我吃夜饭，才起来洗面，吃饭。晚间在图书馆阅书片刻，便去睡了。

9月10日　星期四

今天是注册日，我因为想转系，一问注册处，说是不可以，这真糟糕。我与黄君商量，再去和注册主任接洽，说要先得系主任允许，便去见陈达[1]。据云，须与注册主任接洽，下午可回复我。下午

1　陈达：1892—1975，浙江余杭人。社会学家。1911年考取清华学校旅美预备班，1916年赴美国哥伦比亚大学留学，先后获得硕士、博士学位。1923年回国后任清华等校社会学系教授兼系主任，长期在清华工作。新中国成立后，任清华等校教授、全国政协委员等职。著有《中国劳工问题》《人口问题》《南洋华侨与闽粤社会》《现代中国人口》等。

去见陈达，说注册主任已告诉他不好转系。我又去见注册主任，说这是教务长张子高[1]的命令。又去见张子高，具列二种理由请求转系：（1）无兴趣之学科，不能研究有心得；（2）去年可转，今年又无特别声明；（3）我以前在燕京亦读社会系，并非为取巧而考社会学，且社会与历史性质相近。教务长说明天答复我。

9月11日　星期五

今天又去见张子高，他说要与各系主任接洽，下星期以内定可回复我的信。我因为注册手续麻烦，便想下星期转系事毕后再注册。

下午与二王、老黄去逛校园，如工字厅、生物馆等处。

9月12日　星期六

今日宿舍才定，是在二院附4号，便搬进去。下午与王祥第去凭吊圆明园遗址，拾了两块砖头回来。

9月13日　星期日

今日与二王去白相燕京。祥第因腹痛，午餐后先返校。我与杕一直弄到傍晚才返校。

1　张子高：1886—1976，湖北枝江人。化学史家、教育家。1909年考取第一批庚款留美生，赴美留学于马萨诸塞理工学院化学系，毕业后留校任助理研究员一年。1916年回国后任教于南京高等师范学校、金陵大学、浙江大学、清华大学、西南联合大学、中国大学。1949年后任清华大学教授、化学系主任、副校长。著有《中国化学史稿》等。

9月14日　星期一

上午开学礼。下午仅上了两课，贾邦福[1]（Gapanovitch）的《[西洋]上古史》与史禄国[2]（Schirokogoroff）的《人类学》，都是去旁听的。晚间与王枟下象棋，一与三之比，明后天定要报仇。旋遇徐贤修[3]，知他已搬来了。此君曾与我在府前附小同学，当时为幼小儿童，现在竟已长大得认不得了。辰光使儿童变成青年，使青年逐渐衰老，最终无情地送进坟墓去。人生是一步步向坟墓前进，我应该有所觉悟才是，每一天都不要虚度时光。

9月15日　星期二

今天去问张子高，说尚未定办法。他说我气色不好，问我是否染恙。这几天胃病略发，实在也不甚厉害，我自己也并不觉得这几天格外精神不好，虽然因为注册未定，总未能静下心读书。下午上法文课，这是第一次读法文，我预定计划要在三年内学会，并且想在可能的范围以内再学一种外国语（日文），不知道能达目的否？法文退课后，引导徐贤修周览校舍，至黄万杰处闲坐片刻，然后三人再散步校园。晚餐时始回舍，练习法文。

1　贾邦福：即噶邦福、葛邦福（Lvan J. Gapanovitch, 1891—1971），毕业于圣彼得堡大学，1931年任清华大学历史系教授，1952年去澳大利亚定居。著有《历史学的综合方法》《俄国史》等。
2　史禄国：1887—1939，俄国历史学家。就读于法国索邦大学、巴黎大学。曾任中山大学、清华大学、辅仁大学历史系教授，中央研究院历史语言研究所研究员。著有《通古斯词典》等。
3　徐贤修：1912—2002，原名祖同，号洁人。浙江永嘉人。1931年考入清华大学算学系学习，毕业后在中学任教。1946年去美国布朗大学深造，两年后获得哲学博士学位，随后去普林斯顿高等研究所攻读博士后。1955年后任普渡大学教授。

9月16日　星期三

今天上了一个整天的课，晚间看历史。

9月17日　星期四

下午再去见张子高，说今天下午 4 时开会便可定夺。回来后找王栻到体育馆去运动，出了一身汗，淴浴后随便谈谈。一个下午便消费掉了。这几天的精神似乎确实不大好，温谚云："越嬉越懒，越吃越口淡。"这几天的生活太懒了，总是振不起精神来读书，我只想注册事毕后好好地读几天书。

9月18日　星期五

今天下午到教务处，见了教务员，据云昨天开会结果，转系是可以的，但须补习未考试之科目，此项补习功课之学分不算在毕业应修学分之内，故须多读 16 学分。吾问如转生物系能否得到允许，据云须系主任及教务长之允许，他不能作主。我心中盘算，如果转生物系，仅须补习化学 10 学分，并且二年级的功课都可以选读；至于历史系则二年级的功课与一年级冲突，不能同时选读，又加以觉到文科、法科功课的空虚，很想乘机改读理科功课，生物学在理科中是比较轻松的功课。所以便跑到郑重[1]君那边去，请求他偕我一同

1　郑重：1911—1993，字千里，又名莘。江苏吴县人。浮游生物学家。1930 年考入燕京大学学习，次年转学清华大学，系生物系第六级（1934 年）毕业生。1938 年赴英国的普利茅斯海洋动物研究所、赫尔大学动物系、剑桥大学动物系、北威尔士大学动物系和阿伯丁大学动物系深造，1944 年获博士学位，随后在阿伯丁大学、牛津大学任教。1947 年回国后任厦门大学海洋系教授兼系主任。1949 年后任厦门大学海洋生物研究系主任。

去见生物系主任陈桢，郑君说明天上午 9 时一同去见。一个晚上都在踌躇莫决，"到底读文科抑理科好呢？"这个问题真够我麻烦。

9 月 19 日　星期六

社会记事：今天《北平晨报》出号外说，日本未下哀的美敦书，突于昨夜 10 时攻占沈阳城。

阅书：曹谷冰《苏俄视察记》80 余页。

上午 9 时偕郑重君去见生物系主任，适值陈桢不在办公室，只好回来。一路再行盘算，理科的功课当然比文科切实，但转生物系的问题很复杂：第一点不知道系主任答应否？第二点教务长答应与否？这二点中有一发生困难便完了，对于教务长已经麻烦他好几次了，现在又改他系似难启齿，陈桢处又非星期一莫办。这两天工夫又在黑暗苦闷中，纵使能成功，这一星期的功课多须补习觉得讨厌否？平时实验做报告这样多觉得厌倦否？家庭态度能赞同否？对于生物的解剖将加以阻止否？和大自然久无接触，现在突抛弃已成习惯的蠹虫生涯，再去追逐自然界的观察与叙述是否合算？等等问题又纷集。由生物馆回宿舍时遇到张子高，问我注册已完否？只好答着立刻办理。先至二系主任处签字选课，注册事只好留到星期一再办。

9 月 20 日　星期日

今日进城，偕同二王先至东安市场买了几本书，即在东安市场用午餐。因为想运动练身又买了网球拍。再至商务印书馆、北新书局，因身边所带的钱有限，未曾购书。旋即呼车返校。晚间在王栻房中及黄万杰房中谈谈，又消费掉一个晚上。今日仍旧没有读书，这几天不知怎的，总是心神不宁，不能静坐读书，虽在日记簿上写着"读书，读书"，而实际上仍不能行，恰像嗜赌者口口声声说戒赌，一看见牌又眼红了，指痒得不可当，于是只好立誓这次暂破了戒，下趟誓不再来。瞧！你这 10 天到底干得什么事呢！这种糊里糊涂将光阴蹉跎过去，连一点书也没有读，你也觉得对得起自己吗？

9月21日　星期一

阅书：《苏俄视察记》约 120 余页。他所叙述的虽然是一个现在存在的现实国家，然而读起来总有点像读什么哲学家的理想国似的。

上午开学生全体大会，一连继续开了三点钟〔三个钟头〕，议决了些关于反日的提案。有些提案真有点好笑，一个提案是清华全体学生徒步赴京请愿案；一个是清华全体师生禁食一天案，幸而未曾通过。但是转想一下，这些办法虽不见高明，但其志实属可嘉也！下午拍网球，这是从来没有练习过的，只曾在十中拍过一两次，在光华拍过三四次，拍起来总是拍空气而拍不着网球，真是吃力不讨好，累得满身是汗，然而总算合于运动的目的了，为之一笑！

9月22日　星期二

阅书：《苏俄视察记》60 余页（全书 260 页，完）。俄国几年成了谜样的国家，此书的叙述很可一读，惜对于党治、政制方面尚罕述及。

图3　1931年在清华大学运动场上拍摄（右四为夏鼐）

晚间蒋廷黻[1]讲演《日本此次出兵之经过及背景》，以为此次日本之出兵其背景有三方面：（1）中国渐有统一趋势，日本必须于中国统一以前解决东三省问题，且东三省之经济渐发达，民智渐开通，尤非早行解决不可；（2）国际方面，英、美均因经济恐慌无暇外顾；（3）日本国内人口增加，非移民不可，且工业之发达将因中国之统一而受打击，而为增加国威起见，亦须扩张疆土，故遂借中

---

[1]　蒋廷黻：1895—1965，字绶章，笔名清泉。湖南宝庆（今邵阳市）人。历史学家。1912年赴美国留学，1919年入哥伦比亚大学历史系，1923年获哲学博士学位。回国后担任南开大学、清华大学教授。1935年任国民政府行政院政务处处长。1945年任中国驻联合国代表。著有《中国近代史》《最近三百年东北外患史》等。

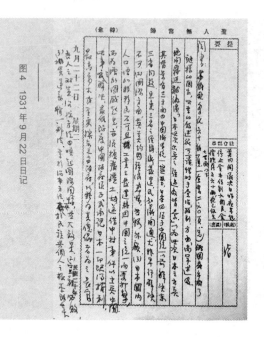

图 4　1931 年 9 月 22 日日记

村事件以出兵中国。此事之解决，最低限度中国政府须正式承认日本一切既得权利，最高要求或至更换东三省政府，以能为其傀儡者为长官。吾人之对策，治标方法：（1）唤起国际同情，无大效果；（2）宣战必败；（3）排货运动，唯一办法。至于治本方法，在于民族与个人之根本改革。中国人遇小事则萎靡不振，遇公事则贪婪腐败，此种习性非大行改革不可。

9 月 23 日　星期三

阅书：陈炳堃著《最近三十年中国文学史》30 余页。

9月24日　星期四

学校停课，出发四郊宣传日兵暴行，步行二三十里抵沙河镇，入昌平县城，沿途讲演但收效甚少。午餐在沙河镇车站旁小饭店中，与王栻、王祥第同食大饼，箕踞坑〔炕〕上张口大嚼，别有一番风味。2时半乘火车返校。

9月25日　星期五

阅书：《最近三十年之中国文学史》50余页。

9月26日　星期六

阅书：《最近三十年之中国文学史》100余页。

今日校中又停课，徒步入城向副总司令请愿宣战。我因为前天徒步太辛苦了，又预料今日的请愿必定无甚结果，所以不去。在图书馆藏书库中翻阅旧杂志，消磨了大半天。

晚间与二王及黄君在消费合作社吃零食，一面闲谈往事，后来在校园中散步，跑到土山上一个小亭子中坐下来，月亮从树隙中射下来，俯瞰校舍，如在水中漾荡，那一种光明透彻的光景，令人有一种说不出的优美的觉感。10时许始返舍就睡。

9月27日　星期日

阅书：《最近三十年之中国文学史》50余页（全书274页，完）。李剑农《最近三十年之中国政治史》50余页。

今日刮风甚大，天气逐渐寒冷了，下午拍网球还穿了一件绒背心。

9月28日　星期一

阅书：《最近三十年之中国政治史》100 余页。

上午停课开会，议决改换生活方式，在三星期中暂停功课，改取军营生活。6 时起身早操，7 时半早餐，8 时半军训，10 时休息，12 时午餐，下午 1 时上课（授战时国际公法等），3 时军操，6 时晚餐，8 时讲演，10 时睡。这案子以 206 对 101 之多数通过。然而我总觉得这案是在感情冲动下通过的，救国只有下死功夫来学别人的好处，以求并驾齐驱，而终于轶出其上。至于三星期的休课学操，至多只是以振起民气，实际上没有什么效果。不过在这种受压迫的情形下，感情冲动非但是不能免，并且是可嘉许的一件事。

9月29日　星期二

阅书：《最近三十年之中国政治史》70 余页。

下午学生会出通告：自明天起全体同学过军营生活三星期。

9月30日　星期三

阅书：《最近三十年之中国政治史》120 余页。

曙色尚是朦胧，黑暗还占领整个寝室，蓦地里号角声起，穿破死一般沉静，从睡梦中醒转来，睡眼还是惺忪，知道今天是新生活的开始，便振起精神匆匆整理被褥，穿起军服去洗面，由寝室出来时新凉的秋风直扑到面上，精神为之一振，虽有冷峭的感觉，皮肤微起寒颤，然另有一种清爽的快感。洗面后便上操场，一轮冷月还斜挂在西首的树梢，旭日已经上升，映在新宿舍的红墙上，血红欲滴，连操场周围的树梢也都染成浅绛的颜色，操场还只有十几个同学步着枯黄欲残的草地，切切在作私语。操场上四无依傍，越发觉得寒风侵人，我便先到健身房练身，旋即集合操场上做早操。散队后早餐，8时半又上操，下午1时上军事学，3时半上军训，晚10时熄灯就睡。

10 月

10 月 1、2 日　星期四、五
阅书：《最近三十年中国政治史》约 170 页、120 页（全书 636 页，完）。

10 月 3 日　星期六
进城购物。

10 月 4 日　星期日
阅书：《莎氏乐府本事》100 余页。下午拍网球。

10 月 5 日　星期一
阅书：《莎氏乐府本事》70 余页。开大会。

10月6日　星期二

阅书：《莎氏乐府本事》50余页。

10月8日　星期四 [1]

阅书：《莎氏乐府本事》10余页（全书368页，完）。上午拍网球。

10月9日　星期五

阅书：《西林独幕剧》170页。恩格斯《家族私有财产和国家之起源》60余页。

今日起以胃病向军训处请假一星期。

10月10日　星期六

阅书：绿漪［苏雪林］《绿天》120余页（完）。

今日双十节，故宫三路开放，进城游故宫博物院。

10月11日　星期日

游古物陈列所三殿及景山、午门历史博物馆。下午返校。

10月12日　星期一

阅恩格斯之书80余页。写信：① 黄文瑞（清华优点：省费，

---

1 10月7日内容日记原缺。

图书齐全。燕京之优点及缺点。清华同学）。② 双亲（中日争端的结果）。③ 大哥（游故宫）。

10月13日　星期二
阅书：恩格斯《家族私有财产和国家之起源》（全书290页，完）。

10月14—16日　星期三一五
阅书：《最近十年之欧洲》，共500余页。

10月17日　星期六
阅书：《最近十年之欧洲》30余页（全书542页，完）。冰莹《从军日记》153页，笔墨颇活泼，但嫌幼稚。

晚间在王杶房中讨论唯物唯心问题。杶提出的是："唯物论者以为物质乃经感觉而给我们知道的客观存在，心灵不过是物质的结构进化到某一地步所产生的作用。物质先于心灵而存在，可由实验以知之。然何以知'物质先于心理而存在'，何以知'实验之可靠'，皆我人意识之作用也。故唯物论此点不可通。"我以为："何以知之，乃认识论问题，可暂置勿谈。至于本体问题，则可由实验的心理发生学，以证明物质如何使婴儿心灵发达，以定物质心灵之先后。至于认识论问题，则亦可由实验以明之。吾人之能知，固由于吾人之意识作用，然此意识作用固物质之产品也，然杶仍以'知意识作用为物质之产物者，仍由于意识作用也'，故唯物论说有不可通之处。"驳斥至熄灯时始散（贤修亦参加）。余以为认识论以说明

"人何以知物我"，断不能脱离意识，然本体问题既明，应以前者为前提。

10 月 18 日　星期日

阅书：刘彦《帝国主义压迫中国史》50 余页。

上午拍网球，下午又拍网球。

10 月 19 日　星期一

阅书：《帝国主义压迫中国史》50 余页。

下午又拍网球。

10 月 20 日　星期二

阅书：《帝国主义压迫中国史》100 余页。

上午 5 时起身，集队去西苑参观军队操练，并阅看机关枪迫击炮等兵械。9 时半回校。

下午拍网球。

10 月 21 日　星期三

阅书：《帝国主义压迫中国史》100 余页。

今日起照常上课。这三星期的军事训练，结果等于零。

10 月 22 日　星期四

阅《帝国主义压迫中国史》。

10月23日　星期五

阅《帝国主义压迫中国史》。今日去询问中国文学系，据云目录学一科恐不能开班，下星期可有确定答复，恐怕又要生麻烦。

10月24日　星期六

阅书：《帝国主义压迫中国史》100余页。

10月25日　星期日

阅《帝国主义压迫中国史》约150余页（全书843页，完）。

昨天一夜的西风，又加上一层寒意，虽没有像去年重阳节下雪那般的早寒，但也够使人怀想起温暖的故乡了。

10月26、27日　星期一、二

阅樊仲云《最近之国际政治》（全书377页，完）。

10月28—30日　星期三一五

每日课外各阅《西史纲要》100余页。

10月31日　星期六

阅书：《西史纲要》90余页（全书536页，完）；《清太祖实录》一卷。

11月

11月1日　星期日

阅书:《清太祖实录》三卷。

今日室内开始生火炉。

11月2日　星期一

阅书:《清太祖实录》六卷（共80张，完）。

11月3日　星期二

阅书:《世界杂志》“十年”90余页。祥第又生病了，看他掖着衣衾呼冷，实在有些替他可怜。他是一个独生子，这次在沪时已抱病，将金鸡纳霜拼命的吃，才将清华试事匆匆完场，回家后稍愈。据他说他的家人本来想叫他养息完愈后再来校，然而新考进学校总是有些兴致，恨不得早些来校。这几天不舒适，不知道也想起家否？羁旅的人，最怕的便是卧病。怪不得王栻说要是生病，最好是在家中生小病。令着体贴入微的小妇侍奉汤药，真是另有一种普通时节享受不到的幸福。不过要想疾病生得凑巧，既是时候适宜，又要是轻微小疾，那便是难了，除了阎王是你做。

11月4日　星期三

阅书:《世界杂志》最近“十年”约130余页。

在王杖处谈到 Eaton［伊顿］的 *Logic*［《逻辑》］一书中，以抽象的个体物 Universal［普遍性］与 Singular［单一性］对待，我以为不大稳当，因为据伊顿的意思，单一性应该是（1）个体而非群体，（2）具体而非抽象，故抽象的不论个体或群体都应该归入普遍性（如权力、爱情之类）。我以为分类的标准，仅可有一个，如有两个标准，那么如非"不必要"（如相同）便是"不可要"（如相互冲突）。如果一切名词只有两种，一是抽象群体，一是具体个体，那么只用一个标准（如个体群体之分）便分了；如用二标准而互相冲突（如有抽象而为个体者），那只好牺牲一个。伊顿以为牺牲单复数的标准。我以为该牺牲抽象性或具体性的标准，并不是因为单复数这一性质较为重要，实因为普遍性与单一性这二辞只表示单复数，你如果以抽象与否为标准，你应该另制名辞，另做分类。

11月5日　星期四

阅书：《世界杂志》"十年"70 余页（全书 300 页，完）。

晚餐后又在王杖房中闲谈，到 8 时许才回来。宗燧说："你又在王杖房中闲谈了。我天天总是见你晚餐后有一点多钟不在室内。"这星期来实在几乎每天晚餐后，总是与二王一起，先在园中散步了几圈，回来后便在杖的房间中闲谈。今日在谈起逻辑的命题，以为现在的逻辑太死板，一切命题都要化成"A 是 B"或"A 不是 B"的方式。如"下雨"，我们的观念只是表示一个动作，然而一到逻辑家的手中一定要化成"雨是在下着的雨"，这样非但是失去了动作的活泼性，并且连句子也觉得牵强。如何使"下雨"这一句也成为正式的命题，这应该是新的动的逻辑的任务。谁能发明一个足以解释"动的命题"之公式及理论，谁便是新逻辑的奠基者。可是如何着手呢？这只能放着不论。

11月6日　星期五
写信：王书之、林济、徐凤庵、陈继严。

11月7日　星期六
写信：双亲、大哥、秀庵、锄非。

11月8日　星期日
阅书：*History of Europe*［《欧洲历史》］100余页，兼作札记。

11月9日　星期一
阅书：《欧洲历史》50余页。

昨晚日本兵在天津开营，故意扰乱天津。今日消息尚不甚清楚，同乡相遇均稍有惊慌。燕大同学某君家在天津，以80元托银行打电话至天津一询情形，现下天津已稍平静，大概无碍。

11月10、11日　星期二、三
阅《欧洲历史》30余页。

11月12日　星期四
阅书：《欧洲历史》40余页。今天本拟多看点书籍，却料不到仍仅看这一些儿，真有点失望。

陈篯熙君来邀午餐，食后闲谈片刻即匆匆而别。下午拍网球，连拍 3 小时颇觉倦疲，惟网球技术稍有进步，殊自喜也。

11 月 13 日　星期五

阅书：《欧洲历史》40 余页。上古史一部分已看完，作札记 70 余页。这样看书似觉太慢，明天阅读中古史时当改换方法，以求阅读速率之增加。

11 月 14 日　星期六

阅书：《欧洲历史》50 余页。

11 月 15 日　星期日

阅书：《欧洲历史》80 余页。下午偕徐贤修赴燕京，晤及陈篯熙后，赴刘廷芳先生处闲座谈话。旋赴朗润园游览一周，即返校。

11 月 16 日　星期一

阅书：《欧洲历史》110 页。

11 月 17 日　星期二

阅书：《欧洲历史》50 余页。

昨夜一晚的西风，又使寒暑表缩短了 10 多度，早晨醒转来时偷眼觑着窗外，黄叶在寒风中打滚，未免心中有点畏寒，被窝中的热气令人留恋不舍，更何况室中的火炉一阵阵送来热气。刘、张二君亦醒了，大家懒洋洋地躺着闲谈，谁亦不肯先起来。7时半的钟声又响了，大家第一课时都有课，只好硬着头皮起来。在走向饭厅的路上，看见满庭院的落叶随着尘埃飞扬，冬风料峭，微感战栗。

11月18日　星期三

阅书:《欧洲历史》40余页（全书645页，完）。

昨天始上第一次的经济方策，今年的功课表大致可定了。

	8—9	9—10	10—11	11—12	1—2	2—3	3—4	4—5	5—6
星期一	中国通史				人类学				人类学
星期二	经济方策		中国通史	西洋通史	法文		体育	军训	军训
星期三				中国通史	法文	秦汉战国史			军训
星期四	经济方策		中国通史	西洋通史	法文		体育		
星期五					法文	殷墟文字研究			
星期六	西洋通史			西洋通史					

注:中国通史——吴其昌[1]（子馨），秦汉战国史——钱穆（宾四），西洋通史——孔繁霱[2]，

1　吴其昌:1904—1944，字子馨。浙江海宁人。历史学家。1922年入无锡国学专修馆学习，1925年入清华学校国学研究院。曾任教于南开大学、辅仁大学、清华大学、武汉大学历史系。著有《朱子著述考》《宋元明清学术史》《金文世族谱》《子馨文存》等。

2　孔繁霱:1894—1959，字云卿。山东滕县人。学者。1917年赴美国格林奈尔学院、芝加哥大学历史系学习，1923年又赴德国柏林大学研究院学习，获硕士学位。1927年回国后任清华大学历史系教授，1943年在中国大学授课。1949年后任清华大学、北京大学历史系教授。

人类学——史禄国,殷墟文字研究——商承祚[1](锡永),经济方策——萧蘧[2],法文——霍兰德[3](Holland)

11月19日　星期四

阅书:Henry George, *Poverty and Progress* [亨利·乔治:《贫困与发展》] 40余页。

11月20日　星期五

阅书: *Communist's Manifests* [《共产党宣言》] 30余页。

11月21日　星期六

阅书:《共产党宣言》40余页,老舍《二马》200页。

晚间开全体大会,为吴其昌老师绝食请出兵事,到会人数不足,延会。

11月22日　星期日

阅书:老舍《二马》200余页(全书445页,完),《共产党宣言》100页。

晚间开学生全体大会,议决南下赴京请愿。

1　商承祚:1902—1992,字锡永,号契斋、驽刚。广东番禺人。中国古文字学家。1923年入北京大学攻读研究生。历任北京女子师范大学、金陵大学、重庆大学、中山大学等校教授。著有《殷墟文字类编》《殷契佚存》《说文中之古文考》等。

2　萧蘧:1897—1948,字叔玉,江西泰和人。清华学校毕业后赴美国留学,在康奈尔大学获得经济学硕士学位。回国后任教于南开大学、清华大学等学校。

3　霍兰德:即华兰德,德国人,1931年任清华大学外语系教授。

11月23日　星期一

学校停课。下午至燕京访陈凤书君，返校后检查体格。

11月24日　星期二

阅书：《共产党宣言》60余页。

今日同学南下赴京请愿，校中停课一星期。

11月25日　星期三

阅书：《共产党宣言》80余页（全书359页，完）。

写信四封：双亲、大哥、林济、王书之。

11月26、27日　星期四、五

阅书：亨利·乔治《贫困与发展》。

11月28日　星期六

阅书 Laski, *Communist*［拉斯基：《共产主义论》］50余页。上午拍网球。

11月29日　星期日

阅书：拉斯基《共产主义论》100余页。这两天简直是做义务校对，将原文与中译文互相对勘。

下午赴京请愿团返校。决定自明天起复课。恐怕自明天起又无暇看课外书，还是赶快读完中译本吧！

11月30日　星期一

阅书：拉斯基《共产主义论》100余页（全书269页，完）。

至注册处领回［中学］毕业证书及［燕京大学］修业证书。

12月

12月1日　星期二

阅书：韦尔斯《史纲》50余页。

12月2日　星期三

阅书：韦尔斯《史纲》20余页；陈启修译《资本论》80余页。

12月3日　星期四

阅书：韦尔斯《史纲》40余页。

梅贻琦[1]校长来校视事，第四课停课，召集全体同学训话。

12月4日　星期五

阅书：陈启修译《资本论》130余页。

1　梅贻琦：1889—1962，字月涵。天津人。教育家。1908年入保定直隶高等学堂学习，后毕业于美国伍斯特理工学院，后又获芝加哥大学机械工程硕士学位。1928年后任清华大学代理校长、校长，西南联大校务委员会主席。1955年去台湾。夏鼐在日记中称其为"梅校长"。

12月5日 星期六

阅书：陈启修译《资本论》50余页。

下午欲骑驴赴香山，已约好5人，因驴夫索价过昂，每头要8角，交易不成，返至消费合作社喝咖啡。3时起与王杕、张、刘拍网球。

12月6日 星期日

阅书：陈启修译《资本论》120余页。

12月7日 星期一

阅书：陈启修译《资本论》40页（全书426页，完）；Breasted, *Ancient Time*［布雷斯特德：《古老的时代》］。

12月8日 星期二

西洋通史考试（择答四题）：

（一）The Hebrews［希伯来人］及 The Chaldeans［迦太基人］在文化史上各有何特殊之贡献？

（二）略述 Darius［大流士］及 Themistocleo［地米斯托克利］之勋业。

（三）试言波希战争在希腊中上之意义，又 The Batlle of Marathon［马拉松战役］，The Batlle of Thermopylae［塞莫皮莱战役］，及 The Batlle of Plataea［普拉蒂亚战役］胜负各谁属？

（四）比较 Athens［雅典］与 Sparta［斯巴达］。

（五）关于 Thutmose Ⅲ［图特摩斯三世］, Hammurabi［汉穆拉比］, Phidias［菲迪亚斯］及 Euripides［欧里庇得斯］继承制撮举所知。

12 月 9 日　星期三
感冒，体温升至 38 度余，头脑有点昏，搬入病院去。

12 月 10 日　星期四
阅书：Mason, *History of the Art of Writing*［梅森:《书写艺术史》］80 余页。

今日在医院中过生活，病况已稍佳。晚间下雪霰，天气骤冷。

12 月 11 日　星期五
今日雪霁，但天气仍冷。

阅书：梅森《书写艺术史》100 余页。

12 月 12 日　星期六
阅书：商承祚《殷墟文字类编》二卷。

12 月 13 日　星期日
阅书:《殷墟文字类编》四卷。

写信五封：双亲、大哥、王书之、林济、胡师刚。离病院搬回宿舍。医生劝我住院是因为 9 日那天看病时咳嗽，吐一口鲜血，医生深恐是肺病，但检验结果尚无症征，故住院以便观察。这五天中每天护士来视察三次，检查体温，询问大小便，幸热度渐减，唾液中亦无血丝，故今日出院。

12 月 14 日　星期一
阅书:《史记》之《周本纪》《秦本纪》。

12 月 15 日　星期二
无日记。

12 月 16 日　星期三
昨日蒋介石辞职，林森代理主席。今日阅韦尔斯《史纲》第 22 章。

12 月 17 日　星期四
阅书:韦尔斯《史纲》第 23 章。

12 月 18 日　星期五
无日记。

12 月 19 日　星期六
阅书:韦尔斯《史纲》中"基督教的传播"一章。

12 月 20 日　星期日

阅书：Hoffman, *The Beginning of Writing*［霍夫曼：《文字的起源》］约 170 余页。

12 月 21 日　星期一

阅书：《史记·五帝本纪》，以梁玉绳《史记志疑》一书参照。

12 月 22 日　星期二

无日记。

12 月 23 日　星期三

今天在图书馆看 *Reich of Revival*［《帝国复兴》］11 月刊补白中有个笑话："你的妹妹结婚了吗？""是的。""她对结婚很满足吗？""她很满意，只是除了觉得丈夫不甚惬心，但天下事又安能万般如意呢？"在西方当然是一个笑话，因为结婚最重要的是夫妇互觉满意。如果对于丈夫不惬意，这种婚姻决计不能称为满意的。女子结婚的唯一目的，便是找一个惬意的丈夫。如果这个目的不能达到，其他万事都觉如意，又与结婚何关？在西方"结婚"与"对手方"几乎是同义语，所以这便成笑话。可是在中国呢？我曾亲耳听见过："这婚事很惬意，只是丈夫不大令人满意。"这句话是很严整的口气说的。真正的婚姻，应该是哪种好？或者两者都不好，而需要第三种更好的吗？这事值得未结婚的人仔细地考虑。

12月24日　星期四

昨天法文试验的考卷发还来，得了一个 S[1]，真是侥幸。看看旁边两个得着 F 的同学，越发替自己暗中称庆。今年的课程以法文最麻烦，尤其是这位 Miss Holland〔霍兰德小姐〕特别注重发音及听讲能力，而我却是对这两种特别不能讨好，尤其是发音方面，连英语念了几近十年，还是不确正，今后对于法文该特别留意才好。

12月25日　星期五

阅书:《史记·六国年表》看了一半，参照梁玉绳《史记志疑》加以校注。一方面自己得意，居然能"细心校读，一字不苟"地念古书;一方面又替自己恐慌，恐怕因此跌入故纸堆中翻不转身，成了一个落伍者。不过念历史的人又不能绝古书而不读，此种矛盾不知该怎样解决才好。

12月26日　星期六

今日和王栻进城一趟。上午第一课退课后便匆匆赶上汽车，道旁的积雪仍厚六七寸，虽在阴霾的天空下，依然发着皑白的光辉，从汽车窗口望出去，觉得此地的风光另有动人处。到东安市场购了

1　S:表明成绩良好。20世纪二三十年代清华大学学生成绩评定分为五级:"E"即优秀（Excellent），"S"即良好（Superior），"N"即合格（Normal），"I"即较差（Inferior），"F"即最差（Failure）。这也可简称为"超""上""中""下""末"，学生们形象地比喻为"金齿耙""银麻花""三节鞭""当头棒""手枪"。

几本书，陪王栻买几件应用品，脚尖渐觉冷颤，一双破皮鞋和绒线袜仍然挡不了自地面上达的冷气。到一间南菜馆去用午餐，喊了一盘糖醋排骨，一盘虾子白菜，一碗火腿白菜汤，王栻高兴了要弄点酒喝喝，我只喝了一小杯便不敢再喝，他亦只喝了两杯半，便吃银丝卷二块当饭，一面谈一面吃，连菜都凉了，不知道是谈得太长久了，还是天寒菜易凉呢？饭后至通易公司，向顾丹夫取还存款。唤黄包车赴北平图书馆，找到金石部，询问刘节[1]君在否？回说到后面去了，要我稍等一会，便在梁任公纪念室中阅视。一会儿刘节君来了，矮矮的身材，一望便知道是刘武的哥哥，这两兄弟真相像。于是请他引导参观到善本书库、四库全书书库、圆明园样子陈列室、普通书库，然后到招待室中坐片刻。5时半乘车赴青年会，趁公共汽车回校。

12月27日　星期日

阅书：胡愈之《莫斯科印象记》150余页；《史记·六国年表》。

12月28日　星期一

阅书：《史记·魏世家》。

刘古谛君从城内回来说，师大这次进京请愿，途中造成七对配

1　刘节：1901—1977，原名翰香，字子植，自号青松。浙江温州人。历史学家。1926年考入清华学校，师事陈寅恪。毕业后任教于南开大学、河南大学、燕京大学、浙江大学、成都金陵大学、重庆中央大学、中山大学等。1949年后任中山大学教授，曾兼历史系主任。著有《楚器图释》《古史考存》等。

偶，这真是恋爱的速成科。据云有一位女生，与一位男士，本是素不相识，车抵天津时始交谈。后因女的未带被铺，二人用一被过夜，愈来愈亲密，到济南站时便耐不住了，下车开旅馆去。请愿回来后，全校以此为谈助，不想传入女的父亲的耳中去，老人家大怒，呼女责备，如不承认即令医生检验，女的无法只好承认，为老父所逐。木已成舟，只好跟男的过活。这一件事引起我的注意，并非由于事情的新奇浪漫，只是因为我想这是妙龄男女所免不了的事，在现在的我并未以为奇，不过将来的我，假使也处在老父的地位，遇到同样的事，那该怎么办呢？

12月29日　星期二

阅书：Flint［弗林特］著（郭斌佳译）《历史哲学概论》70余页。

下午第四课时考军事训练，因为三人一组，我的排次甚后，偷空与小张到消费合作社吃咖啡去，想不到弄迟了，再去时已人去场空，只好明天去补考，真使人懊恼。晚上与张宗燧、刘古谛闲谈。刘说人生最重要的事：1.生活；2.性的满足；3.事业。张说：1.性的满足；2.生活；3.名誉。我近来不耐作苦思，对于这问题没有发表什么意见。

12月30日　星期三

一年韶光又匆匆地过去了，回首年来情境，如梦幻尘影，渐渐有点模糊。去罢！ 1931年！我没有留恋与惆怅，将来的事业已够我费全部精神去对付了，谁有心去管过去的事情。

12月31日　星期四

我是不喜欢热闹的人，在嚷喧的人群中要感到头痛。但同时又是不耐寂寥，像今天同舍的张、刘二君都出去了，房间中只剩下我一个人，似乎是最适于读书，而一种萧然凄凉之感无端突发，数百人的一座校舍变成无人居的荒野。自己是堕入无人迹的空谷，和四周的人群似乎隔了几座不能逾越的荒山，桌上滴答的钟声是唯一的伴侣，虽然也是那么惨凉。幸得王杕来了，谈些社会科学上的问题，他以为商品社会以前不应有价值，所以更加不应该有剩余价值，高畠素之《资本论大纲》以为已有剩余价值不合论理；我以为这是高畠素之的错误而非《资本论》的错误，可是也寻不出积极的证据。后来又谈些毕业入研究院的问题，我假使成绩够入研究院，而一时又找不到事做，即便暂时入研究院以栖身，我对于学问上的野心已逐渐动摇了。后来又在王祥第处谈话，11时半回来，12点多钟始入梦。

大学的四年生活最堪留为纪念；将来如有所成就，这四年是前途的基础，假使将来是一败涂地，这四年的记录也可留作伤心的回忆录，知道自己曾经用过如何的努力，而终归失败。

1932 年

1 月

1 月 1 日　星期五

今年的计划：预备读 50 部以上 100 部以下的书籍。暑假回家一次。法文至少要认识 2 000 以上的生字，暑假回家时买本好字典，希望年终时能够翻字典读浅近的法文书。暑假中读点外交史的书，同时对关于中国通史已出版的书籍加以稍有系统的研究。这些愿望未悉能达到否？原知道预定计划是十有八九不能达到的，不过记下来也好，将来看"事与愿远"到什么程度也是一件有趣的事情。

今日林济来校，聚谈了半天。此君头脑还清楚，并且很有向学的心，可惜处在城内那种环境中，静不下心来读书。据他说，每天朋友的来往便要打扰了许多的时候，这话我是相信的，看我今天没有读什么书，便知道朋友交际中要花费去许多时候。不过人生是人生，终究要掺杂些情谊的分子，像我这样的生活实在太枯燥了。

写信四封，致双亲、大哥、陈继严、叶焜。

1月2日　星期六

阅书：弗林特著、郭斌佳译《历史哲学概论》（共296页，完）。

下午去云畴处谈话。晚间王梲来谈，10时余始去。他问到一个问题："资本主义社会的发展，必然地使剩余人口增多，固然因为产业预备军在资本主义之初便已存在，又以女工、童工之代替成人，农业中减少劳动者，人口又不断地增殖，人口相对的过剩是必然的，但是否可纯粹由生产进程的作用来说明劳动之被抛出于生产进程之外，而成失业的剩余人口。"他用公式来表示：

I. ks 10 c+10 v+10 m＝30 ks

II. pm 20 c+20 v+20 m＝60 pm

因为 60 pm ＞ I 10 c+ II 20 c

30 ks ＜ I （10 v+10 m）+ II （20 v+20 m），故扩大的再生产是可能的。

现在因生产力的增加，使① 相对剩余价值增加（本来是6小时 v：6小时 m，现变成3小时 v：9小时 m，即增加三倍）。② 资本的价值构成之高级化（10c：10v → 20c：5v，即增加四倍），得公式如下：

I. 20 c+15 v+10 m＝40 ks

II. 40 c+10 v+30 m＝80 pm

以劳动时间来决定劳动者人数之多少。

I v II m II v II m

则从前是 10+10+20+20＝60

现在是 5+15+10+30＝60

所以劳动者并没有被排斥出去，至少在此一种情形下面是不会被排斥出去的。

1月3日　星期日

整理战国历史笔记，以供考试之用。

王栻昨夜提出的问题我一时不能置答，后来以为应先证明他这种情形是不可能的，所以劳动者必应生产力的增加而被排出成为剩余人口。我的论证如下：

先将他的假设情形为 A Case，他的那个 I. 20 c+5 v+15 m＝40 ks；II. 40 c+10 v+30 m ＝80 pm。可转化成下面两种形式：

原来资本 I. 10 c+2.5 v+7.5 m＝20 ks

　　　　　II. 20 c+5 v+15 m＝40 pm

因 2.5+7.5+5+15＝30；60－30＝30，故被排出 30 个劳动单位。

添增资本 I. 10 c+2.5 v+7.5 m＝20 ks

　　　　　II. 20 c+5 v+15 m＝40 pm

2.5+7.5+5+15＝30，适足以消纳旧资本中所排出之劳动单位。

现在我另设一假定的情形为 B Case，其中相对价值的增加仍为 3：1，而资本构成的高级化则为增加五倍，即由 10 c：10 v→20 c：4 v，可得公式如下：

I. 20 c+4 v+12 m＝36 ks；II. 40 c+8 v+24 m＝72 pm　即是

原有资本 I. 10 c+2 v+6 m＝18 ks；II. 20 c+4 v+12 m＝36 pm。

因 2+6+4+12＝24，故 60－24＝36（排出劳动单位数）。

添增资本Ⅰ. 10 c+2 v+6 m＝18 ks；Ⅱ. 20 c+4 v+12 m＝36 pm。
2+6+4+12＝24，36＞24（故剩余人口增加）。

今既证明如在 B Case 之下，生产力之增加适足以促成劳动者之被排出生产进程之外，则现在待证明者为 B Case 为合理而 A case 不合理，其证如下：生产力增加的影响（1）相对剩余价值之增加，二者皆为三倍。（2）资本的价值构成之提高，A 为四倍，B 为五倍，二者不同。（3）利润率之低减，A Case（10 c+10 v）：10 m＝2：1＝10：5，（20 c+5 v）：15 m＝5：3＝10：6；B Case（10 c+10 v）：10 m＝2：1，（20 c+4 v）：12 m＝2：1。在 A Case 之下，利润率反提高，故不合理。而 B Case 仅维持利润率之不提高，而未曾降低，故为最低限度之可能情形。然 A、B 二者不同之原因，仅由于 A 中资本的价值构成变化为四倍，而 B 为五倍，故资本社会中可能发生之情形为较 B 之增加更大，如六倍七倍之类，盖如是始足使利润率降低也，故得结论如下："当生产力增加时，使相对剩余价值增加三倍，则同时资本的价值构成之提高，必在五倍以上。"今王君提出之 A Case，既已假定前者增加三倍，而后者仅增加四倍，故在事实上不可能。又 B Case 之下，既已足使劳动者抛出于生产过程之外，同时 B Case 又为最低限度之增加，则较 B 之增加更大者（如六倍七倍之数），劳动者被排斥而成为剩余人口是必然的，更不问而知。（在此论断中，认定"生产力增加使利润率低降"为已证之公理。又资本的价值构成之提高远较相对剩余价值之增高为速为大，此为事实中可得证明，如有工厂中可靠统计资料，必能证明二者增加之程度至少在 5：3 以上，而不在以下。）因为这问题未见书本上讲过，又是费了我两小时的辰光才想出的，故特详记之。

1月4日　星期一

整理战国秦汉史笔记。昨日日人下锦州。

今晚晤黄万杰，诉说他自光华转学来的学分仅承认 18 个，他想向系主任请求修改增添，否则明年转学他校去，不知道结果如何？自家的事待考试后再询问，省得在现在烦扰了预备考试的心情。

1月5日　星期二

继续整理秦汉战国史笔记。

下午蔡谦来。蔡君是暑假中时常聚在一起弄桥牌的朋友，现在城内社会调查所办事，晚饭后再"抓大头"，7 时许才回去。这个游戏长久未曾做过，想起去年暑假中的生活，令人悠然神往。那时的生活虽然也很平淡，并且也带点颓丧的气息，整天除了读书，便是弄纸牌，但总觉得另有一种悠然自得的幽人风度。尤其是将现下刻板的生活与之作一对比，更使人羡慕那时的生活。

1月6日　星期三

晚间考试军训学科，大家翻开书来乱抄，这种有名无实的军训，真是无聊。中国人的事总是讲面子，学校中没有军训似乎面子上过不去，也许有人以为告朔的饩羊"聊胜于无"。不过我以为还是废除为好，何必空费了学生的时光，毫无益处，并且养成了一种自欺欺人的习惯，遗患无穷。不过这个花样，本来是那班自欺欺人的人想象出来，又何怪其然。

1月7日　星期四

今天上午第四课，孔繁霱先生请假，无课。便到吴其昌房中去问几个问题，吴君教中国通史，很费气力，不过总觉得他还未能深入，不能用较深奥的理论去解释历史上的表面事实，并且即就其史料之排列而言也缺乏一种系统化。不过一位年仅28岁的青年，能够如此也算难得。我去问的问题是关于婚制及井田制，他很客气热心地讨论一会儿，对于有些事实和理论能虚心接受。在他那里谈了一小时才兴辞而出。像王栻所说的，这一类的讲师在讨论研究方面很有用处，因为他们还带朝气，肯热心，不自傲，可惜他们自己常缺乏一种有系统的思想。

1月8日　星期五

整理秦汉战国史笔记，将《魏文侯一朝的政治与学术》一章抄完，明日再加以按语，便要算完卷了。

1月9日　星期六

今日写好了《井田制之废除》后面的按语，3 000余字。这样便算告一段落，不再接下去写。明天起想预备点大考的功课，这是因为看了"王栻的案头"而起的一种努力。王栻把中国通史的笔记重抄一番，另加标题排列，这孩子的野心不小。

1月10日　星期日

阅书：《二十世纪》第4期150余页。（补记：这杂志是叛徒叶青等合编的，但当时是以左派思想家的面目出现。这里面发表了叶青的批判胡适、张东荪等哲学的几篇文章。）

1月11日　星期一

整理中国通史笔记。阅梁任公《中国奴隶制度》。

1月12日　星期二

整理中国通史笔记。晚间至吴其昌处质疑。他在那里作《殷先公先王考》，又旷了他一小时多的辰光。

考试体育（木马、双杠、跳板），居然都能够敷衍过去。我的身体不算差，可惜自己不知道保重，近来似乎有点衰败下去。年来的生活近于慢性自杀，这架机械恐受不起过多的挫折，我真替自己惋惜，假若好好地训练一下子，尽可以在运动场中与人家一见高低。《时报》体育栏不是登载我跳高得分的消息吗（指在光华附中运动会消息）？但这种运动场的生活与我的性格不甚适合，自己仔细一想，还是这样算了罢！

1月13日　星期三

整理中国通史笔记。缴战国秦汉史试卷。

今日晚间无事，戏改唐玄宗《经鲁祭孔子而叹之》一诗以赠小张："小张何为者，栖栖燕京中，地犹女儿国，室即迷魂宫，溜冰伤心否，猎艳叹送穷，徘徊女院侧，犹与梦中同。"这是因为前天蔡谦说他时常到燕京去张望而发，他看见后笑了，说最好寄给他哥哥，叫祥第抄录了一份，可是后来终于不曾寄出。

1月14日　星期四

整理中国通史笔记完毕。

今日在上中国通史课时，正在等待着教师的来临，大家谈笑声音充满了课堂，我忽然感到寂寞的袭来，心中充塞着伤感的情调，觉得自己似乎离人群愈来愈远了，嚷闹声、喧笑声变成无意义的乱响，引不起心弦的共鸣。犹记得四年前避居乡下时，当着夕阳西下，闲步松岗，连风吹松林的呼呼，水泉下流的潺潺，却能在我心中织成和洽的交响乐。而今日的心境竟恶劣到这地步，我知道自己的过错，我要改换生活的方式。

1月15、16日　星期五、六

复阅考茨基《卡尔·马克思的经济学说》250余页，以供经济考试之预备。

1月17日　星期日

复阅考茨基《卡尔·马克思的经济学说》。预备法文。

1月18日　星期一

考试法文[1]。

考试改造社会之经济方策及中国通史。下午拍网球。

中国通史试题：（一）就铜器文字以证中国古代之奴隶情形；（二）就铜器文字以证中国古代土地支配情形；（三）"部曲"之起源、变迁及消灭；（四）经典中群婚制之痕迹；（五）隋唐二代如何逐渐破坏北魏之均田制？

1月19日　星期二

下午拍网球。

1月20日　星期三

无考试。下午偕王栻、祥第、贤修骑驴游西山。

1月21日　星期四

无考试。阅《二十世纪》第4、5卷约130余页。

1月22日　星期五

阅 B. Shaw, *Widower's Houses*［萧伯纳：《鳏夫的房产》］一剧，50余页。

1　法文课的考试试题未录。

下午与王祥第往清华园车站附近。回来后与栻下棋。预备明天考试。

1月23日　星期六

考试甲骨文字研究，试题：（一）甲骨文通称有几，及其命名之义；（二）甲骨文发现之历史及考据之书籍；（三）关于甲骨文研究之书籍以何种最佳，试评骘之；（四）甲骨文近著，其分类之方法约分几种；（五）文字篇之我见。任答三题，我拣前三题作答。至注册处看分数，军训Ｓ，体育Ｓ，法文Ｓ，其余尚未发表；法文我以为一定是Ｓ与Ｎ之间，竟得着Ｓ出于意料之外。下午去燕京找着朱义析及陈凤书。晚间阅《二十世纪》30余页即睡。

1月24日　星期日

搜集材料作人类学答案。做了6页。这两天胃病又发，下午与王栻下两局棋，都输了。

1月25日　星期一

阅书：《二十世纪》第5期《胡适批评》90余页。这一篇批评偏重于建设的方面，有精辟处，也有牵强附会处。姚际恒《古今伪书考》（顾颉刚标点本）120页。

下午赴法语教授霍兰德小姐茶会，与六七人一起去。她住在燕大南门外一座中国式房子中，但室内的布置却是全是西式。她说，由德国来华已近20年了，中国差不多成了第二故乡，可是同时还舍不得祖国。她谈得高兴了，拿出德国的风景片及名画给吾们看。又指着壁上一幅苏州风景油画，要一位苏州的同学讲点故乡的事情给她听。她自己也能说中国话，不过腔调却完全是洋话的，亏得她的仆人是听惯了，否则真有点难懂。我们用了茶点后，谈了一小时多，辰光不早了，便起身告别，在苍茫的暮色中走回清华。

1月26日　星期二

阅书：《历史哲学》150余页。晚间范钟錾来谈。

1月27日　星期三

阅书：《历史哲学》50余页。

下午陈凤书自燕京来，抓大头（桥戏）一会儿后，到消费合作社去吃茶点。送他回去后，遇到黄万杰。他这几天进城白相去，昨天接到家中电报说"父病速归"，只好赶回学校。不过他疑心家中人因沪变事骗他回来，拟拍回电询清楚后再定夺。

1月28日　星期四

阅书：《历史哲学》220余页（全书连序文444页，完）。

1月29日　星期五

报载28日晚11时日军侵入华界，中日开火。写了三封信。阅报知沪事愈闹愈糟，日军竟悍然不顾一切，向我军开衅。神经冲动得很厉害，静不下心去读书。

1月30日　星期六

日军攻闸北，商务总厂被焚，损失在千万以上。

阅书：Laidler, *A History of Socialist Thought*［莱德勒：《社会主义思想史》］50余页（*Fabian Socialism*［费边式社会主义］）。

1月31日　星期日

阅书：《社会主义思想史》40余页（*Guild Socialism*［基尔特社会主义］）。

2月

2月1日　星期一

这二三天来胃病又发，夜半即醒，辗转不安，昧旦略痊，始再入梦，9时许才起来。今日越发不行，头脑隐隐作痛，不耐读书。下午至黄云畴处谈话，他接到家中电报后，现在进退不得，很是为难。回来后与小张弄桥牌，勉强将一天混过去。身体的康健影响学业，我是早知道的。可是又有什么法子可想呢！

2月2日　星期二

阅书：《社会主义思想史》40余页（*Syndicalism*［工团主义］）。

2月3日　星期三

阅书：瞿兑之《汉代风俗制度史》50余页。

2月4日　星期四

阅书：Webbs, *A Constitution for the Socialist Commonwealth of Great Britain*［韦布斯：《大不列颠社会公共福利宪法》］50余页。

今日又开始上课。这十多天的寒假，大半消磨在病中，胃病的发作不但减低阅书能力和做事兴趣，有时简直什么事都不能做，只好倚在床上休养。

2月5日　星期五

阅书：瞿兑之《汉代风俗制度史》100余页。

今日是旧历的除夕，小张家中打电话喊他回去吃年夜饭，看他喜兴的雀跃而去，令人生出无限的羡慕。自家漂泊北平已一年多了，这二三年内恐无福在家中享受除夕团聚的乐趣。我虽是厌弃瓯谚"捣臼也背归过年"那种安土思想，理智和虚荣使我毅然斩断一切牵挂。然而骤然看见了他人那种享乐，自己总觉得爽然若失，有一种说不出的惆怅和迷惘，更何况近来渐觉得前途的空虚和渺茫，一切的希望时常起了动摇。有时反觉得做"死守家园的知足汉"反而可取，自然这种无聊的伤感是不应该，但它自然涌上心头又有什么法子可想呢！

2月6日　星期六

阅书：瞿兑之《汉代风俗制度史》100余页（前编326页，完）。这书是史料汇篇的性质，虽颇见苦心，然罕发明。韦布斯《大不列颠社会公共福利宪法》50余页，作札记。

下午偕同乡4人，本想骑驴赴大钟寺看热闹，但雇驴不成功，只好到燕京及海甸街绕一圈走回来。这样便消磨了一个下午，自思真有点无聊。旧历年初一，便这样过去了。

2月7日　星期日

阅书：韦布斯《大不列颠社会公共福利宪法》80余页。

2月8日　星期一

续阅50余页。

2月9日　星期二

阅书：杨衒之《洛阳伽蓝记》。

2月10—13日　星期三—六

阅书：曾毅《中国文学史》（1—368页，完）。

2月14日　星期日

阅 Breasted, *Ancient Time*［布雷斯特德：《古代》］100余页（"埃及史"）。

2月15日　星期一

阅布雷斯特德《古代》100余页（"近东各国史"）。

2月16日　星期二

阅布雷斯特德《古代》50余页（"希腊史"）。

2月17日　星期三

阅布雷斯特德《古代》50余页。

2月18日　星期四

阅书：布雷斯特德《古代》50余页。

2月19日　星期五

阅书：布雷斯特德《古代》50余页。

今天遇到黄云畴，他前天进城，今日才回来，据云因又接到家中电报，要他返里。他一方面顾虑到学业的牺牲，一方面又愁路途中的困难，京沪路已断了，因从京杭线东路经宁波返里，并且他又因冥命先生说他今年流年不顺，越发心中胆虚。不过因为父病，天性所关；且家无壮丁，不得不回去一趟。看他那种进退维谷的情形，真是替他可怜。晚上又到他房间中去谈谈。

2月20日　星期六

阅书：布雷斯特德《古代》50余页。

今天送云畴返里。他托我 ① 代询问教务处，请假最高期限是否四星期。② 图书馆借用不常用之书籍（云已与主任接洽过）。③ 存校之书籍，分批寄回。④ 如不返校时，行李在暑假时代为带回。

午餐后，他雇车进城，抱着满腹的心事就途，看着他的车影消失时，未免替他可怜。

2月21日　星期日

阅书：布雷斯特德《古代》共 220 余页。

2月22口　星期一

阅书：布雷斯特德《古代》70 余页。

晚间考试西洋通史。教务处职员监考，大家都翻书抄录。试题如下（注意：择答题目须依指定范围，误择者不计分。共答五题为完卷，答前要抄题，答案要确切）：

1. 比较希腊史之 Persian Wars［希波战争］共罗马史上之 Punic Wars［布匿战争］。

2. 试述"古近东"文化之短长。

3. 亚历山大死后其疆土分裂为三国，试言三国之所在地，及各国统治者之名氏，又三国后来被何国所吞并？

4. 试言 Hellenislic Age［希腊化时代］中 Alexandria in Egypt［埃及亚历山大里亚］之文化。

5. 试言希腊化时代中雅典之哲学派别。

6. 试述 Hannibalian war［汉尼拔战争］之大略。

7. 列举 Augustus［奥古斯都］时之重要拉丁文学作家及各家之专长。

（就以上 3、4、5、6、7 题中择答）

2 月 23 日　星期二

近日胃病又深，时常作痛，并且大便不通已近十天了，到医院看大夫，饮蓖麻油泻了一次。精神不振，写了三封信后便去睡觉，没有心看书。可怜这几天岁月都在病中过去。

2 月 24、25 日　星期三、四

阅布雷斯特德《古代》每日 50 余页（全书 716 页，完）。

2 月 26、27 日　星期五、六

阅书：Granet, *Chinese Civilization*［格拉内：《中国文明》］（英文本）每日 50 余页。

2 月 28 日　星期日

进城购买书籍，仆仆道途，满吸了北平的尘土。
阅书：熊得山《中国社会史研究》50 余页。

2 月 29 日　星期一

阅书：熊得山《中国社会史研究》180 余页（全书 236 页，完）。
今日天气暖和，是今年第一次觉得春气的荡漾。在感觉中有一种不可描述的欣愉。天是碧青的，无半点云丛，太阳光映入窗棂，整个室中都明净动人。这样的良辰，本是很可玩赏的，然在目前的

这种心境之下，谁有闲心情呢？

3 月

3月1日　星期二
阅书：格拉内《中国文明》40 余页。

3月2日　星期三
阅书：格拉内《中国文明》40 余页。

上海十九路军失败的噩耗似晴天霹雳一般，使人骤然失措。今日晚报载上海十九路军退出闸北，撤至南翔、昆山、嘉定。当时还以为造谣言，满希望明日可得到更正的好消息，然一切希望都易成空幻，同学中多苦着脸相视无言，可怜弱国的人民。

3月3日　星期四
阅书：《二十世纪》第 6 期 50 余页。

今日各报都证实沪上华军之退守。大家的心境都很烦闷。晚餐后突然听得同学的呼唱声，出来一问，原来是反攻胜利的消息。恰好王造时[1]本晚在大礼堂讲演沪事，大家一拥到大礼堂，个个都欣欣

1　王造时：1903—1971，原名雄生。江西安福人。1917 年就读于清华学校，1925 年赴美国威斯康星大学攻读政治学，1929 年获博士学位。1930 年回国后，担任上海光华大学文学院院长。系 1936 年著名的"七君子"之一。著有《荒谬集》《世界近代史》等，译有《历史哲学》《现代欧洲外交史》《国家的理论与实际》等。

然有喜色。林文奎[1]提议大家每人捐助 2 元以为十九路军犒赏，立刻通过，欢声雷动，屋瓦为之震动。王造时讲演后大家又拥到物理实验室去听无线电报告，但无线电要等到 11 时才能接到，我便回房休息，不觉入梦。一日的紧张苦闷，骤觉舒松，谁能不欣然含笑而眠呢！

3月4日　星期五

阅书：格拉内《中国文明》40 余页。

昨夜无线电证明，昨晚的好消息是不可靠的，可怜大家还在企望着日报中能得证实，终于是一场幻想。灰色的黑幕又遮着大家的心。

下午偕王祥第、徐贤修校外散步，河水已融，春水溶溶，惜枝头绿芽尚未萌发也。

3月5日　星期六

阅书：格拉内《中国文明》120 余页。

看了关于日军的狡猾与残酷很是气愤。"文明人"的特点是狡猾，然而有他的好处便是肯戴假面具伪慈悲；"野蛮人"的特色是残酷，然而有他的好处是爽直（所以《水浒》中杀人的好汉仍有人赞叹）。这样狡如狐狸、残如豺狼的人，不知将以何为名。这

1　林文奎：1908—1982，广东新会人。1926—1932 年在清华大学学习，随即报考中央航空学校第二期，两年后以第一名毕业。曾被派往意大利学习，后任美国飞虎队队长陈纳德的机要秘书，长期在军界任职。

种现象是表示在没落期的社会中，代表死去社会的分子，是如何的嫌恶可憎，已完全失去他初兴时的那种动人的美点。愤慨与咀咒都没有用，只有实力地促进历史的车轮，使这一段惨剧早日闭幕。

3月6日　星期日

阅书：格拉内《中国文明》80余页。

3月7、8日　星期一、二

阅书：《胡适文选》230页及60余页。

写信致双亲、单猛。

3月9日　星期三

阅书：《二十世纪》第6期60余页。

3月10日　星期四

阅书：《二十世纪》第6期60余页及80余页（完）。

这篇批评胡适《中国哲学史大纲》的文章，由积极的提出自己的见解，以攻击胡氏。实际上反是正面提出的理论更重要，其优点在于能够用经济的背景来解释先秦哲学的产生与发展，又能指出哲学思想本身之辩证的发展。不过他所说的哲学发展之一环、次环、又一环，虽整齐可观，然总觉得有如《易经·说卦》以各卦相生，皆有因果关系，头头是道，虽好看煞人，总使人起一疑问：事实上真是如此的整齐有序吗？抑是经过了作者的脑筋，加以改编而成呢？我现在只有这种疑问，还没有能力来解决这疑问。

3 月 11 日　星期五

阅书：Cole, *Guild Socialism*［科尔：《基尔特社会主义》］70 余页。并校对吴某译本。吴某译本不大高明，错误处及奥涩文句所在多有，校正译本比读原书还多花工夫。

3 月 12 日　星期六

阅书：科尔《基尔特社会主义》70 余页。

一夜的寒风，又吹结了满溪的春水，晨起时满天的黄沙映入窗榞作暗赭色。这种情景，很觉得凄凉。

3 月 13 日　星期日

阅书：科尔《基尔特社会主义》70 余页（全书 216 页，完）。

能有本领令人上当的人固是幸福，便是甘心上人家当的人也仍是幸福，只有既无令人上当的本领，又无甘心受愚的庸福的人，才是苦恼。我要问自家是属于那一种人？

3 月 14 日　星期一

阅书：李思纯《元史学》100 余页。这书有四分之一是书目，其余的叙述也嫌琐碎。不过我仍决定看完它。近来的读书近于义务，一本书既买来了，便想勉强看完才算。

3月15日　星期二

阅书：李思纯《元史学》100余页（全书204页，完）。

今天教法文的老太婆又大发脾气，睁大着眼睛，红涨着面孔，骂全班太不用功。但这真是冤枉的，恐全班中的各人只有对法文顶费功夫，可是骤听外国语总是有点不能清晰，又加着午饭后困人的天气，真是无可奈何！

3月16日　星期三

今天精神不佳，吾又有些怨课内功课太多了，既不能静下心去看书，所以便写一封信给教务长，旋誊录一遍，预备明天送去。

3月17日　星期四

阅书：沈从文《爱丽思漫游中国记》。

午餐后霍兰德小姐约同级生到消费合作社去用茶点。这位先生真好笑，凶起来时吓得人发抖，高兴起来时又请人吃东西。

3月18日　星期五

阅书：《唯物史观的文学论》70余页（即第一编"艺术科学论"）。

今天应学生会的请求，校中放假一天。上午去访蒋廷黻，询问转学学分事。旋到教务处，以前天草就的信交给教务员。回来后在图书馆中翻阅书籍，找到陈文波的《圆明园残毁考》，忽立意下午要到圆明园一趟。约祥第带了书，买了花生，先到三一八烈士墓，上午大概有人祭过，纸灰犹随风飞舞。旋访卍字亭、永祐宫、紫柏山房、文源阁、舍卫城各遗址。永祐宫旁的二残碑屹立丛莽中，但二华表即为燕京取去。文源阁前刻着乾隆御诗的玲峰及一断碑，均已仰置乱石中。南望福海，已芦苇满湖，近于平地，中间瑶台蓬岛亦成荒屿。由墙下水道进长春园，凭吊谐奇趣（西洋楼）、海源楼（喷水池）、远瀛观诸遗址。远瀛观之雕刻精美石柱及石穹弧皆尚存在，但有新斧凿痕，闻为管理者私凿之为细块，捣为白粉售与米商以掺入米粉。国人不知爱惜古物，殊为可叹。5时返，甚疲倦。

3月19日　星期六

阅书：《唯物史观的文学论》160余页（全书246页，完）。

3月20日　星期日

阅书：Lein〔列宁〕著、章一元译《帝国主义》（182页，完）。这书理论是精辟透彻，惟其着眼点是金融资本主义时代的帝国主义，即19世纪70年代以后帝国主义。研究中国近世外交史的，更必须要知道帝国主义的本质。而19世纪70年代以前的历史，似乎也有探究的必要，不知道是否有人从事过。这书的主要点是：帝国主义的经济基础，二者间的必然性；帝国主义的好战性，除其自身之消灭永不能减弱；帝国主义产生社会革命的必然性。（资本主义之寄生性及生产制度之社会化。）

3月21日　星期一

阅书：Carl and Anna (in basic English), *Frank*〔卡尔、安娜：（基

本英语)《法兰克人》](130页，完)。

3月22日　星期二

阅书：沈嗣庄《华盛顿》(100页，完)。这是用中文写的华盛顿中较佳的著作，但篇幅太短，对华盛顿的个性既不能写得生动，对于经济状况的影响也嫌省略。晚上到图书馆去看 Forum [《论坛》]《美洲评论周刊》《当代历史》中关于纪念华盛顿的几篇文章。又发现了华盛顿斫樱桃树的故事，是出于 H 氏的伪造。H 氏为较华盛顿稍后之人物，自谓曾与华氏友好，然其人为传教士，语多夸饰，不可全信。

3月23日　星期三

阅书：Hayes & Moon, Modern History [海斯、穆恩：《近代历史》] 50 余页。

3月24日　星期四

下午赴燕京，听章太炎[1]讲演《今日最切要之学术》。去的时候已 4 时多了，穆楼可容百人的 103 号坐满了人，不过仍没有去年胡适讲演的号召力。去年胡适来讲，可容百余人的 103 号讲堂竟嫌太

1　章太炎：1869—1936，即章炳麟，字枚叔，后改名为绛，别号太炎。浙江余杭（今杭州余杭区）人。思想家、学者。早年就学于杭州诂经精舍，师从经学大师俞樾。曾与蔡元培等人发起光复会，后加入同盟会，任《民报》主编，积极参加革命。后来逐渐脱离革命实践，退到平静的书斋中。著有《章氏丛书三编》，今有《章太炎全集》。

小，后来改到可容纳七八百人的大礼堂，依旧是挤满一堂，连外国教授也来听讲，可见章氏的时代是已过去了。章氏今年六十多岁了，穿着蓝缎袍、黑马褂，头上留着短短的灰白头发，戴着托力克眼镜，灰黄色的面孔，虽现衰态，然讲演时却还起劲，用着绍兴腔的普通话，讲了一点多钟，其意旨仍不脱民族主义的色彩，以为历史最切要，因为可以使人知先民之辛劳，而动忧国之念。

3月25、26日　星期五、六
阅书：罗瘿公《中法军事始末》。

3月27日　星期日
阅书：《胡适文选》100余页（425页，完）。
上午拍了三小时的网球。董子容由燕京来。

3月28日　星期一
阅书：Луппол［卢波儿］著、李达译《社会科学根本问题》150余页。第一章"序论"。第二章"存在与思维的问题"，大部分根据《唯物论与经验批评论》一书，不过那本书是驳辩的体裁，似乎对于初学者没有这本书的清楚简明（不过译文似乎李氏稍涩，虽没有到不可懂的地步）。第三章"唯物辩证法问题"，大部分根据《关于黑格儿论理学的草稿》及《关于辩证法问题》二篇。说伊里奇的最重要功绩在着重"对立的统一"，以及"具体性"两点。

3月29日　星期二

阅书:《社会科学根本问题》170 余页。第四章"社会的方法论",大多根据《何谓人民之友……》及《人民派经济学之内容》,以说明应用唯物论的辩证法于社会的领域中,注重社会领域中的特殊范畴,即"阶级斗争"。第五章"劳工专政的问题",大半根据《关于劳动专政》及《国家与革命》,其注重是过渡时代国家仍须存在,其形式采取狄克推多¹(设若可能,可采取苏维埃的组织)。

3月30日　星期三

阅书:《社会科学的根本问题》70 余页(全书 400 页,完)。第六章"文化问题",谓欲提高文化水准,必须先行政治革命,攫取政权。但真正的社会主义社会的产生,必与文化革命相并行,否则不能成功。而在创造新文化时,必须辩证地采取旧文化之长处。

3月31日　星期四

下午赴燕京,偕范钟鋆君、刘古谛二君同行,晤及陈凤书、谢廷式²。写信二封,邀单猛、林济春假中来校一叙。

1　狄克推多:即英文 Dictator 的音译,"独裁者"之意。
2　谢廷式:四川巴县人,燕京大学政治系学生,1934 年考取行政学研究生,曾任重庆中韩文化协会研究委员会副主任委员。

4月

4月1日　星期五

阅书：村野学著、林伯修译《无神论》（142页，完）。这书由三篇论文合成，除第三篇是论伦理思想的外，其余二篇都是论宗教的。

游颐和园及玉泉山。

4月2日　星期六

阅书：海斯、穆恩《近代历史》100余页。

4月3日　星期日

单猛君来，陪之参观校舍，闲谈一天。春假已过去三天了，一事未作，真是惭愧。正想努力，偏生又遇到他来，只好再拼着牺牲一两天。

我现在的心情，受着两种势力的冲突：一方面是深感觉到自己的孤寂怪癖，尤其是为了旅行南去的事，更是觉得有结交朋友的必要；一方面又是宝惜自己的光阴，以为"群居终日，言不及义"，消费合作社去坐坐谈谈，哈哈嘻嘻笑一阵，总与自己的情性不合。然而所谓"淡如水"的"君子之交"，又是可得而不可强求。终于只好决心任于自然，未来之命运，暂付之于命运之乎。自己且我行吾素，"船到桥间自然直"。将来的事暂置之脑后，但在可能的范围以内，总是希望能多少地打破自己的怪癖，力求适应于当前的社会环境，固然不必勉强钻入人群中，然也不必望望而去之。

4月4日　星期一

陪单猛君游西山八大处、香山、碧云寺、卧佛寺，用了三块多钱，逛得并不十分开心。

4月5日　星期二

早晨送单猛君返城。

4月6、7日　星期三、四

阅书：海斯、穆恩《近代历史》每日100余页，并作札记。

7日下午赴燕京，晤及董子容、陈凤书二君，晚间即宿燕京客房中。

4月8日　星期五

阅书：王钟麒《中日战争》100余页。春假完结了，原定计划，读完《中日战争》《鸦片战争》二书，整理"水心[1]年谱"及"学案"稿，皆未能成为事实。

4月9日　星期六

阅书：王钟麒《中日战争》50余页（全书170页，完）。又阅

1　水心：即浙江永嘉先贤叶適（1150—1223），字正则，学者称"水心先生"。南宋哲学家。著有《水心先生文集》等。夏鼐一度对整理叶適的"年谱"及其"学案"稿颇有兴趣。

左舜生《中国近百年史资料》中关于中法及中日兵事始末 100 余页。

4月10、11日　星期日、一

阅书：武堉干著《鸦片战争》（共 150 页，完）。

4月12日　星期二

阅书：Vladimir, *The China-Japanese War*［弗拉基米尔：《中日战争》］60 余页。

4月13日　星期三

上午见张子高先生谈学分事，容可再考虑，但须待蒋廷黻先生返校与之商酌决定，此事似仅一半希望。

4月14日　星期四

西洋通史考试（第一题必答，第二、三题任择其一）：

（一）就下列诸问，各作简明答复：

甲、基督教如何传递古代文明与近代欧洲？

乙、英法德三国之封建有何不同？

丙、农奴与爵主之间何种关系？

丁、中古城市国家以何数者最为著名？

戊、路德与加尔文在思想上有何歧异？各有何种著作？

己、三十年战争、西班牙战争、奥地利继承战争、七月战争，各起于何年？参加作战之两方各继承何国？

（二）试说文艺复兴运动之来源、转变，及其施于宗教上的影响。

（三）综合西法德普之专制时代，以说明专制政体之形成条件及衰败原因。

4月15、16日　星期五、六

阅书：弗拉基米尔《中日战争》（150余页，完）。此书疑为日人所作，多袒护扬颂日人之语，然叙战事颇详细，尤其是描写黄海之战一段，附以插图，颇为明晰。

4月17日　星期日

阅书：华兴书局出版之列宁著《国家与革命》（204页，完）。

此书最重要的意旨，是（1）国家（公社）对于革命是重要的（即劳工专政）。（2）革命对于国家的影响，第一步转变国家（即破坏军事的官僚的国家，而代以公社式的国家），第二步是使国家自然消减（在社会革命完成以后的事）。理论很是精辟，令人一口气读下去不忍舍置。译文尚可，但也有几处错误，已据英译本改正矣。

4月18日　星期一

阅书：左舜生《中国近百年史资料》200余页。

4月19日　星期二

阅书：左舜生《中国近百年史资料》250余页。

4月20日　星期三

预备明天"改造社会之经济方策"一科的考试。

4月21—23日　星期四—六

阅书：左舜生《中国近百年史资料》（全书650余页，完）。

4月24日　星期日

阅书：《反杜林论》200余页。写信三封。陈凤书君来谈。

4月25日　星期一

阅《反杜林论》100余页。

4月26日　星期二

阅《反杜林论》100余页。下午与王栻等散步。他说最近阅读罗素的社会主义方面著作，他的意思有点偏向于罗素的唯心论的乌托邦的见解。

4月27日　星期三

阅《反杜林论》90余页。

4月28日　星期四

阅《反杜林论》100余页（全书601页，完）。下午拍网球，长久未拍，手法又有点生疏了。

4月29日　星期五

阅书：Spargo, *Syndicalism*［斯帕戈：《工团主义》］100 余页。

校中廿一周纪念放假，开全校运动会。

4月30日　星期六

阅书：《工团主义》100 余页（全书 200 余页，完）。此书系指定课外参考书，尚未作札记。

今日为校友返校日。晚间聚餐，有音乐会。但以无鉴赏音乐之能力，反觉丝竹扰耳。与张君坐在清华园池边石阶上闲谈，林间帐篷中灯火星星，与池中星影相映成趣，礼堂中乐声悠扬入耳，反觉别致。9 时许返室就寝。

5 月

5月1日　星期日

阅书：胡去非著《孙中山先生传记》（190 余页，完）。

5月2日　星期一

阅书：Ryazanor, *Karl Marx and F. Engels*［梁赞诺夫：《卡尔·马克思和 F. 恩格斯》］100 余页。

5月3日 星期二

阅书：梁赞诺夫《卡尔·马克思和 F. 恩格斯》80 余页。

5月4日 星期三

阅书：梁赞诺夫《卡尔·马克思和 F. 恩格斯》40 余页（全书 221 页，完）。

这书分为三章：（1）英国工业革命与法国大革命，叙述整个时代的背景。（2）德国因英法所受的影响而生的革命运动，二人生长时的环境（家庭、社会、教育）。（3）二人的思想源流（法国的唯物论者、德国的哲学者），辩证法的唯物论及劳工阶级的使命。（4）二人思想的成熟时期。（5）二人直接参与革命，1848 年的革命。（6）蛰伏著作之时期，五十年代之反动统治。（7）革命高潮之在临：1857—1858 年之经济恐慌，英德法工人运动之复兴，第一国际之产生。（8）第一国际（1864—1872）之几次会议及其解散。（9）1872 年以后之事迹。

这书之特点是从大处着笔，把 19 世纪的整个工人运动都表示出来。至于琐闻轶事，则一概刊落不书（如马氏之结婚在何时，及其妻何名，皆未书写），虽感稍失趣味，然越发表示此书之优点。

5月5日 星期四

阅书：金兆梓著《现代中国外交史》（222 页，完）。是书材料，大抵与刘彦《帝国主义压迫中国史》相同，惟较简略耳，但分章不同，条理似较清晰。已作一札记以示二书之差异。

5月7日　星期六 [1]
阅书：韦尔斯《史纲》70余页。

向图书馆借《周子通书》及《太极图说》。后赴消费合作社饮冰结凌，鹄立观燕、清比赛球类。

5月8日　星期日
阅书：陈译屠格涅夫《父与子》卷一，122页。

昨日下午学乘自行车，倦得很。今日进城购物，竟是精神恍惚，在青年会候车竟丢失东西。

5月9日　星期一
阅书：《二十世纪》第7期200余页。

学期考试的日期表已排好，6月11日可完毕。

5月10、11日　星期二、三
阅书：《父与子》卷二130页，卷三110页。

5月12、13日　星期四、五
阅书：常乃德《中国财政制度史》（全书250页，完）。

1　5月6日内容日记原缺。

13 日晚餐后偕祥第至道观访鼏（夏翼天）君。

5 月 14 日　星期六

五大学运动会。

5 月 15 日　星期日

整理中国通史笔记。

5 月 16 日　星期一

整理上学年搜集而得的《水心年谱草稿》。

5 月 17 日　星期二

整理中国通史笔记，并作一表以明之。

5 月 18 日　星期三

整理秦汉史笔记。

5 月 19 日　星期四

拍网球。

5 月 20 日　星期五

阅书:《秦始皇本纪》，并参阅《史记志疑》。

5月21日　星期六

搜集"嬴秦遗物考"材料。

5月22日　星期日

上午写家信二封，报告返里日期。下午拍网球，赴燕京。

5月23日　星期一

作《秦代官制考》。往晤蒋廷黻先生询问学分事，据云须有教务处正式公文。此事已渐接近或可得满意解答。

5月24日　星期二

军事训练术科考试。

5月25日　星期三

作《秦代官制考》。晚间往晤吴其昌先生，询问中国通史中问题，提出疑问要求解答。

5月26日　星期四

作《秦代官制考》。

5月27日　星期五

作《秦代官制考》。

殷墟文字研究已决定课外做论文交卷。

5月28日　星期六
作《秦代官制考》，完。

明天预备考试功课。

6月

6月2日　星期四[1]
Stalin［斯大林］的 *Leninism*［《列宁主义》］今天才借到，还
是费了许多辰光。前四五天在图书馆中等待着，总不能得手。今日
查明是刘炳章[2]君借走，即日到他房中向他说好，请他看完后交给
我。晚间借到后，看毕第1篇 "Problem of Leninism"［《列宁主义
问题》］。

6月3日　星期五
阅 "Foundations of Leninism"［《列宁主义基础》］。

6月4、5日　星期六、日
预备法文。

1　5月29日到6月1日日记原缺。

2　刘炳章：1928年考入清华大学学习。

6月6日　星期一

考试法文。预备人类学。

6月7日　星期二

上午考试中国通史。下午考试人类学。

6月8日　星期三

预备功课。

6月9日　星期四

上午考试改造社会之经济方策[1]及西洋通史。西洋通史试题为：（一）比较英、美、法、俄各国革命，以具体说明：（1）制度上革命在进化的位置，（2）事变上英雄与时势的关系；（二）罗马以来"帝国"一词含义之变迁，欧洲各大民族之帝国主义的理想，近代帝国主义在历史上之地位。晚间收拾行李。

6月10日　星期五

昨天因起来太早，整个下午打不起精神做事，殷墟文字研究的卷子竟未能开始着手。本来预定今晨做完，但因继续收拾行李等事，又耗掉一个上午，只好请王栻、王祥第先出发进城，自家一直到下

1　改造社会之经济方策课的考试试题未录。

午4时才做完卷子交到教务处，唤车离校。晚间赴西河沿迎宾旅馆寄宿。

6月11日　星期六

晨起后，天尚未亮，昨夜臭虫作祟，一宵未得安眠，仅薄晓时入寐两小时。由旅馆出来，食杂酱面后，赴苏贤镇君处取得银钱，至通易公司，请顾丹夫君代为兑换沪钞。告别后与二王赴东安市场，即在东兴楼午餐。下午3时赴东车站，承苏君送行，4时一刻车始开发，晚8时抵天津。昨夜未寐，故以身依壁而睡。

6月12日　星期日

车中无事，与王栻促膝长谈，座中人皆不谙瓯语，瞠目相视，殊可笑也。车过济南及曲阜时，皆曾下车举目四眺，但亦无所见。车中摆动颇为厉害，更兼二夜未得安眠，且未曾正式进餐，惟购茶叶蛋数枚而食。旅途中之辛苦，实不减于乘船，沿途风景亦觉单调，与船中四望皆为浩渺无涯之海水，亦相差不远，惟停顿稍多，略为舒息。车中无事，阅辛克莱《屠场》中译本。

6月13日　星期一

上午抵浦口，下车渡江，再上车向沪开发。由窗口外望，江南乡村又是一番风景。下午5时许抵上海北站。由昆山以东，渐见战痕，车近北站，颓墙断垣，举目皆是。由车站乘马车赴香槟旅社，途中细雨蒙蒙。抵栈后，沐浴，用晚餐，赴四马路一带逛逛。回来后即睡，预备明日赴光华。

6月14日　星期二

　　晨起后祥第已赴光华，乃与王栻在香槟旅社门口等候汽车，等了一小时多还没有来，只好改乘电车。问兆丰公园守门人，知道光华便在左近花园别墅中。先至合作社用午餐，晤及崔、庞、陶三君，旋赴于绍勋君处座谈片刻，同往兆丰公园一游，即乘车返旅社。晚间庞君偕林伯平君来谈，邀我同赴福州路南园酒家用餐。回来后见二王即回，叶、沈二君亦在座，他们颇为高兴，命茶房拿麻雀牌来打牌，11时许沈君以病返校。明天要参观战区，故不久即入睡。

6月15日　星期三

　　参观战区。往中国旅行社询问，知有赴战区参观团，车资2元，惟时间仅4小时，太为匆促，故与二王自往。首赴闸北，见虬江路、宝兴路、宝山路等处，皆成废墟，瓦砾遍地，间有危墙半堵，弹痕密如蜂窠。旋至天通庵，由淞沪路乘车，至吴淞炮台湾参观炮台，炮座约20尊，除五六尊已移去外，其余皆遭残毁。由炮台湾返时，顺便参观中国公学、中央大学医学院及同济大学。归途经江湾下车，车站前劳动大学已毁废。旋赴乡间访战壕遗迹，连日细雨，壕中已积水成沟，又田中常有炸弹遗迹亦成水潭。时已薄暮，由小路返租界，遇日兵检查。即在宝山路晚餐。返栈后赴十六铺询轮船，知益利轮尚未到沪，明日未知能动身否？

6月16日　星期四

昨日参观战区时，祥第与王栻闹意气，故今日只得分途购物。我和祥第赴十六铺，见益利轮已到，询之茶房，知今日下午4时开船，定舱位后即返栈房算账。赴外购物，以便返家时分赠戚友。下午2时余动身赴船，沈钧以缺款索借，予以4元。将行李放舱中后，与王栻至城隍庙购玩具，匆匆即返。船开行后阅小说，王栻购有胡也频之《三个不统一的人物》《鬼与人语》及另一剧本集，又有沈从文的《记胡也频》。读后觉胡氏之剧本似较小说为佳，小说之写作虽态度甚认真，但太觉吃力。

6月17日　星期五

船过定海时，曾上岸购酱油。船中无事，惟以阅小说作消遣。阅刘半农译《英使朝觐记》及章衣萍《友情》卷上。章氏之文笔颇为流利，惟如王栻所言，思想方面似空洞无物。刘译尚可诵，但为译小说之态度，故罕考证。

6月18日　星期六

今日抵家。船渐近家乡，心中另有一番滋味。二年的离别，自然要早些到家，可是同时又有些心怯，低吟着“近乡情更怯，不敢问来人”，不觉失笑。11时许船渐靠岸，城郭依然，而浮生又已减二春。细雨空蒙，远山隐现，故乡风景殊不错。父亲与大哥皆来接我，骤睹亲人几欲泪下，然人物无恙，又不觉笑逐颜开。呼车返家后，在父亲房中座谈，叙述北京风景及学校情况，母亲告诉我家乡中的事情，有亲友中所发生的变故，囡囡去年急病死了，步创也在去年过世，贤良及大哥岳父丧妻后又重娶，李良丧妻后又说亲将成。家韶及耀第均已结婚，旭病目将盲，谢婆去世已半月。我坐着细听，心中恻惨，自有一番兴亡之感。晚间妻又诉着别离之苦，怨我二年未归的忍心。

6月19日　星期日

今日雨稍静息。昨晚与大哥赴府前街购皮鞋。今日至姊处，坐谈数小时，孩子们已长大许多，见了我有些陌生，不像从前绕膝玩笑，我不觉暗中叫苦。傍晚始回家，铮儿[1]已与我有些混熟了，笑着问我帽子有买来否？不像昨天见了逃避开去，心中略慰。我现在更加明了自己不是四海为家的游浪者，因为恋家的情绪太深，在异乡时虽不大觉得，一回家时便想享受些家庭的乐趣。如果永远是孤零零的漂泊着，没有一点儿的温存与体贴，这种生活对于现在的我是不能忍受。我对于目前的生活并不祈盼如何的享福，不过将来的期待总永远在我面前憧憬着。然而今晚又受了打击，知道旧式的家庭终不是融和欢乐的场合。

6月20日　星期一

今日赴双屿山，中饭饮了几杯酒，面孔热辣辣的，有些难过。

1　铮儿：即夏鼐的长女夏素琴（1929—2019），他在日记中也称其为"铮铮"。曾任轻工业部高级工程师。

到庙中听唱娘娘词，不太喜欢听，旋与李良至陈府殿楼角上坐着，吸根香烟，谈谈别后的情况。天气有点闷热，打开窗门，虽有些山风习习，却仍敌不过身上的烦热。晚间与秀庵谈到 11 时许，旋又与李良坐在厢房门口。暧曃的云间露出月亮，张头望月，一面絮絮的谈笑着。二时许才去睡。就他的口中知道黄起云离婚之事，李良自己婚后又丧妻的事。

6月21日　星期二

留滞在双屿山，本想今日返家，因为他们的固留，路上泞滑，只好再留一天，与老人家谈话，又谈起前岁金牌、金手钏的事。这件事前晚已经知道了。这件事教我也无可奈何，不过总想替这件事寻一个解决。我的心有一些扰乱了。我知道家庭的生活绝不是适宜读书的环境，这种烦乱心情的事，已足够我受苦了。

6月22日　星期三

由双屿山返家。顺途至永谦庄中，锄非遣人去唤寿康[1]来，假装着陌生人，与他聚谈，以观察他的态度。中饭便在锄非处用餐，本想灌醉了他，不料将自家饮得酡颜。饭后又劝他到我家中来逛逛。他也答应，便与韩先生四个人唤车，父亲与大哥正在前厅粜谷，我引他们到楼上去，自己便返身下楼，大哥便笑着问什么地方碰着寿

1　寿康：徐寿康，字煜光，浙江温州人，夏鼐胞妹夏秀莲的丈夫，曾在上海暨南大学数学系求学并任教。

康，我告诉了他，便找寻母亲，母亲拜经去了。我回到楼上，不久父亲也上楼来谈。寿康有些腼腆，坐着嗑瓜子，一声不响，食汤圆和杨梅后，到我的寝室中来，取去姬妹[1]的照片，后来四人一起赴府前照相，至小南门观台阁，未遇，在兴大中坐片刻，分道而返。

6月23日　星期四

下午至瓯公访翔鹏，据云已于前周赴南京了。至籀园图书馆，出馆后至郑棨家中，邀其同赴张国雄处，国雄正在那里预备英文名，说下星期拟赴沪投考中央政治学校或清华去。本想约他二人去中山公园逛逛，天又下起雨来，不得已只好个别至大街购物，唤车返家。晚间郑步清表兄来舍，在父亲房中座谈，中表至亲，已五六年未见面矣。

6月24日　星期五

今天想起读点书，只读了法文几页，又抛下书和铮儿玩耍去了。晚间记了几页日记，本想写几封信，也因为没有工夫，只得罢休。

6月25日　星期六

写信八封。

6月26日　星期日

阅书：Hayes, *Modern Europe* Vol. Ⅱ［海斯：《现代欧洲》卷二］

1　姬妹：即夏蔖的胞妹夏秀莲，嫁给徐寿康。

第 17 章 "The Era of Metternich［梅特涅时代］1815—1830"。

徐贤修来谈，他是前天由瑞平返里的。托之借书 Cordier, *Histoire Generale de la Chine*［考狄：《中国通史》］，因图书馆不能出借，未能借得。

6 月 27 日　星期一

阅书：Schapiro, *Modern and Past European History*［夏皮罗：《现代和过去的欧洲史》］第一章及第二章 "Restoration and Reaction［复辟与反动］"。

6 月 28 日　星期二

阅书：海斯《近代历史》第 18 章 "The Industrial Revolution［工业革命］"。下午与母亲至金三益[1]剪布 48 元。遇秀庵及纪泽，返家时过二房座谈。晚间电灯又熄。

6 月 29 日　星期三

阅书：夏皮罗《现代和过去的欧洲史》第 3 章 "工业革命"。

6 月 30 日　星期四

阅书：夏皮罗《现代和过去的欧洲史》第 4、5 章 "英国概况 1800—1867"。

1　金三益：即位于浙江温州市区的金三益绸布店，创办于 1859 年。

7 月

7月1日　星期五

阅书：海斯《近代历史》第 19 章 "Democratic Reform and Revolution［民主改革和革命］1830—1848"。夏皮罗《现代和过去的欧洲史》第 6 章 "法国之民主及反动 1815—1850"。

7月2日　星期六

阅书：夏皮罗《现代和过去的欧洲史》第 7 章 "Central Europe［中欧］"。

下午偕锄非游中山公园。

7月3日　星期日

阅书：海斯《近代历史》第 20 章 "The Growth of Nationalism［民族主义的发展］1848—1871"。夏皮罗《现代和过去的欧洲史》第 8 章 "The Second French［法兰西第二共和国］1852—1871"。

下午秀庵偕衡馨表叔来舍，傍晚始去。

7月4日　星期一

阅书：夏皮罗《现代和过去的欧洲史》第 9 章 "Unification of Germany［德国的统一］"，第 10 章 "Unification of Italy［意大利的统一］"。海斯《近代历史》第 21 章 "Social Factors in Recent

European History［欧洲近代史上的社会因素］1871—1914"。

访徐贤修，同往晨报社晤及陈墀、徐寿仁。

7月5日　星期二

阅书：Bukhanine［布哈林］《唯物史观社会学》首四章。

7月6日　星期三

阅书：海斯《近代历史》第22章"Great Britain［大不列颠］1867—1914"。

前日曾答应徐贤修一篇副刊的稿子，今天草成《给副刊读者的一封公开信》，可是他今天没有来取。

7月7日　星期四

下午锄非来，同赴双屿山岳母家。

7月8日　星期五

仍在双屿山。

7月9日　星期六

阅书：夏皮罗《现代和过去的欧洲史》第13章"Political and Social Democracy Great Britain［大不列颠的政治与社会民主］1867—1914"。

返家。晚间与母亲座谈，老泪纵横，不知有多少伤心事。房屋旁土地庙正唱娘娘词，鼓板之声时时入耳，妻与妹方在那儿听得起劲呢!

7月10日　星期日

阅书：夏皮罗《现代和过去的欧洲史》第14章"Irish Question［爱尔兰问题］"。

7月11日　星期一

阅书：海斯《近代历史》第23章"Latin Europe［拉丁欧洲］1870—1914"。

7月12日　星期二

阅书：海斯《近代历史》第24章"Teutonic Europe［日耳曼欧洲］1871—1914"。

姊偕甥锦城及鸿喜来家，表姊亦来，过宿一宵。

7月13日　星期三

阅书：海斯《近代历史》第24章"日耳曼欧洲"。

7月14日　星期四

阅书：夏皮罗《现代和过去的欧洲史》第11章"The Third French Revolution［第三次法国大革命］"。

7月15日　星期五

阅书：夏皮罗《现代和过去的欧洲史》第12章 "The German Empire ［德意志帝国］"，第15章 "The British Empire ［大英帝国］"。

7月16日　星期六

赴寿昌处尝新，秀庵因成裕事，很是郁郁不乐，成裕亏空约25 000余元，钱庄真不易开。锄非已于13日赴沪，未悉何日返里。

7月17日　星期日

以昨宵4时许始入睡，8时即起身，故精神不舒畅。傍晚沈钧偕郁炎来访。

7月18日　星期一

阅书：夏皮罗《现代和过去的欧洲史》第16章、第12章、第13章，奥、匈、意、西、葡各国事。

7月19日　星期二

阅书：海斯《近代历史》第25章 "Russian Empire ［俄罗斯帝国］1855—1914"。

7月20日　星期三

阅书：夏皮罗《现代和过去的欧洲史》第21章 "Russia ［俄罗斯］

1815—1881"，第 26 章 "Russia at the End of the 19th Century［19 世纪末的俄罗斯］"，"The Russian Revolution of 1905［1905 年的俄国革命］"。

7月21日　星期四

阅书：夏皮罗《现代和过去的欧洲史》第 24 章 "Revolutionary Labor Movement［革命劳工运动］"，第 25 章 "The Women's Movement［妇女运动］"，第 26 章 "Science［科学］"。

7月22日　星期五

阅书：海斯《近代历史》第 26 章 "Dismember Ment of German Empire［德意志帝国的分裂的结束］1863—1914"。《现代和过去的欧洲史》第 27 章 "The Near Eastern Question［近东问题］"。

7月23日　星期六

阅书：海斯《近代历史》第 27 章 "The New Imperialism and the Spread of European Civilization in Asia［新帝国主义与欧洲文明在亚洲的传播］"，第 28 章 "The Spread of European Civilization in America and in Africa［欧洲文明在美洲和非洲的传播］"。夏皮罗《现代和过去的欧洲史》，第 28 章 "The Expansion of Europe［欧洲的扩张］"。

7月24日　星期日

阅书：海斯《近代历史》第 29 章 "The British Empire［大英帝国］"，第 30 章 "International Relation［国际关系］1871—1914"。

夏皮罗《现代和过去的欧洲史》第 29 章 "International Relation〔国际关系〕1870—1914"。

7月25日　星期一

阅书：海斯《近代历史》第 31 章 "The Great War of the Nations〔诸国大战〕1914—1918"，第 32 章 "Preparation for Peace and the Revolution in the Central Europe〔中欧和平与革命的准备〕"，第 33 章 "The Peace of Paris〔巴黎和约〕"。夏皮罗《现代和过去的欧洲史》第 30 章 "The World War〔世界战争〕"，第 31 章 "The Conference of Paris〔巴黎会议〕"。

7月26日　星期二

阅书：海斯《近代历史》第 34 章 "The Russian Revolution〔俄国革命〕"，第 35 章 "The Latest Era〔最后年代〕1914—1924"。

7月27日　星期三

阅书：《唯物史观社会学》第 5 章。

下午赴沈钧、叶焜、郑棨处谈话。

7月28日　星期四

阅书：《唯物史观社会学》第 6 章。

7月29日　星期五

阅书：《唯物史观社会学》（完）。又阅 Aston, *Stories from*

German History [阿斯顿《德国历史故事》]。

7月30日　星期六
阅书：《德国历史故事》（完）。

下午锄非来，言其祖父病笃。

7月31日　星期日
赴双屿山。中餐在永谦庄，下午伴王志芬赴乡。晚3时许始睡。李宅祖父病状颇为危险，脸额及臂背等处皆红肿，神智瞀昏，晚间曾咽塞昏厥。犹忆月半尝新时偕坐大门口，与吾谈琐事，问我去年在平费用多少？我说400元左右。他说："你父亲给你读书的钱是很快乐的，他只希望你将来能有出息。"我说："恐难能满足家人的期望。"他含笑不语。不想别来二旬，竟一病至此。

8月

8月1日　星期一
在双屿山。

8月2日　星期二
玩牌输去1 500余枚，为平生第一次大输。

8月3日　星期三
下午赌至5时许，无输赢。傍晚返家。

8月4日　星期四

阅书：王芸生 [1]《六十年来中国与日本》第 1 卷。

今日父亲赴乡收租。

8月5日　星期五

阅书：王芸生《六十年来中国与日本》第 1 卷（完）。

上午陈继严来晤谈。下午黄郁炎、郑棨、叶焜、沈钧来晤谈。皆十中初中时同学，黄、叶二君并且还是小学时同学。

8月6日　星期六

阅书：V.Blasco Ibanez, *The Four Horsemen in Apocalypse*［布拉斯科－伊巴涅斯：《启示录四骑士》］。

8月7日　星期日

阅书：布拉斯科－伊巴涅斯《启示录四骑士》。妻又卧病。

8月8日　星期一

阅书：布拉斯科－伊巴涅斯《启示录四骑士》（完）。写信三封。

1　王芸生：1901—1980，原名德鹏。天津人。中国著名新闻工作者。1929 年进入《大公报》，后任主笔、总编辑。1948 年，顺应党的号召，入华东解放区。1949 年，返上海，任《大公报》社长至 1966 年。历任上海市人民政府委员等职。著有《芸生文存》《六十年来中国与日本》等。

8月9日 星期二

阅书：杨东莼《本国文化史大纲》第1篇。写信三封。

8月10日 星期三

阅书：杨东莼《本国文化史大纲》第2篇。

8月11日 星期四

阅书：杨东莼《本国文化史大纲》第3篇（全书542页，完）。除末二章叙文艺及科学外，其余为哲学史大纲式之叙述，并无特创之见。

8月12日 星期五

阅书：皮锡瑞《经学历史》（周予同注）前5章。

阅报知，汪精卫辞行政院长职，以要挟张学良，欲令之亦辞。

8月13日 星期六

阅书：皮锡瑞《经学历史》后5章（全书364页，完）。

8月14日 星期日

阅书：Morse, *The International Relations of Chinese Empire*［马士《中华帝国对外关系史》］卷首中国近代外交史年表（至1860年止）。本欲于暑假内移译此书卷一之上半部，现在恐不可能，暑期所余有限，最大愿望为读完此书之卷一（就时间许可范围以内译出几章），再温习法文，至于整理《叶水心年谱》一事，恐亦仅能俟之异日矣。

8月15日　星期一
阅书：马士《中华帝国对外关系史》第1章。

8月16日　星期二
阅书：马士《中华帝国对外关系史》第2章。

8月17日　星期三
赴双屿山李宅探病。

8月18日　星期四
阅书：马士《中华帝国对外关系史》第3章。

赴沈钧处，坐未半晌，骤雨忽至，相对而坐，谈及叶焜事。叶、许之事又为其家人所知，焜母因此怒责人，忿而昏晕。又述及沈之教授英文，以妄批英文作文，致触女弟子之怒，撤消差事，此君亦殊可怜也。旋雨霁，偕赴叶焜处，傍晚始返舍。

8月19日　星期五
阅书：马士《中华帝国对外关系史》第4章。

8月20日　星期六
阅书：马士《中华帝国对外关系史》第5、6章。

今日接祥第信，约月尾或下月初出门，在家时间有限，此书颇欲从速阅毕，今日起非赶快阅读不可。

8月21日　星期日
阅书：马士《中华帝国对外关系史》第7、8章。

8月22日　星期一
阅书：马士《中华帝国对外关系史》第9章。

8月23日　星期二
接王枕信，云已决定29日来，即乘益利轮赴沪。下午赴贤修处，旋至叶焜处，邀其同赴黄炯君处，遇金志庄、陈时康二君，皆附小时旧同学也，旧友重逢，颇为欢洽，旋偕焜及炯赴沈钧家中，邀其同赴中山公园，夜色曚曨始返舍。

8月24日　星期三
写信致王枕及王祥第欲约其延期至9月5日再行首途，未悉能如愿否？大姊来家，阻雨留宿家中。铮的病已痊，能下地嬉戏。

8月25日　星期四
阅书：《申报月刊》第2期。
秋霖淅沥，整天下个不停，大姊又不能回家，坐在房中闲谈。

8月26日　星期五

阅书:《申报月刊》第1期。

下午叶焜、沈钧来座谈,及郑君与沈君签订合同赌吃事。

8月27日　星期六

阅书:《申报月刊》第1期。

8月28日　星期日

接王栻信,云明晨来温,乘31日轮赴沪。

8月29日　星期一

下午二王来家,邀赴校。表姊来家,适母亲以今日生日赴九宫女庙做供头去了,坐房中与妻谈话,傍晚始去。

8月30日　星期二

偕二王赴双屿山,晚间至姐家告别。12时许上轮。两个半月的家庭生活,凭空多添了一番愁苦,我疑惑假使我能久居家中,是否能得到享乐,桃红色的梦想,已为冷酷的现实所戳破,此后的生涯,不知如何了结。我真有点想早些离家,可是当临别的刹那,默然相对含愁脉脉的妻子,强自欢笑暗中伤怀的母亲,已够使人黯然伤心,及上车时,父亲说:"途中自己当心点,我不送了。"我忽觉得一阵鼻酸,几乎要掉下泪来,可是终于忍住了。怆惶地重上征途,反身一顾，后会又待来年，真所谓"客舍如家家如寄"。上船后，坐在舷畔目送大哥离埠返家，瘦小的背影杂入人群中去了。后来与祥第上岸买牛肉、鲜枇杷吃，3时许始入睡。

8月31日　星期三

阅书:《田汉戏曲集》四、五集二册。

晨6时广济轮启碇赴沪。船行缓慢而且簸摆，呕吐了一次，只早晨食了一个面包，眼光光地瞧着别人虎咽狼吞地食东西，不禁羡慕不止。

9月

9月1日　星期四

晚8时抵沪。今日又呕吐了两次，真是倒霉。每逢到这种景况，常回想到家居的舒服，而深悔自寻苦恼，这种念头自然是精神颓丧时的思想。船一抵岸后，即生龙活虎跳跃上岸，到零食店吃绿豆汤去了，哪里管得什么临别时的苦痛。黄色的短裤，兰绒的西服，我还是正该享乐的少年呢！晚间搓麻将，赢了200多铜圆。晨曦渐升，贩报人的呼声也降临了，才喊了汤包当早餐，匆匆入睡。

9月2日　星期五

12时许才起身，偕祥第在马路中闲逛，买了几样东西。回来写信三封，一封给家中，一封给元龙，一封致申报月刊社改更地址。

明天要动身，只得早些睡觉。

9月3日　星期六

上午9时半登车，晚6时许抵南京，渡江至浦口乘津浦车北上。本来预备在南京游览几天，因前日在上海阅报，东方路透电："日方如果认为有采取直接行动之必要，必择南京而舍上海。"暴横无理的日寇什么事都能干出来，所以吾们决定直接北上，不在南京作逗留。未尝亡国苦痛的国民，在这种地方已有些近于亡国的痛苦了。

9月4日　星期日

上午6时抵徐州。中午抵曲阜，下车游览孔庙、颜庙、孔林。孔庙之建筑甚为庄严，石柱大可合围，雕刻盘龙，庙中有康熙题之"万世师表"匾额，孔圣及四哲、十二贤人皆有塑像，两廊则为七十二弟子之位，后殿为孔子夫人之殿，侧殿为崇圣公。前有故宅、古井及鲁壁，诗礼堂之前有唐槐、宋银杏。后至颜庙，规模较小，且经前年蒋阎战争之炮火，颇有残毁；庙前有陋巷故址及陋巷井。孔林在城北，有子贡手植楷，沂国公子思墓、泗水侯［孔鲤］墓，及大圣至圣文宣王墓，墓旁有子贡庐墓处。此数处有一黄色围墙，墙外亦为孔家墓地，有围墙以围。据云南北约6里，东西约7里，其中所埋葬者不下万余人，皆孔子后人也。现今之小圣人为孔德成，乃孔子七十四（？）代孙。

9月5日　星期一

上午10时许始起，赴车站附近观市集。午餐后登车，遇徐贤修等，知同乡考取清华者有 4 人（刘昌镠[1]、叶岑[2]、蔡孔耀[3]、吴景荣[4]）。读茅盾短篇小说集《野蔷薇》。

9月6日　星期二

上午 7 时许抵天津，中午抵北平，雇车抵通易公司，存放行李后，至西河沿午餐后，呼车赴校。至云畴处谈话。

9月7日　星期三

写信给家中。晚间观电影 Janet Gaynor［珍妮·盖纳］主演的《花烛之夜》。

9月8日　星期四

阅书：陆侃如《中国诗史》卷上 200 余页。

1　刘昌镠：1914—1946，字公美，浙江平阳人，清华大学化学系第八级（1936 年）毕业生，1938 年任国民政府经济部中国植物油料分厂实验室主任，后与蔡孔耀等创办温州清明化工厂，任技术室主任。

2　叶岑：浙江乐清人，清华大学机械工程系第八级（1936 年）毕业生。曾在南开大学电机工程系任教。

3　蔡孔耀：1913—1987，浙江瑞安人，清华大学化学系第八级（1936 年）毕业生，毕业后任上海肇和中学化学老师，1942 年与刘昌镠等创办温州清明化工厂，任厂长。1949 年后长期在上海油脂生产系统工作。

4　吴景荣：1915—1994，浙江平阳人，清华大学外语系第八级（1936 年）毕业生，毕业后入清华研究院深造，1940 年后到国立西北师范学院、四川教育学院、重庆中央大学英语系任教，1947 年赴英国利物浦大学留学，获文学硕士学位。1949 年后任北京外语学校教授、中国人民大学外交系教授、外交学院教授兼英语系主任、副院长等。主编《汉英辞典》《当代英文散文选读》等。

9月9日　星期五

阅书：陆侃如《中国诗史》卷上100余页（全书402页，完）。

晚间在贤修处闲谈。回来后，听窗外檐头水滴声，长杨垂柳亦随秋雨而萧萧悲鸣，孤馆青灯，殊令人辗转不能成眠。

9月10—12日　星期六——一

阅书：《战后新世界》每日200余页（全书612页，完）。

9月13日　星期二

牙龈肿痛，昨夜睡不安宁，今早右额有点发肿，这恐怕便是月饼、香糕之类的功绩了。选课注册，忙了一个上午才完结。

9月14日　星期三

今日开始上课，但教师多未来校，等于无课。下午拍网球，久未练习，颇为生疏，且易疲倦。温习法文。

9月15日　星期四

温习法文。昨宵辗转不眠胡思乱想，忽忆及妻的祖父不知道现在还在世否？一时睡不着便试预作挽联，今天无事乃更改数字，录之如下：

忆昔忝附丝萝，四五年来，陪奉多违，眷顾恩深，抚爱情笃，方期巍巍岱岳长不朽。

伤今羁旅冀燕，二千里外，凶讯遽闻，侍疾礼疏，执绋仪阙，自惭负负幽明恨何堪。

9月16、17日　星期五、六

温习法文。

9月18日　星期日

温习法文。

下午在王栻房中阅李伯元《文明小史》卷下。此书类似于《官场现形记》，所描写乃旧官僚之冬烘，以维新为口头禅，遇外人时之葸怯，及伪维新党之骗人，仅重外观而无实学。

9月19日　星期一

温习法文。

9月20日　星期二

温习法文。葛其婉[1]教法文时间未排定，下星期始能实行教授。今日首次上日文课，系钱稻孙[2]教。

1　葛其婉：Dr.Margot Gryzwacz，波兰人，曾任山东大学、清华大学外语系教授，教法文。

2　钱稻孙：1887—1966，浙江吴兴人，钱玄同之侄。曾在日本、意大利留学。1928年任清华大学外语系讲师，1932年为外语系与历史系合聘教授。抗战后出任伪北京大学秘书长、文学院长和校长。1949年后任人民卫生出版社编辑。译有《神曲》《日本诗歌选》《万叶集》等。

9月21日　星期三

温习日文字母。下午练习脚踏车，居然能在校园中来往自如，成绩虽不太佳，然颇足以自慰也！

9月22日　星期四

下午听朱庆澜[1]、查良钊[2]演讲东北义勇军之奋斗及苦况。这一星期差不多没有读书；星期六想出去买一批书，此后稍致力于学，否则这样不死不活的度日子终不是事。

9月23日　星期五

下午偕宗燧乘自由车[3]至燕京，此为乘脚踏车之新纪录。

9月24日　星期六

约王祥第一同进城，在东安市场购旧书，呼车至北大二院西斋陈巽颀[4]君处，后一同至太庙游览。庙凡三进，以前殿规模最大，凡

1　朱庆澜：1874—1941，字子桥。浙江绍兴人。清末民初在军政界发展，1925 年后专事慈善救济，曾任国民政府赈济委员会常务委员。

2　查良钊：1896—1983，字勉仲。天津人。教育家。1918 年清华学校毕业后赴美留学，获哥伦比亚大学教育学硕士学位。曾任北平师范大学教务长、河南大学校长、河南省教育厅厅长、西南联合大学训导长、印度德里大学客座教授、台湾大学教授兼训导长。

3　自由车：当时北平对自行车的称呼，日记中也称脚踏车。

4　陈巽颀：1906—？，浙江乐清人。北京大学法律系毕业后任职于国民政府外交部，曾任驻日本横滨领事馆总领事、军事委员会顾问处少将编审等，并任教于上海交通大学英文系。1947 年赴台湾，1981 年移居加拿大。

十楹，中供十一祖之祖位；中殿为寝殿，亦为十一祖之神位，后殿则为肇祖等之位，前殿之两庑为功臣牌位。由太庙出来后至西单市场略购数书。晚宿公寓林济处。

9月25日　星期日

由林济处出来后，即赴东安市场。旋至北大，晤及陈巽顾、王明[1]二君，邀巽顾同至北平图书馆，请刘节引导参观书库。辞别后即返校。

9月26日　星期一

阅书：《申报月刊》第3期160余页。这期中翁照垣的《淞沪战争回忆录》[2]很有史料上的重要价值。

下午拍网球。房间中又搬进一人，为闻人乾[3]君，系数学系研究生，金华人（吴晗[4]同乡）。

1　王明：1911—1992，字则诚，别号九思。浙江乐清人。哲学家。1932年考入北京大学，1939年考入西南联合大学北京大学文科研究所，两年后获哲学硕士学位，任中央研究院历史语言研究所助理研究员。1949年后曾在中国科学院考古研究所任所务秘书，1957年转入哲学研究所，后任研究员兼中国哲学史研究室主任。著有《太平经合校》《道教和道教思想研究》《道家与传统文化研究》等。

2　《淞沪战争回忆录》：应为《淞沪血战回忆录》，由参加1932年"一·二八"上海抗战的十九路军一五六旅旅长翁照垣将军口述，名记者罗吟圃整理，发表在《申报月刊》1932年第3—6期上，1933年1月由申报月刊社出版单行本。

3　闻人乾：浙江义乌人，1931年清华大学研究院算学研究所研究生，夏鼐的室友。曾任湖南蓝田国立师范学院数学系讲师，后在兰州大学任教。

4　吴晗：1909—1969，原名春晗，字辰伯。浙江义乌人。历史学家。1931年转学清华大学历史系，与夏鼐同班，1934年毕业后留校任教，曾任云南大学、西南联合大学、清华大学历史系教授。1949年后任北京市副市长、第一届全国政协委员等职。著有《朱元璋传》《投枪集》《灯下集》《春天集》《海瑞罢官》等。

9 月 27 日　星期二

阅书：《读书杂志》的《中国社会史论战》80 余页。

下午乘脚踏车至燕京。返校后拍网球。

9 月 28 日　星期三

阅书：华岗著《1925—1927 中国大革命史》第 1、2 两章。

下午拍网球。

9 月 29 日　星期四

整理《秦代官制考》。预备投到周刊社去骗稿费。

下午学乘脚踏车 2 小时。

9 月 30 日　星期五

　阅书：华岗著《中国大革命史》第 3 章。

10 月

10 月 1 日　星期六

　阅书：华岗著《中国大革命史》第 4 章。

　下午与祥第乘脚踏车至燕京，晤及钱熙、学德[1]，闻马孟容逝世，

1　学德：即杨学德（1915—？），浙江温州人，1931 年考入燕京大学化学系，曾任上海光华大学助教、浙江省建设厅工程视察等。1949 年后任浙江温州电化厂工程师、副厂长，温州化工厂高级工程师等。

永嘉画家又弱一人。偕同至达园，游玩一会。现在对于骑脚踏车颇感兴趣；幼年时懒于游嬉，到了今日却忽想多从事运动，要学网球与乘车，怪不得今日陈凤书说："喃！你现在变运动家了！""家"当然形迹毫无，但倾向于运动，则不可讳言。并且觉得不但为强身起见应该运动，且对于运动的本身发生兴趣，我希望这种兴趣能够持续下来，否则书斋孜孜久读的生活实在太枯燥了。

10月2日　星期日

阅书：华岗《中国大革命史》第5、6章（全书600页，完）。
Scott, *Ivanhoe*［司各特：《艾凡赫》］之中译本。

天气渐凉，窗外寒风撼柳枝，飕飕作响，宗燧这小子说舒服的天气到了。却不知这正是远客他乡的羁人所最难耐的日子。心弦随着寒风振荡，一缕的哀思直沁入心肺间，有说不出的一种凄凉。由窗棂间侵入房中的冷风自然令人越发恋恋于衾枕，舍不得起来，虽觉似乎缺少了什么，然衾被中温暖宜人，已足够使人依恋不舍了。

10月3日　星期一

祥第又感寒而病了，卧在床上呻吟不已，同客他乡令人起相怜之情，下午送他去医院。回来后接到两封报丧的信，李宅的祖父已于月前21日病逝；张国雄也于日前19日染疫死于家。骤获两信，心房似乎受了绝大的打击，脑中有点瞀乱，半晌还不能恢复常态。李宅祖父的病虽早料其难获痊可，但国雄则6月23日一别，尚是活泼泼的青年，不料竟已埋黄土。老年长者的恩情，青春朋辈的友谊，使我永远不能忘却，虽三尺桐棺、一抔黄土永远将吾们相隔离，不能再面谈笑语，可是我心中的记忆却永世不能消灭。

10月4日　星期二

写回信给郑棨，……[1]

10月5日　星期三

赴浙江同乡聚会。

10月6日　星期四

写信给家中、李宅、叶焜、林济。

10月7日　星期五

晚间赴第六级级会。与星期二的浙江同乡会一样，吃吃茶点，胡闹一番，真是无聊。

10月8日　星期六

阅书：萧一山著《清代通史》卷下《清代学者生卒表》100余页，以《疑年录汇编》对勘之。

1　省略内容为复关于张国雄的报丧信。

10月9日　星期日

阅　书：Robinson & Beard, *Readings in Modern Europe History*，Vol. II［鲁滨孙、比尔德：《现代欧洲历史读本》卷二］第二章。

10月10日　星期一

阅书：《中国外交史资料选录》100余页。

10月11日　星期二

阅书：梁启超著《中国近三百年学术史》100余页。

下午偕祥第乘脚踏车至玉泉山，又为乘车之新纪录。

10月12日　星期三

阅书：梁启超著《中国近三百年学术史》。

10月13日　星期四

阅书：梁启超著《中国近三百年学术史》100余页。

下午拍网球，听胡适之讲演。

10月14日　星期五

阅书：梁启超著《中国近三百年学术史》。

下午乘脚踏车至燕京。晚餐后与王栻散步，谈到胡适之是时代的落伍者了，短短的十几年间，便将一位前锋移到后卫去，恐怕他读到自

204

己所作《回国杂感》中关于康有为一段，未免有"夫子自道"之感了。

10 月 15 日　星期六

阅书：梁启超著《中国近三百年学术史》（共 560 页，完）。《清代学者生卒表》之校勘，280 余页完。

10 月 16 日　星期日

预备西洋十九世纪史考试。下午拍网球。

10 月 17 日　星期一

考试西洋十九世纪史。试题：

（一）比较 Prussia［普鲁士］、Austria［奥地利］二国在 1815 年后之国情。

（二）解释：① Rotten Borongh［1832 年前已失去选区实质但仍选举议员的市镇］，② Peterloo Massacre［彼得卢屠杀］，③ Duke of Berry［贝里大公］，④ Spinning Jenny［珍妮纱机］，⑤ James Watt［詹姆斯·瓦特］，⑥ Bentham［边沁］，⑦ Zollverein［关税同盟］，⑧ Haller［地主庄园］，⑨ Wartburg Festival［瓦尔特堡节日］；⑩ [1]

10 月 18 日　星期二

考试法文。下午乘自行车至燕京。

1　解释原为十题，第⑩题日记原缺。

阅书：《筹办夷务始末道光朝》卷一至卷四，这四卷中大部分都是关于禁烟的奏稿。因为当时编者的意思，以为中外开衅由于鸦片问题，即今日大部分人还抱这种见解；其实当时西洋适当工业革命以后，生产力扩张力求新市场，而中国却还抱闭关政策，自然引起冲突。鸦片问题不过一导火线，并不是主要的原因。马士的书首述中国当时之通商制度，及其所引起之中外冲突，虽未免有点为英人洗刷罪恶的嫌疑，但吾以为较近于事实。

10 月 19 日　星期三

阅书：何炳松《通史新义》100 余页。此书十九拣自 Seignobos〔瑟诺博斯〕所著《应用于社会科学上之历史研究法》。所述之原理虽亦涉及历史研究法之应用于历史者，而稍偏于应用于社会科学方面。何氏称为自著，虽在序中声明来源，已稍近剽窃。而混淆社会科学与通史之义为一，改称为《通史新义》更为不当。盖社会科学对于古史可完全抛开不管，故有"在社会科学中过去之直接遗迹实无利用之余地"（16 页），"在社会科学中此种旧闻（口传史料）决无再思利用之人"（70 页）等语，治史者决不能再用此语。且社会史之性质虽近于通史，而 S 氏所指社会科学实属狭义的（仅包括统计科学史人口学、经济生活科学、经济原理及计划史三者），对于社会上层建筑如政治及意识方面，皆未涉及，恐不足以当"通史"之涵义。

10 月 20 日　星期四

阅书：马士《中华帝国对外关系史》，因为下星期要考试了。

10月21日　星期五

阅书：马士《中华帝国对外关系史》。

10月22日　星期六

阅书：马士《中华帝国对外关系史》。遗失所摘录之《史记志疑》，甚为痛心。

10月23日　星期日

阅书：何炳松《通史新义》。

写家信两封。

10月24日　星期一

中国近代外交史试题：

（一）解释：① Hoppo［西人对粤海关监督的称谓］，② 佛郎机，③ 苏瑞妈末，④ 林高，⑤ 李锦，⑥ Weddell［Captain John Weddell，威得尔上校］，⑦ 船钞，⑧ Terranova［在美国船 Emily 上服务的意大利水手］，⑨ 洪任辉，⑩ 大班。

（二）十三行之沿革及其在通商史上之地位。

阅书：何炳松《通史新义》（全书 277 页，完）。孙锵鸣《陈文节公年谱》，为搜集《叶水心年谱》所需材料也。

10月25日　星期二

阅书：李思纯译《史学原论》。这书原文是名著，值得一读，但译文殊生硬，借得英译本作对照，略改几字。

10月26、27日　星期三、四
阅书：《史学原论》。

10月28日　星期五
阅书：《史学原论》；Robbins, *Our Ambassador to China*〔罗宾斯：《我国驻华大使》〕。

晚间至图书馆翻阅杂志，已数星期未阅杂志矣。

10月29日　星期六
阅书：罗宾斯《我国驻华大使》。

下午赴海淀购布鞋。晚间与徐贤修、蔡孔耀、李登梅[1]在合作社聚谈。

10月30日　星期日
阅书：罗宾斯《我国驻华大使》；《申报月刊》第4期。

10月31日　星期一
阅书：《申报月刊》第4期。

1　李登梅：福建福鼎人，清华大学机械工程系第八级（1936年）毕业生，曾在空军学校任职。1949年后去台湾。

11 月

11 月 1 日　星期二

阅书：《中国近百年名人传》"李鸿章"。Mannix, *Memories of Li Hung Chang*［曼尼克斯：《李鸿章传记》］一书卷首 Ralph D. Paine［拉尔夫·D. 佩因］之序言。

11 月 2 日　星期三

阅书：《水心文集》卷一。

11 月 3 日　星期四

阅书：Hazen, *Europe Since 1815*［黑曾：《1815 年以后的欧洲》］。今日生火炉。

11 月 4 日　星期五

阅书：鲁滨孙、比尔德《现代欧洲历史读本》卷二。

11 月 5、6 日　星期六、日

阅书：马士《中华帝国对外关系史》。

11 月 7—9 日　星期一——三

阅书：梁启超《中国历史研究法》及其《补编》。

11月10日　星期四

阅书：曼尼克斯《李鸿章传记》。

11月11—13日　星期五一日

阅书：马士《中华帝国对外关系史》。

11月14口　星期一

预备明天考试。下午赴合作社购拍卖物，颇便宜，如校景照片仅1分一张，蓝皮小丛书3分一本，练习本3分一本。

11月15日　星期二

西洋十九世纪史考试。试题：

（一）试述英国宪章运动之 ① 社会及政治的背景，② 目的，③ 经过。

（二）解释：

① Reich sverveser，

② Schwarzenberg［施瓦岑贝格（奥地利首相）］，

③ Baron von Haynau［冯-海瑙男爵（奥地利元帅）］，

④ Risorgimento［意大利复兴运动］，

⑤ National workshops［国有工场］，

⑥ Mehemet Ali［穆罕默德·阿里］，

⑦ Kronen zeitung［《皇冠报》（奥地利报纸）］，

⑧ Party of Resistance［抗战党］，

⑨ Manin［丹尼尔·曼宁（美国财政部长）］，

⑩ Custozza［库斯图萨］。

11 月 16 日　星期三

晚饭后与二王散步，王栻提起十中教员张某的话说："未讨亲时想讨亲，讨过亲后打悔心。"又说起瓯谚："未讨亲时天上神仙，讨过亲后地上神仙，生儿育女落难神仙。"这寥寥的几语中包含着许多旧家庭中伤心泪，非过来人恐不能知之。

11 月 17 日　星期四

昨晚 2 时许起来，冒着寒风到气象台那边去看狮子座的流星，流星并没有什么可看，却使自己伤风感冒不适。3 时许回来后，一直到天亮未能入睡。今日整天昏混，可谓自寻苦恼。不过昨晚却干了一件有趣的事情，我与二王及徐、刘五人乘着看星星之便，到云畴那边去拖尸他，静悄悄地把他由被窝中拖出，摆了几下，才放下。全师而退，一声不响。今日看见他时，诈说听柯君（柯召[1]）告诉：他昨夜被拖尸。以往素以未尝拖尸风味自豪之黄君，竟抵死不肯承认，不知我们便是此举的执行者，可发一笑。

1　柯召：1910—2002，字惠棠。浙江温岭人。数学家。1928—1930 年在厦门大学数学系就读，1931—1933 年在清华大学数学系求学，1935—1937 年就读英国维多利亚大学数学系，获博士学位。回国后任四川大学、重庆大学教授，1955 年当选为中国科学院学部委员，1980 年任四川大学校长。发明"柯氏定理"，被称为中国"近代数论的创始人"。夏鼐在其日记中称其为"柯君"。

11月18日　星期五

搜集外交史材料，预备作一篇对于蒋书的批评。晚餐后与二王散步至柯君处下象棋，连下5局以2与3之比失败，柯君棋品并不高，却做他手下的败将，令人脸红。苏轼所谓："胜固欣然，败亦可喜。"这是外行人的话，实不可信。返舍时已10时，余觉得光阴耗费掉可惜。

11月19日　星期六

阅书：《道光朝筹办夷务始末》卷五至卷八。

11月20日　星期日

作蒋廷黻编《近代中国外交史资料辑要》的书评约六七千字，费了我搜集材料的工夫不少。想明后天送给蒋先生过目。

11月21日　星期一

阅《论语半月刊》已出版的5册，语妙天下，读之令人发噱，但又有一段辛酸泪由笑颜中现出。这或者便是西洋人所说的"幽默"。

11月22日　星期二

写家信二封。

11月23日　星期三

阅书：《李鸿章传记》。

接到郑翔鹏来信，报告结婚的消息。

11月24日　星期四

阅书：《李鸿章传记》。

晚间往见吴春晗君接洽现代史学社事。同学同系已一载余，此次尚为第一次见面。顺便谈到明史及清史之事，谈了一点多钟才回来。他说现在从事的便是明史，明史的史料书籍，据其估计在千种以上，颇可供研究。又说《清朝全史》系但焘延留日学生代译，所以译错处很不少；原书颇佳，尤其是清朝未入关以前的那段，至于下册则关于外交方面，多采取马士一书，发明之处较少。又说近人孟心史研究清史，亦颇有心得，《清朝前纪》一书殊可一阅；萧一山之《清代通史》，虽为钜帙，而抄袭成书，无甚发明，而各部分间之联络，亦不能指出，以其缺社会科学之根底也。

11月25日　星期五

阅书：《申报月刊》第5期。

晨间往与蒋廷黻师谈话，即以前作的书评请其过目。蒋师对于提出之补正各点完全接受，但对于商榷之点，则以著书之困难，及本书之作其目的完全在于作补充之参考书，故许多地方与独立成书者不同，非同时兼阅其他参考书（如马士《中华帝国对外关系史》之类）不为功，故评略遂有所不同，对于翻译马士书为校阅者可以办得到，但此书如翻译成功后殊难找出版处，以中国对于纯学术的著作殊难求销路之广，书店不敢出版恐致折本。故蒋师要我再加考虑。我知道自己入历史系是弄错了，呜呼！今日中国之出版界。

11月26日　星期六
阅书：《申报月刊》第5期。

11月27日　星期日
阅书：黑曾《1815年以后的欧洲》。

11月28日　星期一
整理外交史笔记。

11月29日　星期二
预备外交史考试。

11月30日　星期三
阅书：王芸生《六十年来中国与日本》第2卷100余页。

外交史试题：

（一）说明琦善在大沽及广州与英人交涉之经过。

（二）解释：① Amaral［亚马勒（葡萄牙驻澳门总督）］，② James Innes［因义士（鸦片战争中嚣张的英国商人）］，③ Bilbaino［西班牙商船（1839年被当作英船焚毁）］，④ Thomas Coutts［担麻士葛号（英商船只）］，⑤ Peter Parkes［伯驾（1934年来华的美国传教士，后任美国公使）］，⑥ 白含章，⑦ 黄恩彤，⑧ 吴彰健，⑨ 三元里，⑩ 余保纯。

至蒋廷黻师处取回书评。《大公报》副刊不能登载，理由是"非名家撰述之文"。"名家"二字令人有些刺目。谁叫我不是名家呢？不能登载，岂非活该。不过还想向图书评论社一试，希望不会又是个失望。呜呼！中国今日之著作界，名家，名家，出版界之垄断者，著作者之专独占者！

12月

12月1日　星期四

晚间刘古谛君来一同到合作社，一面吃豆浆，一面谈闲天。他谈近两星期来与女朋友接触情况。

12月2日　星期五

阅书：《六十年来中国与日本》第2卷。

将《近代中国外交史资料辑要》书评寄给图书评论社。

12月3日　星期六

阅书：《六十年来中国与日本》第2卷（全书402页，完）。

晚间与徐贤修、蔡孔耀等在消费合作社聚谈。要了一壶豆浆，几个雅梨，二斤栗子，一面吃，一面闲谈。说到近来刘珍年军队调温的消息，恐非故乡之福。中央政府诸公只图一时之安静，而地方上无穷之祸竟毫不虑及，殊为可叹！杨学德君启门而入，云送温州报纸来，然《民声》及《瓯海公报》，仅寄至上月 25 日，刘军尚未来瓯，故不能于此中获得新消息，殊为闷闷。

12 月 4 日　星期日
阅书：《六十年来中国与日本》第 3 卷 100 余页。

12 月 5 日　星期一
整理史学方法的材料，预备星期三的报告。

12 月 6 日　星期二
阅书：Douglas, *Life of Li Hung Chang*［道格拉斯：《李鸿章的生平》］100 余页。

12 月 7 日　星期三
我有点老耄了，否则何以这样的颓丧。希望的火光偶然在脑中一亮，一刹那间便又被黑暗整个地占住。糊里糊涂的生活下去，过着机械式的生活，在故纸堆中钻研，有时连自己也替自己叹气。心思稍一空闲时常回想着过去的事情，尤其是薄暮晨兴的时候，瞑着目细嚼过去的梦景，但我总缺少未来的梦，少年人蓬勃的勇气似都已消灭。"少年人应该向未来追求，只有老年人才回味已往。"这是我从前说过的话，我真的是老了吗？我仍有点不甘心自居老朽。

12 月 8 日　星期四
整理史学方法的报告。

12月9日　星期五

阅书：《李鸿章的生平》100余页（全书250页，完）。

整理史学方法的报告。

12月10日　星期六

整理史学方法的报告。

晚间在王栻处谈话，说到近来社会史的著述，常以一部分的事实为根柢，推论之以作成一般结论，这事的危险性似乎很大，然各人主观见解不同，取舍因之也不一致。能风行一时者，不过以读者适亦有此种共鸣而已，是否为客观上曾发生过的事实，似不易言。又说到中国现在的史学界，欲作一部良好的通史似不可能，不如缩小范围作精核的专著。垦荒时代的史学界，考据工作似不可缺少，因之不适于考证工作者，虽有综合之能力，亦英雄无用武之地，殊为可叹。盖王栻以综合史学偏向者以自命也，但此语确有一部分的真理。

12月11日　星期日

遇刘君，他说一切都完了，说上2小时余才将这一段故事讲完，然后叹一口气，这一回爱情的悲剧便这样的闭幕了。

12月12日　星期一

阅书：《六十年来中国与日本》第3卷（300页，完）。

写家信二封。

12月13日　星期二
阅书：黑曾《1815年以后的欧洲》。

12月14日　星期三
阅报知12日中俄已复交，这也许被认为出乎意料之外，但如能仔细观察事实上的发展，宁可说是必然的。据蒋廷黻说去年"九一八"事件发生后，南京政府已有此意。英、美二使要求中国慎重考虑，中央又只好缩回去。汪精卫曾有谈话发表说"中俄复交，列强不答应"即暗指此事。但今年"一·二八"上海事变以后，国际形势稍变，美、俄携手的可能性增加。国际调查团美国代表McCoy［麦考伊］在东三省时对顾少川［维钧］氏即露"中俄可复交"之意。南京政府亦接到美使暗示。日内瓦英国代表亦向颜惠庆进忠告，劝中俄复交以抗日。暑假中南京延请专家至京讨论外交即提到此问题，惟当时中央以为应先订不侵犯条约然后复交。但如无美国后台老板之言，恐南京仍不敢出此。今后的国际局面，恐美、俄复交之消息不久将公布于世。

下午听傅斯年[1]的公开讲演《古代之东三省》。

1　傅斯年：1896—1950，字孟真。山东聊城人。学者、教育家。1916年入北京大学国学门，1918年参与创办《新潮》月刊。1919年底赴英国留学，先后在爱丁堡大学、伦敦大学、德国柏林大学学习。回国后任中山大学教授、文学院长，1928年筹建中央研究院历史语言研究所，任研究员兼所长，后曾兼任研究院总干事。1949年任台湾大学校长。著述收入《傅斯年全集》。

12月15日　星期四

阅书：马士《中华帝国对外关系史》与蒋廷黻编《近代中国外交史资料辑要》对照而读。史料中所发现之材料，如清廷欲以完全免除海关税以求废除津约，殊为可笑，惟外人方面多不知此中情形，故甚可贵。

12月16日　星期五

预备明天法文考试，今年的法文太不留意了，此后非努力不可。

12月17、18日　星期六、日

阅书：马士《中华帝国对外关系史》第1卷与蒋编《外交史资料辑要》对勘而读。

12月19日　星期一

阅书：马士《中华帝国对外关系史》第1卷（共600余页，完）。

12月20日　星期二

阅书：蒋廷黻编《近代中国外交史资料辑要》（全书413页，完）。

12月21日　星期三

阅书：蒋廷黻《中国近代外交史》引论（油印本）；夏燮《中西

纪事》卷一。

今日购日记本未得，恐明年的日记只得暂断，不过有了二年历史的日记竟任其夭折，又有些舍不得。大学的四年生活最堪留为纪念；将来如有所成就，这四年是前途的基础，假使将来是一败涂地，这四年的记录也可留作伤心的回忆录，知道自己曾经用过如何的努力，而终归失败。

12月22日　星期四

阅书：《中西纪事》（同治四年六月成书）卷二至卷六。

12月23日　星期五

阅书：《中西纪事》卷七至卷十一，叙鸦片战争之经过。

12月24日　星期六

阅书：《中西纪事》卷十二至卷廿三，叙英法联军之经过、联军一役之后及作者之见解。

12月25日　星期日

阅书：《中西纪事》卷二十四《海疆殉难记》为全书之附录。谓鸦片一役，文臣之死事者寥寥，江浙之役仅得七人，固不及武臣十之一也。但较之去年以来之国难经过，反有一代不如一代之感。崩溃期中的封建社会，当然干不出轰轰烈烈的举动。

上午与祥第在校园中散步时，遇到卖鸡的人，费了七毛五买一只三斤二两重的黑雄鸡，又费二毛钱托厨房烹饪。晚餐时与祥第、景荣及栻吃了一顿，久客异乡，四个月未尝鸡味，总算享受一次口腹之乐。

12月26日　星期一

阅书：《申报月刊》第6期中数篇，月刊中多短文，虽为方便读者，但不易得佳作，尤其是有些问题不是寥寥五千字所能说得明白，每期所附之一月来大事记颇佳。本期登载完毕之《沪淞血战记》[1]为亲身从事守淞之翁照垣所作，颇可一读。

12月27日　星期二

阅书：《申报月刊》第6期。

傍晚吴晗君来谈现代史学社，劝吾加入，并约我做一篇文章。我也很想借这个机会练习写文章，既已以史学为终身事业，做文章的事安可忽略，但又有些胆虚，深恐把不成熟的作品冒昧发表，贻留笑柄。今年在校中周刊上发表的二篇文章都用"作民"的笔名，无非也是此故。并且入社费须15元，在目前的经济困难中恐难筹划，换句话说有点舍不得，但是又不能显然拒绝。现在只希望《图书评论》社那篇稿子能够获登，至少可得10余元，再凑合周刊社所得的稿费或可应付。至于稿子的材料拟定"叶水心学案"或《鸦片战争史》书评"等。等大考后再说。

1　《沪淞血战记》：应为《淞沪血战回忆录》。

12 月 28 日　星期三

阅书：Henri Cordier, *Histoire Générale de la Chine* [亨利·科尔迪耶：《中国通史》]。这是我第一次读课外法文书，满页都是生字，一小时只能读二三页，真是糟糕，下学期非对这方面加以注意不可。

体育与军训术科考试。

12 月 29 日　星期四

阅书：陶希圣《中国社会史研究》第 1 及第 2 章，"氏族社会"及"原始封建社会"。

12 月 30 日　星期五

预备法文。

北平的气候，据说近几年来变温。于是从皮箱拿出棉袍穿起来。前几天都只穿单袍，里面是汗背心、衬衫、绒衫、夹衣而已。

购买日记，明年又可继续记下去了。

12 月 31 日　星期六

考试法文，听写弄得莫名其妙，真是糟糕，明年非加油不可。

周刊社送来稿子校样，费了一点多钟的工夫，改正了数十个错字，便送还去。

下午与祥第、孔耀骑驴赴燕京，遇陈凤书、谢廷式二君，在岛亭上吃蛋糕，饮咖啡。访陈笺熙及杨学德不遇。

晚间观电影滑稽片《呆女婿》。

1933 年

1 月

1 月 1 日　星期日

社会记事：热河形势又危急，真不知国亡何日。

阅书：陶希圣《中国社会史研究》第 1 编第 3 章 "氏族及原始封建制的崩溃及奴隶制的发达"。他的划分社会史之法，系采用 A. Bogdonov［波格丹诺夫］的方法：（1）氏族社会，（2）封建社会，（3）奴隶社会，（4）先资本主义时代（见《经济科学大纲》）。不过他将波氏所谓的 "封建社会" 称为 "原始封建社会"，又将奴隶社会所发展出来的农奴制度，称为 "田园经济社会"，放在 "先资本主义" 以前。这种分法是否合理？是一问题。纵使是合理，他所划分的中国社会史之各期，是否恰当？又成一问题。有暇当作进一步的研究。

中午与祥第、云畴在合作社中餐部用膳，喊了烧肉片、炒肝尖、虾子白菜、肉片白菜汤，花了 6 角多钱。晚间观 Barrymore［巴里莫尔］主演的 Eternal Love［《雪葬鸳鸯》］还不错。

1月2日　星期一

阅书：陶希圣《中国社会史研究》第2编第1章"统一国家之成立"；王国维《殷周制度论》。

今日没有报纸看，几年来（除了假期在家时外）差不多天天看报已成了瘾，每天午餐后必到阅报室去一次，有时晚餐前后再去一次，找天津报看，今日忽然没有报，使我便有空虚之感。与祥第在校门口小饭店，食了十余个饺了、半斤面、一碗炖牛肉、一碟炮羊肉，花了4角多钱。回来后没有事做，在祥第房间闲谈天。下星期便要大考了，但是总不能鼓起兴趣来预备功课，真是糟糕。中餐食得很饱，晚餐在二院食堂只吃了一碗汤面。

1月3日　星期二

阅书：Henri Cordier, *Histoire Générale de la Chine. Tome.* Ⅳ［考狄：《中国通史》第4卷］，道光一朝史实。这一朝的史实，最重要的是中外交涉事件，故本书颇可一观。以著者对中国外交史很有研究的功夫。

下午至黄云畴房间，闻华罗庚云："在郑某处得消息，梅校长在城中闻何柱国之辞职，其原因以擅签字自认首先开衅，为日人执为口实，三中全会提出质问，故欲辞职。前日（1日）山海关已开火，闻日军将抵秦皇岛，平津亦危险，日使至顺承王府对小张［张学良］提条件，现尚无解决方法。"这几天报纸停刊，消息沉闷。下午看《大公报》，亦载有山海关又战，但未失守。闻消息后，颇为感动，国事至此，令人悲愤莫极。

1月4日　星期三

社会记事：报载昨日下午 4 时山海关失守。

写家信一封报告山海关事件[1]。家中得此消息，不知道又要引起怎样的惊慌。去年天津事变时，父亲曾想拍电报来唤我回去。父母的痛惜之心令我终身不敢忘。晚间得林济电话，谓蒋介石今日乘飞机来平，与张学良商酌榆关事件，旋即南飞。不知道结果怎样？闻日人所提条件让出平津亦为其一，若如此则平津恐不能免战祸了。此后时局的发展，不知道将要如何，思之不禁毛发皆竖。

1月5日　星期四

今天陶希圣上课时撇开正功课不讲，对于时事发表大批的言论，足足讲了两小时的辰光。他说此次事变，中央政府的态度与去年不同，去年"一·二八"事件，日本所攻击的是经济中心的江浙，金融中心的上海，中央对之不得不屈服，至于山海关及平津的地位对于中央政府较不重要，故中央必不屈服，日本之攻山海关，目的在牵制热河。闻中央颇有决心，欲派遣三师至六师之兵，携有美国军械来华北抗日。张［学良］以华北兵力足够为辞，拒其北来。华北无地盘之将领皆欲对日死战。城内富家已纷纷避迁，东西车站甚为

1　山海关事件：又称榆关（渝关）事件，是 1932 年 1 月 1 日驻山海关日军策划制造的手榴弹爆炸事件，反诬中国军队所为。日军以此为借口，侵占我山海关。

拥挤。

1月6日　星期五

今日接到刘英士[1]的回信，说书评一篇可以登载，稿费大约每1 000字四五元。他说："大稿已略读一遍，颇觉有所胜于若干业已成名之投稿者之稿件。"闻之颇觉得意。但又说："惟文辞待修辞处甚多，吴先生[2]或因此故退稿不愿说出。"又觉得有些脸红。这几年来很少做文章，文笔当然生疏了。那篇书评虽费了一个多月的工夫找材料，但一总不过费了半天的工夫便写成。当然更无暇加以修饰，吴宓退稿时，我曾想到此层，但少年人是不肯认输的，所以不曾说出来。实则近半年来兼学法、日二国文字，阅读英国书籍，中文方面自然生疏。此后稍加注意才好。为预防万一的意外起见，向银行提出50元。银行中提款者甚多，可见时局之危急。

1月7日　星期六

昨天晚上的级会中张子高出席报告说，校中所有重要文据、学生成绩及簿记皆已运出，安放稳当地方（疑指东交民巷），即善本

1　刘英士：1899—1985，原名善乡，字英士。江苏海门人。赴美国哥伦比亚大学学习政治经济学，获硕士学位。曾任中央政治学校、上海暨南大学、中国公学等校教授，后任安徽大学法学院院长、国立编译馆编译。1944年起任职于国民政府教育部。曾主编《图书评论》《星期评论》等杂志。著有《欧洲的向外发展》《西洋史ABC》等。

2　吴先生：即吴宓，1894—1978，字雨僧。陕西泾阳人。学者、诗人。1916年毕业于清华学校，1921年获哈佛大学文学硕士学位。时任清华大学外语系教授、《大公报》"文学副刊"主编。著有《文学与人生》《桦湖诗话》。

书籍、贵重仪器亦已在设法搬出。惟学校当局不能擅自允许停课，但同学如自动请假返里，则学校可予以许可。对于补考，亦可通融办理，不限于下学期开学上课以前。至于前方军事，闻河南刘峙军开发津东甚多，华北将士拟以保定为第二道防线。散会后人心颇为动摇。

今日上午9时开全体同学大会，议决全体同学在大考期中向学校总请假，即变相的使大考延期于下学期举行。至于有意返里者亦可于此时期中归家。以后变化，皆在不可知之数。

1月8日　星期日

阅书：《中国社会史论战》第一辑100余页。

今日的时局依旧很沉闷，前方仅有小接触，尚无剧烈的战争，逃避南下者甚多。梅校长有布告劝同学不必全体总请假，这当然难生效力。上午接到前届周刊社寄来的稿费，这是我第一次卖文所得的钱，虽是戋戋5元，颇觉高兴。自家除了民国十五年在温州学生联合会担任暑期平民夜校功课，得到七八元的报酬，这算是第二次的血汗钱。

1月9日　星期一

今日北平各报登载了梅校长劝告同学的通知，《京报》之标题为"清华学生明哲保身请假停考"，且有"记者录之，不禁有中国不亡无天理之感矣"。读过后令人愤慨不已。这是本校学生会中办事人闹出来的笑话，使清华历史沾了莫大的污点。代表会未经同学同意便发出"爱国有心，避危无术"的公文。全体大会停课以从事抗日工作，也被校长断章取义而有"心实痛之"之语。下午教授会议决不能停考，发出《告同学书》，并闻有同学如不奉命，则全体总辞职或斥退学生会办事人，及请教育部解散清华之说。晚间学生代表会，决议罢免学生会干事会主席杨大士[1]，另举尚传道[2]为之，对于考试用个别请假方法。此事告一段落。

今日预备中国上古史，但精神散漫不能集中，颇为痛苦。惟国事至此，民族存亡不可知，更无论此戋戋之分数问题。

1月10日　星期二

同舍生闻人乾君已首途返里。

1月11日　星期三

今天是学期考试第一天。学生会的个别请假法，本来是要分发请假单至各同学房中，请求填写，再交与教务处，但教务长不答应，要同学有事不能应考，亲自至教务处请假，于是请假者仅400余人（闻返家者已有150余人），不及半数。今天上午去看试场，人数并不少，看见教务长在一院巡看，面带笑容表示胜利的得意。

今日整理西洋史笔记。此次考试真糟糕，有些功课恐有不及格

1　杨大士：浙江杭县人，清华大学经济系第五级（1933年）毕业生。

2　尚传道：1910—1994，字希贤。浙江吴兴人。清华大学政治系第五级（1933年）毕业生，曾任清华大学学生会会长。1935年考取高等文官，进入政界，曾任国民政府吉林省府委员兼民政厅长、长春市市长，1948年10月投诚。改革开放后，利用旧交从事海峡两岸沟通工作。

之危险，但所以一试者，以不试则心终不安，这几天又无事，反不若孤注一掷之为佳。

1月12日　星期四

上午考试，中国上古史六题选答四题：（1）向戌弭兵运动之经过及意义，（2）郑国之兴起，（3）社之种类及地位，（4）殷周时代王朝之官制及其职守，（5）西王母、羲和、河神、禹、羿、夔——以上六神之性质及其故事，（6）试述大武舞之大概。吾做（1）（2）（4）（5）四题。

中国社会史：（1）论商鞅变法，（2）论王莽改制，（3）听讲半年之心得，写出两三点。上二题任择一题，我选其第二题。陶希圣出题后即反身出教室说用不着监察，同学有取试卷返宿舍作成后再回来交上者，陶氏不失为名教授。我写出来的心得是：（1）不能以特殊事实作一般的事实，（2）较深的分析，不仅睹表面（如西汉之农民政权），（3）名辞不应混淆（农奴），（4）不应先立表格，然后举事为例（社会进化阶段）。

下午预备西洋十九世纪史。

1月13日　星期五

上午考西洋近百年史，五题任做四题：（1）毕斯麦所主持之三次战争，每次之外交预备如何？每次之结果与德意志之统一有何关系？除战争外毕氏是否曾用其他方法，以促进统一？（2）奥地利与匈牙利妥协之成立经过及条件如何？（3）说明英吉利第二次国会改革案之经过及内容？（4）拿破仑第三所标榜之拿破仑主义如何？拿氏何以能利用普选制以行帝制？（5）说明亚历山大二世时代俄国之内政改革。我做了（1）（2）（3）（5）四题。这次所考的，都出于第三月的笔记。我因预备时间匆促，对于第一、二两月的笔记，连一遍也没有看过，恰好所出考题都是已经预备过的东西，颇觉适意。下午预备法文。

1月14日　星期六

上午考法文，试题凡三：一为法译英读本中抉择二段，二为叙述一故事，或将书中故事重述即作文一篇，三为不规则动词之变化，凡九字，要作成将来式、现在式及有定过去式。总算能交卷。这次的考试，预备时间很匆促，居然皆能交卷，可谓空城计式之胜利。下午考党义，胡抄讲义而已。

1月15日　星期日

预备明天的外交史考试。

我觉得很奇怪，自己近来的思想，有时候海阔天空，任意驰骋着幻想；有时候却像涸干的小潭，一点的水滴也没有；有时候觉得眼前有许多的事情要做，有时候却懒洋洋地坐着，想不起事情来做。今天正在预备着明日的考试，不知怎样，忽然想到年假里要做点事情才行。国难当前，书生已成废物，所谓"文不像录眷生，武不像救火兵"，还是干自己的事情去好。心想作成《上海制造局的编译西书始末记》。这件事情是中国当时"富国强兵"思想的具体表现，此种思想直到民国时还不衰，成仿吾学兵科，鲁迅、郭沫若学医科，胡适学农科，都是受这种思想的影响。又想作萧一山《清代通史》卷中外交史料一部分的书评。

1月16日　星期一

考试中国近代外交史，任做四题：（1）道光年间之中英战争是鸦片战争，还是通商战争？试说明其理由，（2）咸丰年间国人对于通商条约修改之感想如何？（3）说明天津条约与虎门条约之差别，（4）说明中俄尼布楚交涉之经过及尼布楚条约之内容，（5）咸丰年间中俄交涉与中英、中法交涉有何互相关系？我选做（1）（3）（4）（5）四题。本学期的大考便这样完结了，明天起要过三个星期的年假。

阅书：陶晶孙译 Sinclair［辛克莱］《密探》。描写欧洲大战前后的世界金融王国美利坚，劳资二方如何争斗，资本家雇用一班密探，来打听本部及其他社会主义、非战运动者的内部情形，用告发或诬举的方法，来陷害工人运动者。书中主角彼得加地便是这样一个人物，以流氓无产者而被雇用为密探，后工人方面以美人计探出真相，逐之出会。彼得乃密探本部之后面指挥人物，自以为乃美国良好国民，为谋国家之秩序和安宁，不得不如此，娶了一个善良的女人，过其一生。书中竭力暴露资本家的阴毒与残忍。

1月17日　星期二

阅书：郭沫若《创造十年》。全书272页，叙述创造社前五年的历史，虽不免带有意气的话。从 1918 年在海滨时与张资平提议出版纯文艺刊物叙起，一直到 1922 年《创造周报》停刊，郭、郁[达夫]友谊决裂为止。与其说是小说，毋宁说是历史，文笔生动，令人一口气读下去，不忍舍弃。因性质较近历史，虽偶及文坛琐事及做家的私生活，以增加兴趣，但总不及《橄榄》（郭著）、《茑萝行》（郁著）等书，叙述家庭生活，动人情感。作者已出版之《我的童年》及《反正前后》（即《划时代的转变》）二书，读之亦有此种感想。

1 月 18 日　星期三

到图书馆去翻阅杂志，见 *American Historical Review* [《美洲历史评论》]中有一篇 Peake [皮克]述到中国近代史的史料，想将他翻译到中文中来。

下午陪杨学德闲逛。晚间在云畴房中闲谈，近来似乎患了歇斯底里，容易发怒，也容易忧郁，幸得素性是容忍惯了的，顶多是皱紧眉峰表示不乐。否则今晚也许会吵起来。出来时云畴说到理学院的人永是自傲的，说自己学科的难，而轻视文法院的学科。我记起月前的《自由谈》中有段轶事，说鲁迅在北大时，有工学院某主张理工科重要，鲁迅和之，某又言"可不是吗？你看连文科的朋友也说理工科的重要呢！"鲁迅冷冷地回答道："可是理工科的朋友，常是不知文艺的重要呢！"我悔懊！懊恨自己为什么不入大学的理科，现在却被这种低能儿看不起。但是我对于理科的朋友时常看不起，因为他们太自傲了。

1月19日　星期四

上午到注册部看分数，中国上古史与法文是 S，史学方法是 E，连党义也拿 E，军训也拿 S，可是自己颇为得意的中国社会史却是 I，虽然全班十之八九是 I，只有寥寥人数是 N，但自己总是郁郁不乐。下午曾阅读《历史语言研究所集刊》第 2 本第 3 分册，但不能会注心神来读，寒假中恐将一事无成。晚餐在合作社中餐部用膳，一碟红烧鱼，便费 9 毛钱，再叫白菜肉丝、木须肉及冬菜肉末，5 人一共花了 1.6 元。这是半年来第一次食鱼，怪不得云畴闹着要南返，说"长铗归来乎食无鱼"，不过我自己都是嗜肉胜于嗜鱼，不大觉得此种缺陷。

1月20日　星期五

上午读些书。下午与小张赴燕京，晤及陈凤书、钱天祐二君，在岛亭中饮咖啡，随便吃点蛋糕，后在房中弄桥牌，傍晚时始回校。燕京的抗日工作，似颇紧张，虽嫌太重表面，如小张所说的标语口号多于实际工作，但较清华之奄然毫无生气，自较胜一筹。

1月21日　星期六

阅书：《申报月刊》2 卷 1 号，《论语半月刊》第 9 期。

早晨 9 时半才起来。这几天因为没有课，早晨起来多很迟。耕牛是要鞭子在后面高扬着，才肯努力地工作，鞭子一松，便眠在树荫下不肯动弹了。下午与小张、二王至体育馆踢小球，新漆的地板滑得厉害，使不得劲，便脱了鞋袜来踢，弄得脚底漆黑，赤着脚乱走，觉得另有风味，此或即"蛮性的遗留"欤？长久不运动，今天稍觉吃力，连晚上睡时还觉疲倦。晚餐在校门口小店用膳，喊了一斤大饼，夹着炮羊肉，滋味还不错。

1月22日　星期日

阅书：《申报月刊》2卷1号。关于1932年的回顾与今年的展望几篇还不错。

祥第提议进城去过新年。我本来早有此意，但被榆关事件一闹，非但自己的兴趣已化为乌有，即令勉强作乐，城中亦无可娱乐之处。晚间与小张及祥第至合作社中饮可可，食蛋糕及牛肉，随便谈谈。

1月23日　星期一

阅书：《申报月刊》2卷1号。

写家信二封。我时常自己思索，觉得自己似乎太与社会相隔离，与交际场所无接触，只有人家敷衍我，如果要我来敷衍别人，便觉得是莫大的苦痛。

1月24日　星期二

下午与祥第、王栻、贤修、景荣四人一起进城。2时许便动身，不料火车脱了班，4时半才到，在车站空等了两个小时的工夫，真是冤枉。在车中未及一刻便到西直门，乘电车赴林济所寓之堂子胡同永久饭店。晚餐后乘洋车赴旅京学会，旅京学会中有麻将牌，没有事情便入座碰和，半年来未曾弄过，很是生疏，输了 2 元，金钱方面倒是戋戋小数，但花费辰光及精神太多，下次还是勿弄为是。

1月 25 日　星期三

昨晚 12 时许散局，乘车返西单，精神疲倦已极，在洋车中恍恍惚惚如在云中飞腾，街市中人声喧哗，朦胧中听不清楚，似在上海靠街市的旅馆中睡觉，又似在故乡老屋中临街的寝室中睡午觉。到西单附近一餐馆用餐，返永久饭店后解衣入睡。下午贤修来与林济闲谈，把我从梦中吵醒。后来叶岑亦来，晚餐在西单菜场中用膳，喊了一碟红烧牛筋、红烧中段、木须汤及炒鸡丝，花了 2 元左右。晚间在房中闲谈。说起蒋氏蓝衣党的组织，教育界之法西斯化，马哲民[1] 被捕便是先声，11 时许始就寝。

1月 26 日　星期四

今天是旧历元旦，但客中的岁月连元旦也觉惨淡无味。早晨起来，已不早了，与祥第、景荣及林济在街上闲步，两旁的店肆都紧闭着门户，天气又冷，风又大，很是无趣。中饭后没有事，大家提

1　马哲民：1899—1980，字浚，号铁肩。湖北黄冈人。学者。曾在德国柏林大学学习社会学，后又在日本早稻田大学学习政治经济学。1929 年后任上海暨南大学、北平师范大学、中国大学、广西大学、朝阳学院、西南学院等校教授。1932 年冬天曾因讲演“陈独秀和中国革命”，涉及时政而被捕。1949 年后任武汉大学法学院院长、中南财经学院院长等。著有《国际帝国主义论》《经济史》《社会进化史》《社会经济概论》《新社会学》等。

议到天桥去。记得刘古谛说，要是一个在北平读书的人没有到过天桥，便不配念社会科学。天桥确是千奇百怪的汇集地，什么大鼓、说书、相声、刀枪、拳棍、弄猴、高跷……应有尽有。后来到合意轩去听大鼓，4人花了1块钱。下午乘车返校，倦疲不堪，9时便睡，隔壁房中的同学拉胡琴作乐，朦胧中还当作在天桥合意轩听大鼓呢!

1月27日　星期五

早上10时半才起来，还觉得疲倦不堪。写了封信给林济，感谢他这几天的招待盛意。下午与祥第及景荣赴大钟寺，正有庙会，门口驴车、洋车停了一大堆，卖糖葫芦的、山楂的，以及其他小贩，摆得空场中几无闲地。寺后钟楼有明永乐间所铸的大钟，内外镌全部《华严经》。高1丈5尺，径1丈4尺，据云重8万7千斤，颇为伟观。回来时坐驴车，寒风又劲，吹得两耳发痛。晚饭后在祥第房中，与景荣君闲谈。

1月28日　星期六

阅书：《外交月刊》中《国联报告书》之论述70余页。闻此刊物系外交系中人物所主持，其论调较为缓和，对于事实方面多认为公允；而对于解决之原则及方法则认为与事实相矛盾，但仍主张有条件的加以接受。实则调查团暴露日本占领东三省之不合法，不过欲令日本吐出东三省，使此地成为国际共管，即以"共有"代替"独占"，为列强自身打算，亦为善策，不过处在任人鱼肉的中国人，读此报告时，不知道是哭好还是笑好！

1月29日　星期日

阅书：《外交月刊》中《国联报告书》各章之批评及中外批评100余页。

1月30日　星期一

阅书：《国联报告书》全文162页（完）。这报告书，对于指摘日方暴行一方面，尚能秉公叙述，但为顾全面子起见，词句婉约；至于指摘中国方面，如国内之扰乱不安损及外人利害，经济绝交之不当，皆露出帝国主义者之本色。解决方法之建议，则完全为自己着想，将日本所独吞之东三省迫其吐出，改作国际共管的东三省，中国所保存者仅宗主权之名义及若干财政方面之收益而已。甘心媚外的国民政府，也许为这一点的甜头自愿屈膝，以欺骗民众。我们且等待着看下文罢！

下午与云畴、祥第骑驴再游大钟寺，遇王栻、贤修，同观庙会中之舞狮子、少林棍及秧歌，观众拥挤得不得了。

1月31日　星期二

阅书：《道光朝筹办夷务始末》卷21至卷24，乃琦善在广州外交之失败，及道光帝一意备战，包括道光二十一年正、二月事。道光帝之俭省，由当时所铸钱币之小已可见一斑，此次备战仍不时露其俭省之性癖，如爱惜火药即其一端。

2 月

2月1日　星期三

阅书：林则徐《信及录》204页（完）。这是民国十八年由其曾孙林翔所刊行的一部重要史料。最重要的一部分是林氏与义律往来交涉的文件，此处还收一些未见于《政书》中的禁烟文件，及与他国夷人交涉文件。这些文件的英文稿曾见于英国外交部所出版的 *State Paper* [《政府文件》] 卷29、卷30二册中，中文方面，多未曾刊行故为可贵。我并札录之。

2月2日　星期四

阅书：《道光夷务始末》卷9至卷11。

又做成昨日札记，预备扩充做一篇文章。

2月3日　星期五

阅书：《道光夷务始末》卷12至卷15。

昨天接到《图书评论》第6期，我的那篇书评已登出来了，初次看见自己的文章登在校外刊物中，心里自有一种喜悦。今日见得上海29日《申报》第一张登出《图书评论》广告要目，我的文章也在其内。明知道这些算不得什么，但眼见得自己辛劳所获的成绩居然有人赏识，则其喜也可知矣。听小张说英士有信给张东荪谓"《图书评论》稿件缺乏"。我想有暇再作几篇书评投去，看看运道如何。

2月4日　星期六

阅书:《道光夷务始末》卷16至卷18。发现《始末》中文件有一条系属误论,连蒋某[1]也看不出来,大喜! 草成考证大纲,有暇当扩充之成一篇文章。

又收到周刊社稿费12元,这是我第二次的稿费。

2月5日　星期日

阅书:《道光夷务始末》卷19至卷20。

今日阅正月号《论坛》中一篇无名氏的《我们是否一定要生儿育女?》

2月6日　星期一

阅书： Bernard, *Narrative of the Voyages and Services of the Nemesis* [柏纳德:《复仇神号轮舰航行作战记》]。

我想寒假中,如果姬妹恰好在年初于归,我想回家一趟,三年多没有在家过年了。"年年跃马长安市,客舍如家家如寄。"自觉似乎有点辜负了年华。

2月7日　星期二

作《道光朝筹办夷务始末订误一则》5 000余言。自读颇为得意。

1　蒋某：即蒋廷黻。

接到《图书评论》社来信说前次稿费得 25 元，又是一件得意的事件。

接父亲来信说，三伯已经过世了。可怜他半生辛勤，所遇偏不如意，到现在一棺附身万事都了。

2 月 8 日　星期三

阅书：Jocelyn, *Six Months with the Chinese Expedition*［周斯林：《在华从军六月记》］（1—155 页，完）。

2 月 9 日　星期四

进城到厂甸买旧书，辰光还早，多未开放。在海王村中兜圈子，又在和平门外大街路旁的旧书摊上选择书籍，用了五六元。发现一本铅印的《双梅影闇丛书》，只花 2 毛钱买来，祥第要我转让给他，我因为自己也没有用，便给他了。

2 月 10 日　星期五

阅书：《始末》卷 21 至卷 24。

下午至燕京，听 Pelliot[1] 讲演 Western Painters in China［《西方画家在中国》］。抵燕京时遇到王栻，又见郑振铎、朱自清、洪煨莲[2]、刘

1　Pelliot：即伯希和（Paul Pelliot），1878—1945。法国汉学家、探险家。曾从敦煌莫高窟攫取大批敦煌文献，归藏法国国家博物馆。1911 年主持法兰西学院中亚历史考古学讲座，曾任法国亚洲学会会长。著有《敦煌千佛洞》《马可·波罗行纪校释》。

2　洪煨莲，即洪业，1893—1980，字鹿岑，号煨莲。福建侯官（今福州）人。1919 年获美国哥伦比亚大学文学硕士学位，1920 年获哥大协和神学院学士学位。1923 年任燕京大学教授，1947 年任美国哈佛大学东亚语文系研究员。著有《中国最伟大的诗人杜甫》《考利玛窦之世界地图》等。

廷芳诸人也都来听。少顷，伯希和来了，gentleman［绅士］的样子，留着胡子，年龄不过四五十岁，青色的西服很是整齐。他讲演西欧来华的教士如利玛窦等输入西方的画法，又有康乾之际郎世宁等在画苑中的努力，但已竭力中国化。同时 graving［铜板雕镂］的方法也输入中国，中国的艺术品中有些颇受西方作风的影响。讲演后映着幻灯，所示的几张画片有些《东方杂志》美术专号中已看见过。

2月11日　星期六

阅书：《始末》卷25至卷28。

晚间在贤修房中弄扑克牌，因为后天起要上课了，所以很高兴地弄一次纸牌，几种玩法都曾来过，弄到10时多才回来睡觉，一个晚上便这样消磨掉。

2月12日　星期日

阅书：《始末》卷29至卷32。

2月13日　星期一

阅书：Bernard, *Nemesis*, Vol. I［柏纳德：《复仇神号》卷一］。

今天起又过刻板的生活了，上午第一课时便是蒋廷黻的"中国近代外交史"。挣扎着与睡神抗斗，但一起来便已是7点50分，洗脸后便去上课，连早点也来不及吃。四星期的寒假只养成晏起的习惯。每早都是懒洋洋地挨延着，一直到校钟敲了9点钟，工友要进屋洗地板，才勉强地起来。我知道幸好是在校中，否则，这样的天气，其使人留恋枕席，恐更要厉害。

2月14日　星期二
阅书：《始末》卷23至卷36。

接叶焜书：谓在温州办某家报纸副刊，向我索稿。焜的病使他不得不休假。不过我近来很忙，想写篇书评赚钱，不能帮他的忙，并且近年来不阅文学书不作文艺作品，与他这文艺副刊更不适宜。故写信回绝了他。

2月15日　星期三
阅书：《始末》卷37至卷40。

下午至云畴房中与柯君弄桥牌，抛弃了军训课不去操练。一会儿下操，贤修与祥第戴着军帽、穿着军服推门进来，看见我和柯君，笑着说："哈！不去军训却在这里弄扑克。"我微笑不语，我常恨自己既不能努力为善，又无勇气去努力作恶。我的人格是两重的，在目前是隐士的人格制服着无赖的人格，不过将来的我将是怎样，只有天知道！

2月16日　星期四
阅书：涉览《始末》卷41至卷46。

2月17日　星期五
阅书：涉览《始末》卷47至卷54。

下午至大礼堂听蒋廷黻讲演:《国联与中日问题》。共五大题:（1）东三省问题的移交国联，是无办法中不得已的办法。a.美国表示不愿召集九国会议，b.武力收复失地在目前为不可能。（2）国联调查团遣派之目的。a.拖延时日，b.集中世界之舆论，此二目的皆已达到。李顿报告书之建议，对于日本历任内阁及外相所曾正式要求之事，皆已予以满足，惟对于今日之日本军阀及人民之野心，仍不能予以满意。李顿以为中国如不予日本以某种代价，日本必不让中国统一。中国目前最重要之事，为统一自强，故不妨放弃一部分之权利，予日人以东三省之大权，但仍将东三省之主权，移民权及教育权留在中国手中，以为将来收复之张本。中国将来若能自强，必可成功，若现在欲立刻收复失地，则非引起世界大战，然此因为列强之所不欲者，故李顿之报告书，亦未可厚非。（3）国联之处置。a.引用第15条第3项，从事调解，Simon［西蒙］及Grummourt［格鲁穆特］皆曾引起中国舆论界之反感，然而中国舆论殊为幼稚，二人之调停，并非放弃李顿报告书，延美俄参加与否，殊非根本问题。后以否认满洲国问题，以致闹僵。b.第15条第4项之引用，已由十几国委员会通过，现正送大国表决，大会中必得通过，毫无问题。（4）通过后之前途。a.中国必接受，日本必不接受，国联依盟约必应援中国。b.但日本如不对中国宣战，则应援之途如何，殊有伸缩余地。c.若国联不规定日本退兵期限，则问题更为繁复，国联所将取之手段，更不易预知。（5）国际之形势。以上所述为法律上之手续，若离国际法而行动，则须知国际形势，美国欲保持太平洋之优越地位，必反对日本；英国联美、法拥护国联，亦必反日本，惟程度较浅而已。俄国则不易捉摸。吾人可断言者，中国最后必收复东北，政府已具决心，但中国之人民殊不可靠。

2月18日　星期六

阅书：《始末》卷55至卷60。《道光朝筹办夷务始末》共80卷，其中颇多新材料。今阅至60卷，即道光十六年许乃济提议开放烟禁起，至二十二年签订条约。阅此书时颇缓慢，以同时校对《清朝全史》及《清代通史》二书，加以订正或补充，颇费工夫也。今拟暂止于此，俟将来有空时，再读最后之20卷。

下午偕祥第、贤修赴燕京，至体育馆中拍乒乓，傍晚始返。

2月19日　星期日

作《评武堉干〈鸦片战争史〉》已成3 000字左右，俟续写。

今日阅报，谓日人已令平津日侨妇孺于二周内准备聚集塘沽，以便返国，日人决心侵略华北于此可见。张学良、汤玉麟发电表示，决计以武力抵抗暴日之侵略，并准备以武力收复失地。这大概是因为后日国联将开大会，借此以耸动世界耳目。不过两方之决心主战，一触即发，华北危机于此可见。

2月20日　星期一

社会记事：庚款有续停之消息。

昨晚睡得不舒服，今天整日无精打采，振不起精神来做事。

2月21日　星期二

续作书评3 000余字。又在马士《中华帝国对外关系史》第1卷附录中发现《始末订正一则》的另一强证，不禁大喜。

夏鼐来校，云十中有电，询其能否前往担任教席，我劝其承允，不要为了"研究"的空名目，牺牲这样的好位置。为了这件事，我想起自己将来毕业后的问题，那时的去路不外下列诸项：（1）立刻出洋去（经济方面成问题，即家中是否舍得这么多的金钱）。（2）进研究院（这是可能的，但年限太长，且能否出洋无把握）。（3）抛弃继续求学的念头，或在外省谋事（最好在清华中），或在本地做事。（4）万不得已时，则只得在家中失业，但这是我所不愿，与其是这样不如再读下去。

2月22日　星期三

续作书评2 000余字。

吴春晗向我提起周刊社邀我做文史栏主任的事，我允加以考虑。下午马玉铭[1]来，又谈起这问题，我仍不肯便加允许。好名的心是一般人具有的，但是我不会拉稿子。假使自己做则功课太忙，至多仅能做三四篇，内容未必满意，而字数定不会多，故只好拒绝。但马

1　马玉铭：笔名般乃，浙江东阳人，清华大学中国文学系第六级（1934年）毕业生，曾任《清华周刊》总编辑。夏鼐在日记中也称其为"马氏""马君"等。

氏允许与吴春晗及李峻之[1]三人相帮忙。我说让我再考虑罢！晚间再去马、吴二君房中，约稿由吴君负责办理，尤其是出史学专号的时候，经他答应后我才答应马君。遂取回钱稻孙先生翻译之稿回舍。

2月23日　星期四

续作书评2 000余字。与贤修闲谈。

2月24日　星期五

续作书评约3 000字。全篇约13 000字，已寄《图书评论》。

听伯希和讲演其在新疆之考古工作，说1900年左右，西方人士以为印度文化与中国文化之沟通，即在新疆一途，欲知其间missing link［缺环］，非在其地考古不可，尤以佛教之东传，此地为孔道。伯氏为一探险队之领导者，曾游其境，获得希腊式之佛像多项，及敦煌石室之唐人写本。

2月25日　星期六

阅稿：钱稻孙《蒲鲜万奴国号考》，牛夕（张杰[2]）《西周官制考

1　李峻之：1908—1933，河南南召人。1931年与夏鼐、吴晗同时考入清华大学历史系二年级学习。钱穆在《燕京大学学报》1931年第10期发表《周初地理考》，他在《清华周刊》1932年第37卷第5期（"文史专号"）发表《评钱穆先生〈周初地理考〉》与之商榷。钱穆撰写《重答李峻之君对余〈周初地理考〉之驳难》作答辩，为发表。1933年4月，李峻之因积劳成疾去世，为表纪念，钱穆在《清华周刊》1933年第39卷第8期（"文史专号"）发表此文。其师友冯友兰、李嘉言、吴晗等整理了《李峻之遗著》，1933年出版。

2　张杰：1905—2004，江西萍乡人。清华大学历史系第五级（1933年）毕业生，毕业后就读于清华大学研究院。曾任职于广西省立师范专科学校、中正大学等。1949年后任南昌大学图书馆副主任、江西师范学院图书馆馆长等。

略》，张章达[1]《萧伯纳二个冲突的思想》。除末篇外其他决计采用。钱氏系译日人岩井大慧之作，颇为精核，译文亦流畅。牛夕君之《西周官制考略》搜集材料颇勤，方法亦正确，盖吾人如欲研究西周制度，非以金文为主，而以《诗》《书》为辅不可。《周礼》伪书，不可用也。

下午拍网球，此为今年第一次拍球。

2月26日　星期日

阅书：马士《中华帝国对外关系史》首二章。

阅稿：辰伯（吴晗）《汉代之巫风》，华芷荪[2]《评〈武昌革命真史〉》，大致可采用。辰伯对于西王母故事研究有素，此篇虽以《汉代之巫风》为题名，而仍以西王母故事为主。虽篇幅不多，而功夫自见，可以采用。华君之书评，专就史识论，说尚中肯，但未见深刻。

2月27日　星期一

阅书：马士《中华帝国对外关系史》第2卷第6、7章。

2月28日　星期二

阅书：马士《中华帝国对外关系史》第2卷第8、9章。

1　张章达：江苏昆山人，清华大学外国语文学系第六级（1934年）毕业生。
2　华芷荪：即华山（1910—1971），原名芷苏。江苏无锡人。学者。清华大学政治系第五级（1933年）毕业生。长期在中学任教。1949年后改名华山，任教于山东大学历史系。著有《宋史论集》《泾皋文集》等。

3 月

3月1日　星期三

阅稿：尚呆（孙毓棠[1]）《西洋封建制度的起源》。在中国研究西洋历史有种种困难，故罕佳作，此篇叙述流畅，条理亦清楚，可以登载。但在理论方面并未见深刻，如（1）专以政治原因解释封建制度的起源，而忽视经济的原因；（2）即就政治原因而言，专重国家失其统治权以发生封建制，实则此为变例，真正之社会进化过程，乃由氏族而封建，而国家。非先由国家而后封建也。

3月2日　星期四

阅书：《中华帝国对外关系史》第2卷第10、11章。

3月3日　星期五

阅书：《中华帝国对外关系史》第2卷第12、13、14章。

阅报谓热河之赤峰及凌源已失守，国事如此令人痛恨不已。寄回家13本书籍。身居险地而不惧，所鳃鳃顾虑者，惟此数卷书籍也，书生呆气，可发一噱。

1　孙毓棠：1911—1985，大学时曾用笔名尚呆，江苏无锡人。史学家、诗人。清华大学历史系第五级（1933年）毕业生。毕业后入日本东京帝国大学历史学部学习。业余从事新诗创作。先后任清华大学、云南大学、西南联合大学教授。1949年后历任中国科学院经济研究所、历史研究所研究员。著有《中国古代社会经济论丛》，长诗《宝马》和《海盗船》等。

3月4日　星期六

阅书：《中华帝国对外关系史》第2卷第15、16、17章。

3月5日　星期日

阅书：蒋廷黻《近代中国外交史资料辑要》第10、11章。

阅报知承德已失守。自日军于25日下总攻击令，迄今未经旬日而全热陷落。汤玉麟不战而退，固然罪不容诛。而中央负责人员之长期抵抗为欺人之语，又可多得一证。中国不亡是无天理，哀吾黎民受此荼毒，只有以血来杀出一条出路，否则惟待毙而已。写家信二封。

3月6日　星期一

阅书：《资料辑要》第12章首三节。

上午赴蒋廷黻先生处取回《夷务始末订误》一篇。蒋师云：此篇颇佳，但篇首废话可以删去。又言鸦片战争史中天津谈判一段殊难研究：（1）领班军机大臣穆彰阿，为主和派之首领，但在军机处档案中找不出他的奏章，以其多面奏也，故穆彰阿之地位如何，不能详考；（2）琦善对于清廷之奏折，虽多收入《夷务始末》中，但与穆彰阿之来往函稿，已不可得而见（清时疆吏，必与枢臣中一人相依托，否则办事棘手，不能做下去）。又言清华所购之档案中，已整理者不过二十分之一，大部分为陆军部档案，此外尚有山西档案、广东龙济光档案，所发现较有价值之件，如严复信件、民初英国银行未加入银团者之建议、清末东三省之官银号等。

3月7日　星期二

阅书：《资料辑要》第12章第4节"中法战争"。

3月8日　星期三

阅稿：华芷苏书评，上半篇平平，下半篇有误处加一跋语。木武（王栻）《宾词之数量限制》，译文大体尚妥。校中长途汽车停驶，钱稻孙未来校授课，《周刊》第一期钱译文章的校样送来，只好代为校对，很是麻烦。

3月9日　星期四

阅《醒世姻缘考证》，甚佳。以下列各法来证：（1）命意与《聊斋》中"江城""邵女""马介甫"相合；（2）鲍廷博曾言为蒲留仙所作；（3）《聊斋》白话曲本足证其能作白话；（4）由府县志来研究其地理和灾荒，证其作者必为章丘或淄川人，时或在崇祯、康熙之间（孙楷第）；（5）由文字学上研究《聊斋》白话曲文与此书中所用特别土话之相同（胡鉴初）。

晚间送稿与马玉铭君，顺便与吴春晗谈谈。取来《醒世姻缘考证》及顾颉刚[1]《尚书研究讲义》。又作《周刊·文史稿》篇后语，表

1　顾颉刚：1893—1980，原名诵坤，字铭坚。江苏苏州人。历史学家。1920年毕业于北京大学，留校任助教，历任中山、燕京、北京、中央等大学。1949年后任中国科学院历史研究所研究员。著有《秦汉的方士与儒生》《史林杂识初编》等多种，后汇有《顾颉刚全集》。

达我近日意见之真相，虽辞句隐约而意义自明。

3月10日　星期五

阅书：顾颉刚《尚书研究讲义》丙种第一册（102页），考证《尧典》为汉武帝时之作品。（1）文辞大率取于《诗》《书》（《诗》《书》用当时成语，《尧典》则为仿古）；（2）意义大率取于孔孟（儒墨同道尧舜，儒家不出《尧典》以相质，由于当时尚无《尧典》也）；（3）地域大率取于汉武帝时（版图之四至，十二州之区分）；（4）制度大率取于汉武帝时（封建郡国并存，封禅巡狩，改正朔服色）。但亦不出于武帝以后，（1）夏侯《尚书》之立学官在宣帝时，已有二十九篇；（2）西汉人之征引；（3）汉武帝之志愿及其时代潮流。说颇新颖可喜。

晚间与王栻谈及"宾辞的数量限制"。

3月11日　星期六

阅书：Venn, *Symbolic Logic*［文恩：《符号逻辑》］; Gibson, *The Problems of Logic*［吉布森：《逻辑问题》］; Joseph, *An Introduction to Logic*［约瑟夫：《逻辑概论》］。诸书中关于 Hamilton's *Doctrine of Quantification of Predicate*［汉密尔顿：《宾词数量限制说》］之批评，拟作一文，以附于王栻君 *Quatification of Predicate*［《宾词之数量限制》］译文之后。

今日天气和暖，春的意味似乎能用手触得到，周身的血液增加了循环的速度，整个身子似乎融化于空气中，只觉得一种懒洋洋的情绪，似舒服非舒服。这样的一个恼人的春日，教人如何能安下身去读书。下午与祥第骑了自由车，一口气骑到颐和园门口，买些花生米，再骑到玉泉山，坐着谈话，吃花生米。郊野的景物虽仍没有春意，但心情已饱和了春意，用不着外物的点缀了。5 时许始起身返校。晚间与景荣谈话又消磨掉一个晚上。夜间居然得到酣睡。

3月12日　星期日

预备明天的外交史考试。

昨天接到家中寄款，我并没有向家索款。因为近二月来收到 40 余元的稿费，现在箧中尚余 60 余元。家中以为我缴费后必所剩无多，且在现今之时局下更不可不多备，以供不时之需。我真感谢双亲的爱我之心，替我想得这样周到。我替自己庆幸，庆幸自己有这样的好家庭。我又暗中替自己焦急，怕自己将来要辜负了家庭中对我的期望。

3月13日　星期一

中国近代外交史月试，试题：

（1）试述马嘉理案之起源、经过及结束；

（2）有人谓中法战争，中国固未失败，试讨论之；

（3）解释：① 张光藻，② 洪霈，③ 竹进添一，④ Garnier ［安邺］，⑤ Giquel ［日意格］，⑥ Courbet ［孤拔］，⑦ Campbell ［金登幹］，⑧ Burgevine ［白齐文］，⑨ Yakub Beg ［阿古柏］，⑩ Patenotre ［巴德诺］。

预备西洋近百年史。

阅晚报知古北口已于昨晚失守。

交周刊社第二期稿件。

3月14日　星期二

西洋近百年史考试，试题：

（1）说明 Kulturkampf［文化斗争］之起源、方法及结束；

（2）说明 1905 年英国自由党得权后之社会政策、财政政策及哀耳兰政策；

（3）解释：① *Syllabus of Errors*［《谬说要录》］，② La Libre Parole［言论自由］，③ Oxford movement［牛津运动］，④ George Mendel［乔治·孟德尔］，⑤ Parnell［巴涅尔］，⑥ Prisoner of Vatican［梵蒂冈之囚（教皇庇护九世）］。

晚间赴周刊社聚餐，8 时半始完。

3月15日　星期三

阅稿：辰伯（吴晗）《读史杂记》与霍世休[1]《校勘学之必要及方法》。后者系根据刘文典[2]之讲演，作者虽罕新添之点，但以刘氏原意及引例甚佳，故可一读。辰伯君专治明史，此篇寥寥十条，然非多读书而精读者不能下笔。虽所举多细节，然具见苦心。自家每逢读书生疑，常检他书以图勘正时，或耗费累日而毫无所得，令人

1　霍世休：1906—？，字佩心。绥远托克托人。清华大学中国语文系第三级（1931 年）毕业生，1935 年研究院毕业。曾任绥远省立归绥中学校长。

2　刘文典：1889—1958，原名文聪，字叔雅，笔名天明、天民等。安徽合肥人。学者。1909 年留学日本早稻田大学，期间师从章太炎。1916 年任北京大学文科教授，1927 年筹备并主持安徽大学校务。1931 年后任清华大学、西南联合大学、云南大学中文系教授。1949 年后任云南大学教授。著有《淮南鸿烈集解》《庄子补正》《说苑斛补》《三余札记》等，译有《生命之不可思议》等。

气馁，而偶有所获即大喜若狂。其中甘苦惟身经其境者始能知之，不足为外人道也。惟此篇之划分方法未见佳。校记之编次或依原书，或分种类，此篇最好采取后法，以示典型的误错（Typical Errors）。将来成为专书则应该用前法，将此意作成一信以给吴晗君。

3月16日　星期四

接吴晗君复书，有"来示指出弟文编次不当，卓识精见，语语白学问中得出，清华园内治此，惟兄与弟二人，鲰生何幸，得拜面鍼"，大有"天下英雄，惟使君与操耳"之概。实则我并无此野心。下午作"编者按语"，即依前函之意提出商榷。

写家信报告平津近况尚安静。连日长城各口激战，平津未必平静，但观中央之意，似与日本有默契，中国不反攻热河，日军亦不进关内，故目前大概无虞，但日方下级军官急功喜事，或如上海"一·二八"事件，吴铁城已完全屈服，而闸北兵燹仍不能免。惟为免家人忧虑，不得不作乐观语耳。

3月17日　星期五

马玉铭君来，谓《周刊》拟于第6期出"文史专号"，已发函致史学系各教授索稿，要我有便去催取稿件。晚间遇杨学德，谓明天燕京开"三一八"纪念会。当晚留宿校内，在贤修房内弄纸牌。

3月18日　星期六

再阅约瑟夫及吉布森二氏之书，探索其意义，以便作一清楚正确之介绍。

3月19日　星期日

作《宾辞数量限制说之批评》3 000余字。用演绎之法以申约瑟夫、吉布森二氏之说。

3月20日　星期一

续作昨天之文3 000余字。阅天津《益世报》副刊，有李季译、哥德赞逻辑之诗。

3月21日　星期二

续作前文的2 000字，完。送与王枃过目，晚间讨论一会。

3月22日　星期三

昨日大雪，积两寸许。下午无军训课，与云畴、二王及景荣赴校门口小酌，饮了半两余白干而有些发烧，晚上不能看书。

3月23日　星期四

历史学会开会。刘崇鋐[1]报告游英法的经历，拜访名家，参观故迹及图书馆、博物院。蒋廷黻时局报告，以为中央无心反攻，惟日

1　刘崇鋐：1897—1990，字寿民。福建福州人。学者。1911年考入清华学堂，1918年留学美国哈佛大学，1921年获得硕士学位。1923年后回国任南开大学历史系讲师，1925年后任清华大学、西南联合大学历史系教授。1949年去台湾后，任台湾大学历史系教授兼系主任、教务长，1972年任东吴大学历史系教授兼系主任。著有《近代史》等。

人或将借口天津驻兵违反《辛丑条约》而积极进扰平津；世界大战之发生与否，须观欧美方面之国际形势，仅有远东现下局面似不能即引起大战。用茶点后选举，许某以 8 票为总务干事，蒋师以 6 票为庶务干事，吴晗及我各以 4 票为候补。9 时许散会。

3 月 24 日　星期五

周刊社编辑部开会，本学期拟出 12 期。第 5、6 期合刊为文艺专号；第 8、9 期为文史专号；第 11 期为自然科学专号；12 期为社会科学专号。若文史专号能集稿 16 万字即无问题。本学期经费，校助 3 500 元，每期 300 元左右。（印刷费每页 2.25 元，每期八九十页，约 8 万字稿子，每千字 8 角，第 1 期印 1 500 份，第 2 期以下仅 1 400 份，副刊仅 1 200 份。）

3 月 25 日　星期六

阅书：蒋廷黻师《中国外交史资料辑要》卷中之"中日之战"一章。此章中似乎取材太偏于电稿一方面，如不与他书合读即茫然不能目睹事实之真相。

3 月 26 日　星期日

阅书：马士《中华帝国对外关系史》第 3 卷。

阅稿：何格恩[1]《读书志疑随笔》，不佳，拟发还，写信说明退稿

1　何格恩：1932 年考取清华大学研究院外国语文研究所研究生，1937 年获得硕士学位。曾在岭南大学任教。著有《程朱学派之知行学说》等。

原因。李家雁[1]《楚辞溯源》，亦不佳，取舍未定。晚间与王栻谈《宾辞数量限制说》上的问题。返舍时见案头有马玉铭君留字"文史稿今晚请预备妥当，明晨送去付印"。发第 4 期稿件，稿件有陶希圣《郭子仪及寒山子》、王栻《宾辞数量限制说》译稿及自己的文章《宾辞数量限制说之批评》。

3 月 27 日　星期一

近来时常觉得无聊，像我的境遇总算是优良了，但总觉空虚，想不出这空虚的原因。

3 月 28 日　星期二

阅书：《中华帝国对外关系史》第 3 卷。

3 月 29 日　星期三

阅书：《中华帝国对外关系史》第 3 卷。

《周刊》稿校样送来，费了 1 小时余去校对。

下午马玉铭君来询问文史专号有几篇稿有把握，我摇首答之。

3 月 30 日　星期四

法文月考，翻译 20 句，以观能否应用 subjunctive mood［虚拟

1　李家雁：即李嘉言（1911—1967），字泽民，又字慎予，笔名家雁等。河南武陟人。学者。清华大学中文系 1934 级（第六级）毕业生，曾任《清华周刊》编辑。1935 年担任清华大学中文系助教，曾在昆明西南联合大学中文系任教，1942 年起任西北师范学院国文系副教授、教授。1949 年后任河南大学中文系教授兼系主任。著有《贾岛年谱》《古诗初探》《汉魏六朝文学史》《唐诗丛考》等。

语气]。法文这一学期真是糟糕，一星期只上 2 小时，第一个月教授又请了一月的假，加以自己事忙，课外无暇温习，幸得这一次的考试并不难，否则殆矣！

3月31日　星期五

阅 *The American Historical Review*, Vol.38 No.1（Oct. 1932）[《美洲历史评论》38 卷 1 期（1932 年 10 月）] 中 Peake, *Documents Available for Research on the Modern History of China* [皮克《中国近代史研究的资料》]，预备翻译。

至吴春晗处，送还前次所借之《尚书研究》一书。他说燕京哈佛委员会今年 4 月开会，以决定续办燕京国学研究所与否，若能续办，将着手编辑"二十四史人名索引"，吴君拟担承《明史》一部分，欲以 2 年工夫为之。

4 月

4月1日　星期六

翻译皮克《中国近代史研究的资料》一文，已成 2 000 余言（完）。

何格恩君因前次稿件未佳致遭退还，来信声辩，作复书答之。晚间与祥第煮鸡卵，预备明天游颐和园时做点心，不知要煮多少时间才熟，只好煮几分钟后，破开一个观察，尚未熟，再待几分钟，又另破一个开来。一为书生，便无用，信矣！

4月2日　星期日

游颐和园，骑驴子以脚镫之绳子断，颠摔下来，幸未受伤。去春骑驴游香山时，也因坐鞍系带不固，摔了一跤，何命运之不佳也。因为这是旧游之地，故专拣僻静的地方，如玉带桥、万寿山后残景、画中游、湖山真意等处去，至于南湖龙王庙等处反没有去。后赴玉泉山。傍晚始乘车返校。

4月3日　星期一

续译皮克一文3 000余言（完）。

4月4日　星期二

阅书：Oppenheimer, *The State*［奥本海末尔：《国家论》］中译本首三章。

今天忽下起淅沥的春雨来，看窗外阴沉沉的天空，布满铅灰色的云翳，令人闷绝。我是喜欢孤独的人，是喜欢热闹中的孤独，若像今日这种野庙孤僧的生活，独自在游廊上踽踽而行，与尘世相隔绝，那是连我也觉得太孤寂了。所谓"交游之乐"便是慰藉这种孤寂，我的朋友太少了。

4月5日　星期三

阅书：奥本海末尔《国家论》中译本后四章（全书236页，完）。

4月6日　星期四

写信二封，给双亲与大哥。

4月7日　星期五

今天本想坐下来做史学方法课的报告，但精神恍惚不能收敛心神。我疑心自己生病了，否则决不会如此精神不舒畅的。

4月8日　星期六

作《奥本海末尔的历史哲学》2 000余言。晚间在景荣房中谈话。

4月9日　星期日

作《奥本海末尔的历史哲学》3 000余言。

4月10日　星期一

作《奥本海末尔的历史哲学》3 000言，作一结束。

4月11日　星期二

上午至图书馆善本室，阅 Ouchterlong, *The Chinese War*［奥奇特龙：《中国的战争》］，搜集材料。下午拍网球。

4月12日　星期三

上午赴西苑，参观演习高射炮之瞄准。

阅稿：彭民一[1]《弹词叙录》，仅述及5本，且为撮叙各本中内容大略，未能作考证，所下文学价值评语亦幼稚；篇末所附之梁山伯与祝英台考证，更为毫无根据之谈，拟不登载。惟弹词叙录之类著作，颇有一作之价值，但须大规模地作一下，犹王国维氏之《曲录》，孙楷第之《小说书目》，且须多阅版本较善之弹词。王栻之《宾辞数量限制说之讨论》虽以余所作之批评为对象，但对于余文似未整篇阅过，对于分别批评亦完全未阅。但王栻作此文颇费气力，可以登载。拟作一文驳之，亦以无暇而罢！

4月13日　星期四

阅书：*Chinese Repository* Aug-Oct 1840［《中国丛报》（1840年8—10月）］中关于天津谈判之记录。又阅《清史稿》之《琦善传》及《邦交志》。

4月14日　星期五

阅书：宫崎寅藏《三十三年落花梦》中译本，述及赞助中国革命之经过。

接到家信，知4月2日（三月初八日）长子瑞暄诞生。我自己并不是无后主义的信徒者，不过在自己尚没有准备做父亲以前，不愿先有事实的产生，在前年铮铮诞生时已有此感，今天也有同样的感触。

1　彭民一：江苏溧阳人，清华大学化学系第八级（1936年）毕业生。著有《水木集》，译有《伟大的俄罗斯学者门捷列耶夫》等。

不过什么是做父亲者的准备又说不出来。若说是经济能力，现在的家庭已有此能力，如依自己能力挣钱养家则不但子女养不起，即妻亦养不活。若说教育子女的能力等等，在现今用不着我来费力气，在将来自己是否有能力自创一人生观，并以此观点塑造子女亦仍有问题。前年与妻讨论到此问题，只道自己的意向仍不愿目前育子女，今天虽然事实告诉我天意是怎样，然而我的心地仍然是糊涂，弄不出什么结论。

下午拍网球。傍晚与孔耀、登梅至校门外小店饮酒。

4月15日　星期六

上午遇吴晗，询其曾否向钱穆先生索"文史专号"文章，据云已向之索取。适李峻之君前日去世，去年"文史专号"有李峻之君与钱先生讨论周初地理之文，故钱先生拟作一文答之，约二三星期内可以完成。张德昌[1]君现患伤寒，入协和医院，病愈后或可应征一稿。顾颉刚处当再向之索取，或有希望。故"文史专号"不得不延期出版。

4月16日　星期日

作《天津谈判经过月日表》以为附录一。

1　张德昌：河南林县人。学者。1926年考入清华大学政治系，1930年（第二级）毕业，次年考取该校研究院历史学部研究生，1935年获得硕士学位，后去英国深造。曾任清华大学和西南联合大学经济系教授，1949年后任香港中文大学教授。译有《当代美苏外交纪实》等。

上午拍网球。下午与景荣在祥第房谈话。

4月17日　星期一

至马玉铭君处取回《林则徐初遭斥责》一文，欲作附录二。"文史专号"定25日集稿付印，稿件缺乏，殊为焦急。《史料旬刊》有鸦片战争中英相致华相公文，与《夷务始末》中所收者不同。上午至蒋延黻处询问，据云《史料旬刊》中所收者较可靠，以曾于大高殿军机处档案中见原本，用西洋纸书写，有英相签字。惟《始末》所收者其来源如何，殊难考究。

4月18日　星期二

作《鸦片战争中的天津谈判·绪言》。

阅晚报知，今日日机曾至通县侦察，发下传单，未曾抛弹。通县距北平仅40里，飞机三四分钟可达到。闻北平各城楼已放置高射炮以谋安全，北平之危险可知。故宫博物院第四批古物，将于明日南运。北大亦以宝贵仪器、图书装箱，以便南运。本校又见运货汽车往来于校园中，以搬运宝贵图书、仪器他往，放置安全之处。身处危地，生死已置之度外，除非日机至北平抛弹，在目前似尚无其他危险。

4月19日　星期三

报告奥本海末尔《国家论》即交进去，算是史学方法的一学期的成绩。

将《周刊》第 7 期稿件 2 篇付印（施其南[1]译《中国古代文化的新考察》，系译自日文。又自己那篇《〈夷务始末〉订误》）。

4 月 20 日　星期四

续作《天津谈判》稿 1 000 余言。校对《周刊》第 7 期的样张。

4 月 21 日　星期五

写家信给双亲，报告北平近来的情况。又寄皮袍回家，在邮局中见包裹山积，皆由清华运往他处者，可见人心惊慌之一斑。

4 月 22 日　星期六

接到图书评论社的通知：《评〈鸦片战争史〉》的稿费 40 元，颇为喜欢。

上午赴钱穆先生处催稿，又商榷去年所作《魏文侯之政治与学术》一篇中之疑问。昨夜睡眠不安，不知为什么竟患了失眠，今天很不舒适，想做文章而打不起精神，真是无可奈何。晚间与同乡六七人在合作社食柑，后来与景荣、贤修、昌镠在清华园小湖旁，坐在石阶上谈天至 10 时半才回来。

4 月 23 日　星期日

续作《天津谈判》稿 3 000 余字。

1　施其南：1912—2004，字院直，笔名梅溪。浙江宁海人。清华大学历史系第七级（1935年）毕业生。后在德国柏林大学、苏联爱沙尼亚大学肄业。曾任厦门大学历史系讲师。1949年后任中华书局、商务印书馆编审。译有《近代世界史教学法》等。

晨起与贤修等拍网球，回来后用早膳。祥第言梅校长昨日已返校，闻清华将南迁至杭州，与浙江大学同处。按昨日阅《大公报》谓教育部已秘密筹划，令平津各学院先将图书、仪器移至他处，至必要时将全体南迁，不无蛛丝马迹可寻，而北平之危险可知。

4月24日　星期一

续作《天津谈判》稿2 000余言。

下午马玉铭君来，询"文史专号"稿件甚罕将如之何。乃往见吴春晗君，托其代拉稿子，并约其自作之稿，至少2万字以上。今日下午西洋近百年史没有去上课，便是因为与吴君在合作社中接洽这事。

4月25日　星期二

续作《天津谈判》稿3 000余言。

4月26日　星期三

往晤马玉铭君，据云文史专号稿有朱自清、顾颉刚、郑振铎、钱穆、闻一多[1]、黄节[2]诸氏之稿，但字数不多。

续作《天津谈判》稿2 000余言，正文已完，只留二附录未作。

1　闻一多：1899—1946，本名家骅。湖北浠水人。诗人、学者。1912年考入清华学校，1922年赴美国芝加哥美术学院留学。回国后任武汉大学、青岛大学等校教授。1932年后任清华大学、西南联合大学中文系教授。1946年7月15日，在云南昆明被国民党特务暗杀。著有《神话与诗》《古典新义》《楚辞校补》等学术论著，身后连同散文汇编为《闻一多全集》。
2　黄节：1873—1935，原名晦闻，字玉昆，别署晦翁。广东顺德人。学者、诗人。早年留学日本，1917年任北京大学中文系教授，1928年兼清华大学、北京师范大学中文系讲师。著有《蒹葭楼诗》《晦闻文钞》等，编著有《汉魏乐府风笺》《曹子建诗注》等。

4月27日　星期四

作《英外相致中国宰相汉字译本》2 000余字。晚间与马玉铭、吴春晗商酌"文史专号"稿件排列方法。

4月28日　星期五

决定将文史稿依研究对象的时代先后排列，又作编后语。

4月29日　星期六

学校成立纪念，放假。下午赴燕京，以是日燕京亦为校友返校日也。晚间与吴景荣闲谈。

4月30日　星期日

作《天津谈判》附录一《各家记载天津谈判经过事迹之勘误表》，及附录二《〈夷务始末订误一则〉撮要》。

5月

5月1日　星期一

温习法文。自春假以后葛教授因病未曾上课，今日重温故书，生疏极矣！此后非特别注意不可。

5月2日　星期二

温习法文。

5月3日　星期三

校对文史稿样张（钱穆及李峻之二人稿）。

5月4日　星期四

上午赴历史学系办公室参观档案。见满地故纸乱堆，不知何时始能整理完了。晚间校对印刷局送来文史稿（《魏文侯一朝政治与学术》）。

5月5日　星期五

阅书：蒋廷黻的 *Sino—Japanese Diplomatic Relation* 1870-1895 [《中日外交关系（1870—1895）》] 106 页。

5月6日　星期六

校对文史稿（闻一多、钱穆二稿）。写家信二封，又给李良、林济信。

5月7日　星期日

补抄日文笔记。

5月8日　星期一

补抄日文笔记。将前作《鸦片战争中之天津谈判》交蒋廷黻师阅，请求指正。

5月9日　星期二

预备法文。《周刊》文史专号已出版分发。《周刊》尚有四期，大约社会科学及自然科学专号至少占去二期，所余仅二期普通号谅可应付。

5月10日　星期三

《周刊》第9期发稿。

5月11日　星期四

阅书：Thomas Hardy, *Alicia's Diary* ［托马斯·哈代：《艾丽西亚的日记》］。

今晨5时20分，日本飞机初次侦察北平，曾掷下传单，且传闻在西沟沿等处掷炸弹。此或为日人图占北京之征兆。下午始闻此消息，校中空气又紧张。下午拍网球。

5月12日　星期五

阅书：洪钧培著《国民政府外交史》第1集。取材虽丰，未经剪裁，几类于依事件排列之公文集。

今日上午6时许及下午2时许，皆有日机来平侦察。闻校中已决定如时局危急，将移迁长沙。闻孔耀言，谣传日军将于星期日攻北平。修家书一封寄家，恐家人惊吓也。

5月13日　星期六

阅书：《国民政府外交史》200余页。

下午见学年考试时间表已公布，6月10日可考毕，大约12、13日即可动身［返家］，不知时局能允许延展到那时否？

晚间在景荣房中闲谈。

5月14日　星期日

阅书：《国民政府外交史》100余页（全书393页，完）。

今日接到家信。自4月14日后已一月许未接到家信，在最近的二个星期中（尤其最近的几天中），常有一种无形的恐惶罩住了我，常恐家中发生了什么事变。读了家信后，我的恐怖之情虽减轻，仍不免有些猜疑，疑家中人不肯告我以真相。

5月15日　星期一

晨间闻贤修云：日军已抵唐山。山雨欲来风满楼，现今居然尝到"一·二八"前几天闸北人的滋味。假使日军真个占据，居然能噙着眼泪觑望着到处飞扬的日旗，那时候也决不会有什么出乎意料之外的惊愕。"昔日戏言身后事，今日都到眼前来。"可怜吾的祖国。

上午赴蒋延黻处取回《鸦片战争中之天津谈判》。蒋师云：现可利用之材料甚少，故在今日可成为暂时的结论，大致尚不错。不过附录四中所引蒋师之语，记忆错误，结论亦难成立。

5月16日　星期二

将书籍提出一部分，扎成 13 包交邮寄还家。见邮局中包裹山积，可见人心恐慌之一斑。写家信一封报告北平近况，虽极掩遮其辞，家中人读沪上报纸恐早已丧胆矣。惟黄郛昨晚由京北上，据闻携有妥协计划，北平或可苟安，然非中国之福也！

5月17日　星期三

听黄杰师长报告南天门失守之经过，谓所率一万三千健儿已战死三分之二。梅校长报告谓清华不预备南迁。

5月18日　星期四

晤马玉铭君，询《周刊》此后是否尚有普通号，以便预备文史栏稿件，据云大约 11 期再出一期普通号，12 期以经费关系不出版。取回崔殿魁[1]《说苑斠录》一篇，校勘《说苑》颇精，但大半出于刘叔雅之手。

5月19日　星期五

预备法文。

自黄郛来北平后，一时和平空气弥漫社会。闻吾军已向密云以南退撤。但今晨日机第三次来平，飞行甚低，人心又感不安。傍晚

1　崔殿魁：1932 年从北京大学毕业后考取清华大学研究院中国文学部，1935 年获得硕士学位。

在校门见中央第二师（黄杰）过境，闻将驻扎海甸。

5月20日　星期六

上午考试法文。下午拍网球。

日本飞机11架来平示威。清华园附近有第二师军士在建壕沟。晚间遇贤修，据云日本有最后通牒与中央，要求中央军退出黄河以南，杂牌军退出保定以南，不知确否。

5月21日　星期日

阅书：马士《中华帝国对外关系史》。

贤修送其兄南返，归来后云：城内警察每岗站5人皆上刺刀，并有2军人执手枪于岗位附近巡逻，今晚或有便衣队暴动。离暑假尚有两星期，夜长梦多，不知能安渡危境否？但考期极近，总希望能作一结束后再南下。这一侥幸之念，也许便是自己吃苦的根由。人到了不能左右环境，而只能任环境摆布的时候，常不知不觉发生一种命定论，一切任着命运罢！

5月22日　星期一

下午有紧急通告，梅校长于下午3时召集全体同学谈话，云接何应钦通知，当局已决定死抗，同学如欲返里，可以请假返里，下学期再行补考。散会后同乡即议决一齐返里。我即往银行提款，决定明天南下。5时许再赴燕京，陈凤书云燕京亦于下午3时出布告，允许同学自由请假离校，陈、谢、钱三人已决定南下。晚间将文史稿交与马君,即开始整理行囊,12时许熄灯时尚未完毕,只得待之明日。

5月23日　星期二

晨5时许贤修来唤,乃急促整理行囊。至东车站已上午11时许,乃派数人鹄候售票处,下午1时许开始卖票,2时许始购得南京票2张,上海票8张。4时半始将行李票取得,计14件660余公斤,归8人所有,故仅纳15元之费。车中甚为拥挤,几无立锥地。

今日空气稍为和缓,何应钦令李书华转告各校以不必惊慌,如学生今日尚未离平者,即无须离平。故虽有日机飞空恐吓,及日军五六百人抵车站,然情形反略疏松。晚间过天津,阅《天津晚报》知,晨4时余黄郛与日使署人员中田订暂时停战办法4条。

5月24日　星期三

今晨抵济南,自北平登车后几无屈身之席,平日共坐4人之二横椅,现所坐者达10人,二椅子各坐3人,中间又立4人,且有行李,故甚为狼狈。故除自己同伴的7人外,尚有3人。车至济南有数人下车,故急扩充地盘。与景荣、贤修及祥第,瞎三话四,殊不寂寞。晚间睡亦稍舒。

5月25日　星期四

上午10时许至浦口,渡江至江边车站,贤修及登梅乃别去。

自 23 日晚在天津得阅晚报后，至此乃得购今日之《中央日报》及《上海时报》，知北平已稍安静，和平交涉在进行中，但日军攻陷宁河、芦台及怀义，且以飞机在平津示威，前途仍在混沌。中央政府已有屈服意，只须日方要求不过于苛刻，则如"一·二八"以后的停战协定，其成立亦非为不可能，惟为安全起见，终不若暂时一避之为佳。下午 6 时许抵上海，乘马车至香槟旅社。晚间景荣请客大吃一顿，并且喝了几两酒，颜脸微红。临睡前补记这 3 天的日记。且洗澡以涤除这几天来的积垢，精神为之一爽，将由汗油渍泡及由煤烟熏得漆黑的衣裳脱去，换上新燥的衣服，非常舒服。

5月26日　星期五

今晨令旅馆人去领行李，检点无误。赴商务印务馆购廉价西书，用去 30 余元。下午赴李良处，晤及周武君，晤谈颇欢。晚膳后乃偕同往宝隆医院访何纪泽，旋返旅舍，时王杕等竹战方酣，余以疲倦，未曾参加。

5月27日　星期六

乘 10 时汽车赴光华，晤及同乡陈德煊[1]等。下午与庞元龙、陶英杰及沙文卿，赴南京饭店访刘古谛，乃同赴三马路□茂源聚餐。

1　陈德煊：1911—?，浙江平阳人，1936 年毕业于燕京大学英语系，曾任温州高级中学教师、福州高级中学、杭州之江大学等校英语教师。1949 年后任温州第二中学、温州师范学院教师。

返舍后，送祥第、景荣、云畴、叶岑四君乘广济轮旋里。

5月28日　星期日

今是为端午节，然客邸中殊为无聊也。上午赴李良处食枇杷，用午餐后赴新世界参观周武君等所开之箧面展览会。旋赴宝隆医院再访何纪泽。旋偕李良赴北四川路，拟定制西服，以价昂而止。王栻君今晚返家，现仅留余与杨学德君二人在沪矣。

5月29日　星期一

今晨与李良同赴江湾访徐煜光，未遇，殊以为怅。闻海晏船明晚12时开温，即令栈房代订铺位，决计明日离沪。

5月30日　星期二

晨间离栈，将行李交栈运船。赴城隍庙一游。旋赴北四川路，至书铺购日文文法书。晚餐后与李良赴法大马路购物。旋返海晏船，蔡孔耀、杨学德及薛观涛[1]皆已在船，留李良宿船中。

5月31日　星期三

晨间9时许开船，送李良登岸，黯然而别。中餐后入睡，傍晚始醒。晚餐后，阅茅盾著《子夜》，颇佳。读至14章力不能支而眠。

1　薛观涛：浙江瑞安人，清华大学社会系第九级（1937年）毕业生，1940年任云南大学社会学系助教。

此次船行甚稳，前所未见。船中又有薛君之 9 岁小妹，小鸟依人，可爱之至，更不忧寂寞。

6 月

6 月 1 日　星期四

用早点后，续阅《子夜》一书，一口气读完，令人不忍辍读。中餐时舟已入瓯江，下午 2 时许靠岸，父亲来接。一年未见面，父亲又苍老些了，幸身体健康，为之一喜。抵家时至母亲房中问安。晚餐后在父亲房中谈笑。久客他乡，久未享此家庭之乐，尤其是因为避难返乡，似由死城中逸出，更为欢然。虽窗外梅雨淅沥，与客窗夜听时又不同，境由心生，信然哉！

6 月 2 日　星期五

今日雨霁。上午读 L.M. Levin, *Introduction to Voltaire's Candide*〔英文：《伏尔泰著〈老实人〉导言》〕。下午赴虞师里永谦钱庄，晤及袁寿枢、李守钦、秀恩及周衡平。衡平将于下星期赴沪，托其带 50 元还李良。赴姐夫处，晤及大姐及姐夫，闻锦湖去年以脑膜炎去世，肥嫩可爱之宁馨儿竟随秋草腐矣，为之扼腕长叹息。

6 月 3 日　星期六

赴双屿山，晤及秀恩、寿枢及石如。下午搓麻将。晚间 12 时许始睡，输去 4 元半。

6月4日　星期日

由双屿山返家。代大哥作《永嘉的名胜》和《永嘉的出产》二篇。

6月5日　星期一

下午秀恩与寿枢来，晚间同往温州大戏院，观头本《封神榜》。

6月6日　星期二

阅书：《申报月刊》第2卷第5期。

6月7日　星期三

阅书：《瓦德西拳乱笔记》269页。

6月8日　星期四

阅书：Hu Shi, *The Development of the Logical Method at Ancient China*［胡适：《古代中国逻辑方法的发展》］。

6月9日　星期五

阅书：《古史辨》第3册上编。

6月10日　星期六

阅书：《古史辨》第3册上编。下午沈钧来，偕往谒叶焜及郑

276

榮，在郑荣家中用餐后赴十中访鼎，未遇。

6月11日　星期日

阅书：《古史辨》第 3 册上编（308 页，完）。

6月12日　星期一

阅书：胡适《古代中国逻辑方法的发展》。

6月13日　星期二

阅书：胡适《古代中国逻辑方法的发展》（pp.1-187，完）。

6月14日　星期三

阅书：《古史辨》第 3 册下编。杨学德来询问王栻通讯处。

6月15日　星期四

阅书：《古史辨》第 3 册下编（连上编，共 704 页，完）。朱谦之《历史哲学》。

6月16日　星期五

阅书：朱谦之《历史哲学》（共 389 页，完）。

6月17日　星期六

阅书：何炳松《近世欧洲史》200 余页。

接到学校 6 月 5 日通知书，谓 5 月 26 日已出通告，学期考试延至下学期始业前于 9 月 4 日至 9 日举行，9 日至 12 日交费注册选课，13 日上课。

6 月 18 日　星期日

阅书：何炳松《近世欧洲史》（全书 417 页，完）。

6 月 19 日　星期一

阅书：陈筑山《哲学的故乡》（264 页，完）。

6 月 20 日　星期二

阅书：曾友豪《中华民国政府大纲》（348 页，附录未阅）。

6 月 21 日　星期三

阅书：Carlyle, *Hero and Hero-Worship: Introduction*［卡莱尔：《英雄与英雄崇拜·序言》]。

大姐归宁已旬余，今日始回家。昨宵与母亲、大哥、大姐、姬妹谈话，至宵深 1 时许始返舍而睡。今日甚倦，下午入睡，5 时始寤，精神仍倦，晚间发寒热。

6 月 22 日　星期四

病未愈，无精神阅书，仅浏览去年创刊号之《申报月刊》数十页。

6月23日　星期五

阅书：卡莱尔《英雄与英雄崇拜》第1讲。

病稍愈，赴李伯琦处门诊。久雨初霁，适又卧病，为之一叹！

6月24日　星期六

阅书：卡莱尔《英雄与英雄崇拜》第2讲。

上午访夏鼐君，未遇。十中放假，翼天已返里矣。途中遇潘文彬君，取来徐贤修君之借款。返家后，写信五封。

6月25日　星期日

阅书：卡莱尔《英雄与英雄崇拜》第3讲。

6月26日　星期一

阅书：卡莱尔《英雄与英雄崇拜》第4讲。

下午锄非来，傍晚始去。

6月27日　星期二

阅书：卡莱尔《英雄与英雄崇拜》第5、6讲。

6月28日　星期三

阅书：Hazen, *Modern European History*［黑斯：《近世欧洲史》］150余页。

6月29日　星期四

阅书：黑斯《近世欧洲史》150余页。

6月30日　星期五

阅书：黑斯《近世欧洲史》100余页。

下午，叶焜、郑棨来，商酌如何送礼给沈炼之[1]。

7月

7月1日　星期六

阅书：黑斯《近世欧洲史》50余页。

下午赴叶焜处，再约郑棨同赴沈宅参观炼之婚礼，晚11时许始返家。

7月2日　星期日

阅书：黑斯《近世欧洲史》50余页。

下午赴沈钧处，沈正在打牌，周贵才同王聪说笑，说代沈做媒，沈笑道："我也愿意呀！"王娇嗔了，跑到楼下去不再上楼。便由书之

1　沈炼之：1904—1992，原名咮荔。浙江温州人。学者。1926年毕业于北京辅仁大学英语系，1933年获法国里昂大学人文博士学位。回国后任福建省研究院秘书长、社会科学研究所所长、暨南大学教授兼文学院长。1949年后任杭州大学历史系教授、系主任。著有《法国革命史讲话》《简明世界近代史》《法国通史简编》等，译有《世界文化史》《罗曼·罗兰传》《法国史》等。

代为打牌，周赢了几块钱，便说："这都是我的不是，我去叫四元的和菜来请王聪。"王在楼下已用过晚餐，不肯来。大家向沈取笑说，王发脾气了，沈应去赔不是。沈也发怒，气愤愤的说："我只说了这么一句，她便见戒，真看不起我。"王见沈怒了，出来斜坐在席上。沈的怒气未平仍发脾气说："我是笨人，说话容易得罪人。不过多年相识，何必向我大发脾气。"沈炼之来劝，沈又说："我是什么人，敢劳你博士来劝，真可惜还是法国博士，若是美国博士还可贵呢，被博士怒责也是荣幸呢，不过被我这样的人说笑了一句，便要大发脾气了呢?"王俯着头不语，一会儿便离席而起，说肚饱不用餐了，沈仍气愤愤的坐在席上，汤也不喝，菜也不吃，只指桑骂槐地说："对不起，我们六个人只好先吃菜了，四元的和菜滋味不差。"在这样的场合之下，很是无精打采，沈也离席去，躺在旁边的一藤椅上。王书之便先起身来，走到沈的旁边，劝道："这都是我的妹妹的不是，不过她也并没有发怒，你不要误会，女孩人家怕羞，也是常态。"两三相劝，后来沈说："王聪若曾用餐，我也用餐。"书之说："聪已用过晚餐，让她陪你饮杯酒吧。"于是唤王聪出来，聪含笑说："我并没有发怒啊。"举起杯来饮酒，沈也饮了一杯，聪含笑一点头，作为赔礼，便转身到后面去了，于是沈始用餐，活像红楼梦里的宝玉和黛玉的赌气。

7月3日　星期一
阅书：黑斯《近世欧洲史》百余页（全书693页，完）。

7月4日　星期二
阅书：Dyson, *Forgotten Tales of Ancient China*［戴生：《古代中

国被遗忘的故事》] 百余页。

7月5日　星期三
阅书：戴生《古代中国被遗忘的故事》百余页。

补抄县志缺页。

7月6日　星期四
阅书：戴生《古代中国被遗忘的故事》百余页（全书 360 页，完）。

7月7日　星期五
阅书：Russsel, *Political Ideals* ［罗素：《政治理想》]（172 页，完）。

这是发挥他自己社会主义思想的书，以为社会的最高目的在于促进创造冲动，减少占有冲动。今日之社会组织尤其是经济组织不足以达此目的，故主渐进的改造。今各行业皆有其自治团体，而全世界有国际团体以制止战争，获得社会控制与个性发展的调和。

今日赴双屿山，晤及李良。下午回城，同往其舅父处，旋赴徐宅，晤及寿仁、寿康，并黄公衡君，后同赴永谦号。谢如心来，用晚餐后，同赴黄启荣处，后又赴中山公园。夜深始睡。

7月8日　星期六
阅书：Boalger, *The Life of General Gordon* ［博尔格：《戈登将军的生平》] 百余页。

7月9日　星期日

阅书：博尔格《戈登将军的生平》百余页。

写信四封（王栻、祥第、元龙、王铭）。

7月10日　星期一

阅书：Voltaire, *Candide*: Chapitre Ⅰ［伏尔泰：《老实人》第1章］。

从今天起想读点法文，先把伏尔泰《老实人》读完，每天至少要读一章。法文文法也要复习。中文书籍则读《清代通史》及《清朝全史》二书。英文书籍只好暂时搁起，或许要略读一二种。日文想以晚间的工夫对付。下午晤及黄少儒，知其已改名济望，现任民众教育馆馆长。后途遇沈钧，同赴叶焜、郑棠处闲谈。

7月11日　星期二

阅书：伏尔泰《老实人》第2—5章。

下午叶焜及黄公衡来，同赴永谦号，晤及李良。晚间永谦尝新，旋偕李良同赴温州大戏院观剧。

7月12日　星期三

阅书：伏尔泰《老实人》第6—9章。

下午吕鲁来，已四五年未见，同赴鲁师参处，傍晚始返舍，赴大姊家，旋即返家。

7月13日　星期四

阅书：伏尔泰《老实人》第10—15章，清史。

7月14日　星期五

阅书：伏尔泰《老实人》第16—18章。

下午赴双屿山尝新，晚间打麻将，在座者有寿枢，锄非、启荣及挺芳。

7月15日　星期六

昨宵未寐，精神甚疲，早餐后即入睡，下午3时始寤。晚间仍在双屿山过宿。

7月16日　星期日

傍晚偕秀庵、锄非赴兴大尝新。返家后知云畴乘益利轮赴沪，即至益利轮送行。

7月17日　星期一

阅书：伏尔泰《老实人》第19—20章。

上午杨学德君来。下午赴杨君处，晤及公衡、秉经，旋同赴翼天处。

7月18日　星期二

阅书：伏尔泰《老实人》第21—22章。赴十中，访翼天，不久学德来，同往购锦幛，送孔耀作结婚礼物。归途至商务购书十余元。

7月19日　星期三
阅书：伏尔泰《老实人》第23—30章（pp.1-150，完）。

7月20日　星期四
阅书：萧一山《清代通史》第1编"后金帝国"及稻叶君山《清朝全史》。下午翼天来，同往学德处。途遇公衡即一同邀往，在学德处闲谈，傍晚始返。下午锄非偕衡平来。

7月21日　星期五
阅书：《清朝全史》及《清代通史》第2编"大清帝国"。
下午学德偕秉经来，代《温州新报》副刊拉稿。

7月22日　星期六
阅书：《清代通史》第3编"清入关以后三藩乱前之政治"及《清朝全史》。写信四封。

7月23日　星期日
阅书：《清代通史》第5编"清初外交史"及《清朝全史》。
下午书之偕秉经来催稿。将旧作《永嘉学派之哲学》誊写一番，以备塞责。

7月24日　星期一

赴姐夫家中尝新。晚间至十中，晤翼天、书之，约定明日赴秉经家聚餐。

7月25日　星期二

阅书:《清代通史》第4编"清代官制"，多采自《清会典》及《清三通》。

下午偕郁炎访杨耀辰先生，旋同往秉经家聚餐，大醉而返。

7月26日　星期三

阅书:《清代通史》第6编"三藩乱后至雍正末年之庶政及吏治"。

7月27日　星期四

阅书:《清代通史》第7编"清代学术史"（上卷完，凡892页）。此书上卷约与《清朝全史》之上册相当。编次稍系统化，用力亦勤，但发明殊罕，仅费排比之力而已。名曰通史，实则未能将史实之各方面打成一片。盖作者自己尚缺少一种历史哲学，以贯通史实也。

7月28日　星期五

阅书:《清朝全史》上册（共566页，完）。

此书作者所下工夫较萧一山氏为深，故颇多创获，尤以入关前一段，中国史料缺少，稻叶氏能应用朝鲜史料，更多创获。故上册四编，而太祖、太宗二朝占其半，其中多为考订之语；顺、康、雍三代亦仅占一半，以事实昭著，不必下考证也。编次方面，轻重失衡，亦由于作者不欲掩其所长也；且全书分章，以时代为次序，上编至三十余章，大多不相贯，未能加以系统化，打成一片，骤视之，几有类于"清史论<u>丛</u>"，此亦其所短也。

下午赴沈钧处，戴文魁来，谈及翼天对王聪之思慕，沈钧云，昨晚已与翼天订休战二月之协定，希望能一个月之内病痊。二月之内宣布订婚。晚间赴翼天宴会。

7 月 29 日　星期六

上午翼天来，借去书籍 9 本，预备应留英考试。下午作《温州闲话》（二）。旋赴沈钧处，邀其同赴晚间郑棨家中闲谈。据沈云，翼天希望亦甚微，以家境不佳，曾托张泽霖赴王家说亲，遭鸣卿拒绝，即王聪自己恐亦为敷衍教师，未必真心生爱，以金钱、年龄、相貌三者，翼天均不合格也。傍晚赴秉经处，获见贤修来信，云，8月 20 日左右赴校，赴校之前或来温一行。晚间家中尝新，锄非来。

7 月 30 日　星期日

下午叶焜、黄公衡、沈钧三人来。

7 月 31 日　星期一

下午沈钧、郁炎、文魁来。晚间访晤翼天。

8月

8月1日　星期二

阅书：《清代通史》卷中第1编。

上午翼天又借去书数册，并答复借风琴事。

晚间赴永谦号，晤锄非，闲谈及永谦号总经理周衡平父亲后垟川相，川相家中田产千余亩，但节省异常。每次收获期中，他家门前晒着许多竹簟的谷，他因为愁过路人偷谷，午餐时捧着碗出来，要站在门口监察。有一次，他正在向门口走，一个乞丐正向他家中走来，想讨些钱，如能讨得碗饭就更好了，那乞丐不识川相，以为他也是同志，便说："老哥，你倒运气好，已经讨到一大碗饭了！"这不仅表示个人的仪节，乃表示在乡村中一般夫人的节省。他们在乡村中是富甲一方的，附近的人都知道，用不着鲜衣美服，人家一看到也知道是某大富翁，要向他打拱问好。城市中则不然，邻居也不相识，而且都市中范围这样大，不相识的人愈发多。如果不穿得考究一些，一定要被人家当作穷光蛋，受着轻待。都市中衣服奢华是一般人知道的事实，但是这奢华的原因，似乎知道的并不多。不仅都市与偏村有这样的区别，即大都市与小都市亦有此样不同。人是不肯受轻待的，即借债制衣亦所不惜。加之都市中购买较便，一般人相习成风，互相竞争，故华衣鲜衣的风气特盛。祥第谓到温州时，觉得温州穿衣考究，像出门拜客一般，平阳便不如此，亦由此故。

8月2日　星期三

阅书:《清代通史》卷中第1编。

8月3日　星期四

写《温州闲话》:(一)《永嘉四灵的诗》;(二)《元南戏与永嘉的关系》;(三)《〈琵琶记〉的作者高则诚》。下午秉经来取去。

8月4日　星期五

晚间赴翼天处,云将乘下趟海晏轮赴沪。又云明日葱茏社讲开会,商议刊行半月刊事,然此事殊不易为也。

8月5日　星期六

今晨赴双屿山。助李良布置客室,以其喜事在即也。

8月7日　星期一 [1]

傍晚返家,晚餐后即睡。

8月8日　星期二

晨起后又赴双屿山,以今日为李良结婚日也。晚间伴启荣、影心等在庭前闲谈,未曾入睡。

1　8月6日内容日记原缺。

8月9日 星期三

上午送李良之同学辈返家。下午微寐。晚间玩牌，力不能支，不久即睡。

8月10日 星期四

今晨返家。连日疲劳，精神散漫，不能聚神读书。

8月11日 星期五

阅书:《清代通史》卷中第3编。

8月12日 星期六

阅书:《清代通史》卷中第4编（卷中782页，完）。

8月13日 星期日

阅书:《清朝全史》下册第1编。

8月14日 星期一

阅书:《清朝全史》下册第2编。

8月15日 星期二

阅书:《清代通史》卷下第1章至第3章。

8月16日　星期三

阅书:《清代通史》卷下第 4 章至第 6 章。

8月17日　星期四

阅书:《清代通史》卷下第 7 章至第 8 章。

8月18日　星期五

阅书:《清代通史》卷下第 9 章至第 10 章(共 628 页)。

无事时忽生奇思。历史上有无定律,为学者所争辩。然读过二十四史归纳所得,知有数条定律,不能否认,如(1)除上古传说不可究诘外,其后世人物,皆由父母而生,年老则死;(2)除异代相继,更换朝代,或叔承侄后、庶兄承袭之外,若本朝君主,前后相继,不论子继父立,或弟继兄立,其年龄皆幼于前君;(3)后妃之年龄,耄君之后妃未必老耄,然幼主之后妃必在少艾。然有定论者,恐将哑然失笑。

8月19日　星期六

阅书:《清朝全史》下册第 3、4 编(下册 458 页,完)。

蔡孔耀来约一起动身,下午赴益利定船位,返家时,知祥第来过,现寓宾乐,正欲晚餐后往访,傍晚祥第来,同往访沈钧,家中人答已入睡,乃赴叶焜及郑棨处。闲坐郑棨天井中谈话。郑棨云,沈又以外感,身体发热,而脊背阴凉,打针次数又增加,不知明年来温时能否仍得获见，心中黯然。祥第述平阳械斗事。10时许始告别而返，祥第以客栈人满，即留宿家中。

8月20日　星期日

昨宵入睡过晚，晨间矇矓中闻祥第谈话声，知此君已起，乃勉强起身。早餐后偕祥第出来赴店肆购物，约定下午运行李至自家，晚间一同上船，自己乃赴双屿山。下午正欲返家，大雨倾盆，不能归。天将晚霖雨尚淅沥不止，乃乘船与寿枢至虞师里，改乘车返家。则祥第已运行李来，少兰及祖谦甥亦来。晚餐后整理行李，11时许乃凄然登程。频年作客惯于征途生活，至此时亦不觉鼻酸。晚间即宿船中。

8月21日　星期一

晨间6时许，蔡孔耀君来，及7时许，寿枢君来送行，时已鸣锣警告，匆匆数语，即促其登岸，不久船解缆而行。开行2时，船抵盘门卫，偕王、蔡二君登岸参观镇瓯炮台。此台现在无兵驻守，有炮数十尊，大多为古式旧炮，仅有四尊较佳，乃英国Vavasseur［瓦瓦苏尔］厂出品，但亦为1880年（光绪初年）之物。中餐后不久即抵坎门，船不靠岸。过此渐入台州洋，风浪渐大，头晕，兼以昨夜睡眠未足，故即入睡。晚间始醒，晚餐不能入咽。

8月22日　星期二

晨8时抵定海。上岸游览，码头后即为土城，乃道光二十一年所筑以防英人者。入久安门即当年葛云飞总兵拒抗英人之所，当时定海三总兵先后就难，烈名振天下。今日国土沦丧，而领兵官长中，反无此种人，令人有今不如昔，每况愈下之感。中餐后，下午3时船又开行。晚餐后即入睡。

8月23日　星期三

上午8时许，船进吴淞口，9时许将近岸，忽有公安局水巡队来查缉犯人，于官舱8号中捕去一人，延搁至10时许始得靠岸，即偕蔡君赴香槟旅社。下午与王、蔡二君出外购物，返栈时，遇及德煊昆仲。晚餐后，赴大光明电影院，观《白宫风云》。

8月24日　星期四

晨间由沪启程，在车中遇及柯君，柯君乃清大应届毕业生，现赴南开就助教之职。傍晚抵南京，渡江后改乘蓝钢皮通车。此次乘客不多，一人占一长椅，伸足而睡。回想上学期避难返里时之苦，颇为自乐也。

8月25日　星期五

晨间车抵徐州。至车站中向小贩兑换当二百文之大铜圆。中午抵兖州，傍晚抵济南，车中不拥。过黄河铁桥时，见两岸间水势颇大，闻豫鲁交界处已成泽国，灾情颇重。10时余抵德州，枕书而睡。

8月26日　星期六

晨间抵天津，与柯君握手以别。中午抵北平。旧地重临，湖山无恙，惟忆及"年年跃马长安市，客邸如家家如寄"之句，不禁黯然。午餐后乃乘汽车（5元连路捐及酒资）返校。遇及各同乡，惟贤修尚未至校。晚间散步，至10时许始睡。

8月27日　星期日

昨宵睡眠颇安适，晨间朦胧中闻人声，睁眼而视，见刘昌镠、吴景荣来。据云，王栻昨晚以散步过久，又食柠檬水，夜间身体发烧，腰部疼痛，通宵未寐，现尚未起床。余乃起身往视。据王君云：年来身体衰弱，暑假中更为衰颓，家人曾劝其休学。此次来校时曾驻沪一周，以就医。下午又去看视王栻，身体仍发烧且呕出胃血。此君敏而好学，在同乡中首屈一指，年来身体骤行衰弱，殊为可惜。

8月28日　星期一

上午写家信二封。下午阅 Welles, *A Short History of World*〔威尔斯：《世界史纲》〕。晚间观电影《三个摩登的女性》。

8月29日　星期二

阅书：威尔斯《世界史纲》（pp.1–259，完）。

8月30日　星期三

补抄外交史所缺笔记，并开始预备考试。

8月31日　星期四

预备法文。下午德煊来，陪其游览清华园，并偕赴燕京，晤及学德及谢廷式，回来时已晚间9时许。遇及徐贤修，知其已由南京返校，翼天所借之书，亦托其带回。谢廷式君给我一个藏卡片的小匣子，这东西我正要做一个。这一年来颇喜欢做文章，此后又要作毕业论文，搜集材料的卡片，如果像以前那样的散乱，真不方便。

9月

9月1日　星期五

预备法文及外交史。晚间与诸同乡散步，明月下照，如水银泻地。忽想及故乡，又想及明年毕业后之出路问题，百思而不能解决。

9月2日　星期六

预备外交史。下午陈筬熙来。

9月3日　星期日

预备外交史及法文。下午陈德煊来。

9月4日　星期一

预备上古史。下午考外交史，试题：（1）说明中英马嘉理案之起源、经过及结局；（2）说明中俄伊犁案件之起源、经过及结局；（3）甲午战前数月，李鸿章之外交若何？其军事之布置若何？（4）日俄战争之原因，关于高丽者若何？关于东三省者若何？（5）新（门屯）法（库门）铁路问题之重要何在？

9月5日　星期二

预备上古史。雷海宗[1]对于上古史之工夫，亦仅着重于分期及排列，至于考据，如以《周礼》述周制，殊觉疏忽。

9月6日　星期三

上午预备法文。下午本拟预备19世纪史，据祥第云刘崇鋐氏监试甚宽，可以翻书，即放心不预备，与祥第及云畴在校园散步，一面走，一面闲谈，亦考期中之忙里偷闲也。晚间阅第12期《论语》。

9月7日　星期四

上午考试上古史，任做四题：（1）战国初期周室之变迁；（2）墨子思想；（3）商鞅变法之经过及其影响；（4）秦始皇焚书坑儒之原因及其意义；（5）秦汉时代政治之日趋专制，试由各方面讨论之。余做（1）—（4）题。

下午考试中国社会史，任做二题：（1）魏晋以后社会组织与两汉时代有无显明差别，试简言之；（2）论佛教发达之原因，及其与两汉时宗教之异点；（3）论东汉之士风。余做（2）（3）题。

晚间预备西洋十九世纪史。

1　雷海宗：1902—1962，字伯伦。河北永清人。1919年考入清华学校高等科，1922年毕业后赴美国芝加哥大学历史系留学。1927年获博士学位后回国，任南京中央大学史学系教授兼系主任，1932年任清华大学历史系教授，后兼主任。1952年后任南开大学历史系教授等。著有《中国通史》《西洋通史》《中国文化和中国的兵》等。

9月8日 星期五

上午考试西洋十九世纪史。刘崇鋐虽不像昨天陶希圣那样自己跑开去，但在讲台上静坐阅书，大家都翻开讲义来抄，满室都是翻书的声音。（1）俄国1905年革命之原因、经过与结果，言其概要；（2）19世纪英、俄两国在巴尔干半岛之势力，因何事生抵触？对于希腊革命（1821—1829）及保加利亚革命（1875—1878）两国态度异同何若？（3）19世纪英国政治家有主张帝国勿再事拓展者，其所持之理由为何？至1870年以后帝国复盛何故？鼓吹提倡者多为何种人物？（4）法国于1830—1914数十年间所得非洲、亚洲属地，列举之；占领摩洛哥所引起之外交，言其梗概。（5）印度人对于英人之治印，有何严刻之批评？英国对印度独立要求，已让步至若何程度？有何问题足为达到独立之阻碍？

下午起预备法文。

9月9日 星期六

上午考试法文。

I. Composition: Choisissez un des thèmes suivants pour une composition (du moins 12 phrases)

a. Ce que j'aime le mieux et ce que je hais le plus au monde.

b. La chaire.

c. Une anecdote.

II. Traduction (en anglais)

Chariot accourt, et le bon vieillard ... de l'autre côté de la montagne.

(see textbook: French Reader)

III. Traduirez en français:

1. What I say is true.

2. What you are thinking of, is bad.

3. It is clear.

4. It is clear that he wants to go anyway.

5. She looks her arm.

6. Give me your hand.

7. Are you his sister? — Yes, I am.

8. I spoke of it to him and to her.

9. a pretty little house.

10. a beautiful lady.

11. a learned lady.

12. a beautiful and learned lady.

13. a red house.

14. hot water.

15. Give me some tea. Give me some good tea. Don't give me bad tea. Give me some tea which your brother sent you.

16. Don't give me tea, but milk.

17. Life is short.

18. I am studying music.

19. I see there two ladies, which is your mother?

下午考试党义，任做一题：（1）三民主义所以解决次殖民地或弱小民族问题；（2）孙中山思想系统何以始于民族终于民生？发卷后未到两分钟，便有人出来交卷，教师只好苦着脸说："至少要一百字才好！"但是那学生连睬也不睬便走了，接着又有好几个人交了卷子出来。我自己做第二题，十几分钟后，也便出来了。但是考试时间表上却排着两小时呢！这种党义真是无聊，去年崔敬伯教时，我第一次去听时有三人，第二次只两人，第三次我不听了，不知道是否还剩有一人，后来我便始终没有去上过课，结果却得一 E。今年换了王德斋[1]，我只第一次去听，欲一瞻风采，后来不再去听，这次算是第二次见面。所谓党义教育，原来如是。

今天由二院附 4 号，搬到五院 611 号，同室仍是张宗燧君。

9 月 10 日　星期日

今天休息一天，上午乘自由车去燕京。后赴海甸购布鞋，又买些卡片来，预备搜索论文材料用。

9 月 11 日　星期一

今天注册，忙了一天。功课大致已定，但欧洲文艺复兴及宗教改革时代史，也许改做版本目录学，将来再看罢！教务处将此次考

1　王德斋，即王宣（1889—1988），字德斋。河北蓟县（今属天津）人。任教于北京大学、清华大学、河北大学，讲授党义课程。1949 年去台湾。

试成绩发表，外交史和史学方法都是 E-（外交史得 E-者仅我一人，得 S-者亦仅吴春晗君一人，其余不外 N、I、F），中国上古史是 S+，中国社会史是 N，法文是 S-，党义 S+，体育 S+。

9月12日　星期二
今日进城购物。

9月13口　星期三
今日开始上课，但仅上了蒋廷黻的课。上午行开学式，我没有去，在房中写信。下午将昨天所买的蜜枣寄回家。

9月14日　星期四
整理西洋近百年史及中国上古史笔记，付装订。

9月15日　星期五
整理中国社会史笔记。下午林济来。夜间有大雨，雷鸣不已，电光闪烁。

9月16日　星期六
今日伴林济赴燕京，祥第、德煊同行，傍晚始返。

9月17日　星期日
整理中国社会史笔记，付装订。下午刘古谛来谈。

9月18日　星期一

今日为"九一八"纪念日。校中仅上午停课一小时，听江亢虎讲演。

9月19日　星期二

阅书：文公直《最近三十年中国军事史》第1篇"军制史"100余页。

9月20日　星期三

阅书：闵尔昌《碑传集补》，以校萧一山《清代学者生卒考》。有暇拟作萧氏此表之补正。又录《集补》中关于乡先哲之碑传（仅孙氏二篇未录）。

今日起，中国近百史专题研究不上班，但题目尚未择定。

9月21日　星期四

今日购到法文读本，读 Romain Rolland〔罗曼·罗兰〕作品，颇觉费力。

9月22日　星期五

阅书：《论语》21期至23期。下午拍网球。晚间观电影《奋斗》。

9月23日　星期六

阅《申报月刊》2卷9期，又整理旧稿《琦善与天津谈判》。下午拍网球。

9月24日　星期日

晨7时许起身，约小张拍网球，直拍到9时许，连臂膀也觉酸了，才罢手。洗澡后返宿舍誊抄旧稿。下午读法文。4时许觉疲倦，依枕稍息，不觉入睡，5时才醒。

9月25日　星期一

下午乘自由车赴燕京，晤及陈德煊。

9月26日　星期二

阅书：Hunter, *The "Fan Kwae" at Canton*［亨德：《广州番鬼录》］。

整理《鸦片战争中的天津谈判》，改写《附录四》。下午拍网球，食鲜藕。

9月27日　星期三

阅书：Rothenstein, *The Russians on the Amur*［罗森斯坦：《俄罗斯人在黑龙江》］。

今日赴蒋廷黻先生处，将《鸦片战争中的天津谈判》一文作最后的商酌，但郭女士[1]在那儿，我便有些踌躇，乃借口择定专题研究

1　郭女士：疑指郭秀莹（1909—2009），后改名吾真。山西榆次人。学者。清华大学历史系第六级（1934年）毕业生，丈夫为清华大学外语系第五级毕业生常风。先后在北平翔教、培华、辅仁等中学任教，1946年任清华大学历史系教员，1950年在北京图书馆工作，次年任山西大学历史系教授。

题目，匆匆选定《太平天国前后之长江流域田赋情形》，便告退了。

9月28日　星期四

预备法文。读了二年多的法文，到现在读起来，每小时还不到一页，真是惭愧。今年所以要选第三年法文，目的是在补这一缺陷。日文呢？只好暂时放弃。

9月29日　星期五

阅书：《浙江减赋全案》，预备作论文。

法文读音总是不准确，欲矫正而一时积习难返，殊为焦急。

9月30日　星期六

阅书：《浙江减赋全案》。

10月

10月1日　星期日

上午赴燕京，晤及德煊及学德。下午拍网球。清华留美考试已发表，清华学生占三分之一以上。25名中计有9名。前次南京留英考试获取的9名中，亦有清华出身的3人。景荣曾向我打趣，但自己亦未尝不见猎心喜也。不知自己的命运如何？能否有一试的机会？更不知自己的学力如何？能否与别人一拼！这些都待将来再说。

10月2日　星期一

晚间云畴来谈，说及明年之去路问题。似乎多一条去路即报考留学。但明年是否有历史一科，已成问题，即令增添，而自己亦毫无把握。至于自费留学，问题是在将来回国后找事的困难。现在国内的大学教授仅有4 000余名额，但现在国外者已近4 000，这些中间有一半要失业，何况三四年以后的人呢！谋事亦不容易，看明年的机会再说。于是剩下只有二条路，进研究院或在家闲散。自己的意思宁可茹苦续学，不愿在家失业。但现在的心境似乎谋事的念头比较进研究院为强，但是把握毫无，且等明年再说罢！

10月3日　星期二

向蒋廷黻先生处讨一封进图书馆书库的介绍信，今天便在书库消磨一上午。

10月4日　星期三

阅书：Gutch, *History and Historians in 19th Century*［古奇：《19世纪的历史和历史学家》］。这三天下午都拍网球。

10月5日　星期四

阅书：《19世纪的历史和历史学家》。

将《鸦片战争中的天津谈判》一文交清华学报社，未悉结果如何？晚间看电影《城市之夜》。

10月6日　星期五

阅书:《李文忠公奏稿》。

10月7日　星期六

阅书:《李文忠公奏稿》。

早晨入书库，翻阅《泉货汇考》。预备替自己家里所收藏的几个古钱做分类考证。下午拍网球。

10月8日　星期日

写信三封。这两天胃病又发，胸膈下隐隐作痛，晚间睡后常被闹醒。

10月9日　星期一

阅书：W.E. Soothill, *A Mission in China*［苏慧廉:《中国传教纪事》]。

这书的作者是在温州传教的，白累德医院及《艺文》的创办都曾参与其间。

胃病本来已难耐，又加以易做噩梦，今天到医院看病。晚间观迎新游艺大会。

10月10日　星期二

阅书:《中国传教纪事》。

周刊社发来聘书，延请为校内特约撰述人。晚间想读法文，但胸膈间作痛，精神不安，勉强支持到 9 时，终于抛开书本睡觉。

10 月 11 日　星期三

预备法文。上午去看病，大夫说硬性食品最好都不要吃，切不要刺激这已受伤的胃。自己便决定用白开水、干面包充饥，希望早点痊愈。

10 月 12 日　星期四

阅书：《左文襄公奏稿》《马端敏公奏稿》。

昨天胃病稍佳，今日又不见佳，真是麻烦。

10 月 13 日　星期五

阅书：《胡文忠公遗书》《骆文襄公奏稿》。胃病稍愈。

10 月 14 日　星期六

阅书：K.S. Latourette, *A History of Christian Missions in China* [赖德烈：《基督教在华传教史》]。

10 月 15 日　星期日

阅书：张德坚等编纂《贼情类纂》，记载太平天国自起事时迄咸丰四五年之事迹及政制典礼，为当时人记当时事，摹临太平天国文件亦不少。萧一山《清代通史》卷下，关于太平天国政制（第三章），即大半根据此书。

下午陈凤书来。晚间赴前届周刊社聚餐会。

10 月 16 日　星期一

昨天晚上多食了一点东西，今日胃病又增剧。去看王杶，据说有盲肠炎的可能，看见他憔悴的脸色，未免使人同病相怜。

10 月 17 日　星期二

上午预备法文。下午本来想誊抄旧稿子，但一入书库便消费了一个下午。

10 月 18 日　星期三

誊抄《评 Mannix's *Memoirs of Li Hung Chang*》［《评曼尼克斯的〈李鸿章传〉》］约万余言（发表处未定）。

除了（1）《鸦片战争中的天津谈判》，（2）《评曼尼克斯的〈李鸿章传〉》二篇外，有暇时拟作，（3）《二程的人生哲学》，（4）《叶水心年谱及学案》，（5）《百年前的中英交涉——Napier［纳皮尔］事件》，（6）《法权问题与鸦片战争》，（7）《几年来新刊行的中国近代史资料》，（8）《奥本海末尔的历史哲学》，（9）《太平天国前后长江各省之田赋问题》，（10）《评萧一山〈清代通史〉外交史一部分》，（11）《评徐志摩译〈赣第德〉》，（12）《评陈博文著中日外交史》。皆已搜集几许材料，如再加扩充，广集材料，加以整理，即可成篇。

10月19日　星期四

将昨天整理的东西寄出去。

10月20日　星期五

昨天晚上的周刊社聚餐以胃病未赴。与云畴、祥第散步，买了些花生米，自己嘴馋贪食，因之昨宵睡得很不安。梦中惚惚在家，见妻在逗着孩子笑，醒后怅然。冷月窥窗，情景凄惨。胸膈下作痛，又令人不能入睡，苦极。微曙后胃痛稍减，朦胧入寐，不久又为钟声惊醒。猛忆第一课时尚有课，不得已起身，赴课堂时始知梁宗岱[1]先生请假。乃赴谷霁光[2]君处取回去年史学方法论文，略改数字，寄到周刊社去，不知能登载否？

10月21日　星期六

开始作《评萧一山〈清代通史〉外交史一部分》。向王栻处借来《清代通史》卷上，先细阅一番，写了1 000余字。

10月22日　星期日

本来预备写那篇书评，但因图书馆今日不开书库，无法参考要

1　梁宗岱：1903—1983，字菩根。广东新会人。作家、学者。1923年保送入岭南学院文科学习，次年赴欧洲瑞士、法国、德国、意大利学习，开始诗歌创作。1931年回国后任北京大学外文系教授兼清华大学外文系讲师、南开大学英文系教授、复旦大学外文系教授。1949年后任中山大学外文系教授。著有《梁宗岱选集》等。
2　谷霁光：1907—1993，湖南湘潭人。清华大学历史系第五级（1933年）毕业生。曾任厦门大学教授和中正大学历史系教授、南昌大学文史系教授、江西大学校长等。

用的书，只好搁下。晚上在王栻房中弄扑克牌，熄灯时始返舍。

10月23日　星期一

写家信二封。

10月24日　星期二

续作书评3 000余字，预备本星期内作好。阅报知，自今日起沪粤航空通航，温州为停站之一。

10月25日　星期三

续作书评1 000余言。为法文事精神很不安，上学期读葛其婉的二年法文，她是马马虎虎，教书不起劲，自己也落得偷懒，不肯费工夫，今年读三年法文，很觉吃力，假使教授认真一点，便有不及格的危险。刚开课时，有20余人来听讲，现在他们大半知难而退，剩下只八九人，都是西洋文学系主修生。自己坐在中间非跟他们一同努力不可，这事有点近于呆气，但是我便是高兴呆干的人。虽心中很不安，怕不及格，但是还要干下去。

10月26日　星期四

昨晚睡眠不安，胃病久不愈，奈何？收回19日寄出的东西，这是预料之中。

10月27日　星期五

复阅《清代通史》卷中。

10月28日　星期六

复阅《清代通史》卷中。

下午云畴来谈，此君又是伸诉功课的忙迫，说萧蘧的功课如何紧严，精神如何不安，这种教育制度如何不合理。我笑着说：这种教育制度并不是不合理的，现在这一班刚入大学的小孩子，是需要严紧的教育制度。我们是在自由研究的空气中长成，一旦换了氛围，自然觉得不舒服。云畴连说不错。后来与他去邀二王拍网球。晚间与二王在祥第房中弄扑克。熄灯时始返室入睡。

10月29日　星期日

预备法文。下午拍网球。

10月30日　星期一

今日历史学会参观利玛窦墓及周口店猿人标本。下午2时动身，3时许抵栅栏圣母会修院，现办有上义师范学校。院中侧面即坟地。我曾由 Henri Cordier, *Bibliotheca Sinica*［高第：《西人论中国书目》］中录得坟地平面图，但今已易旧观。后赴兵马司地质调查所，参观周口店所得之化石，北京人头骨模型和用具（石、骨），以及新石器时代之石器、骨器、陶器（齐家、仰韶、马厂为新石器末期，辛店、寺洼、沙井为金石并用期）；又参观矿物标本室，有平阳矾山之明矾及永嘉大双坑之硫锌矿。返校时已五点半矣！

10月31日　星期二

续作书评三四千言，预备在本星期五以前作完。明天的法文决定不去上课，留在室内做文章。

11 月

11月1日　星期三

续作书评三四千言。今日起，热水汀已生火。下午祥第叫我拍网球，我因为要赶快作完这篇书评，自然不肯废耗时间，摇摇头。他们拍球去了，我依旧皱紧眉峰在绞脑汁，自然又想起他们正在高兴狂欢地拍球，我却在这儿孤零地坐着摇笔尖，这是何苦来呢？但是我还是继续写下来，我没有空闲再去思想，我以全副精神灌注在自己目前所做的事情中去！

11月2日　星期四

续作书评2 000余字，全文2万言左右已经完卷，现在只待复阅一番，便可算完了一桩心愿。但 Robbins, *Our First Ambassador to China*［罗宾斯：《我们驻中国的第一任大使》］一书未借到手，殊可焦急。

11月3日　星期五

向杨凤岐[1]处借来《清代通史》卷中（商务本）加以对勘。

---

[1] 杨凤岐：1905—1970，河北高邑人。学者。1931年从清华大学历史系毕业后留校任助教，1935年赴意大利罗马大学留学，1939年获文学博士学位。曾任意大利罗马大学东方学院教授、联合国驻希腊特别委员会委员等。译有《欧洲近世史及现代史》（与王信忠合译）等。

11月4日　星期六

上午赴燕京，借得 Romain Rolland, *Jean-Christophe*［罗曼·罗兰：《约翰·克利斯朵夫》］的英译本。阅其 Vol. Ⅰ. Part. Ⅰ "The Dawn"［第1卷第1章"黎明"］百余页。

阅约翰·克利斯朵夫童年事迹，使我想起自己的童年往事。在光华时为月刊社催稿，曾着手写片断回忆的童年时代，但只写了一段小序，其后便没有继续写下去。因为年纪太轻，当时的事已够忙了，哪里有闲心情去温习过去的旧梦。少年时记忆尚佳，没有闲心情坐下来写，老年时能坐下来写，可是记忆多半消失了，此所以世界上少有佳好的自传。

11月5日　星期日

阅书：罗曼·罗兰《约翰·克利斯朵夫》Vol. Ⅰ , Part. Ⅱ "Morning"［第1卷第2章"清晨"］; Part. Ⅲ "Youth"［第1卷第3章"少年"］; Part. Ⅳ "Revolt"［第1卷第4章"反抗"］。这一卷叙述约翰·克利斯朵夫与 Otto［奥托］的同性恋，及与 Minna［明娜］的初恋。

11月6日　星期一

阅书：罗曼·罗兰《约翰·克利斯朵夫》第1卷第3章"少年"。

11月7日　星期二

阅书：罗曼·罗兰《约翰·克利斯朵夫》第1卷第4章"反抗"。

11月8日　星期三

阅书：罗曼·罗兰《约翰·克利斯朵夫》第1卷第4章"反抗"（p.600，完）。想试试自己阅英文的速率，这五天阅了600页的书，每小时可读20页，但未作札记，不求甚解。成绩不过如此，速率似太慢。

11月9日　星期四

预备法文。这几天为胃疾所苦，昼间尚不觉得怎样，夜间五六时即醒，不能复入睡，以致精神不振。

11月10日　星期五

预备法文。下午赴燕京，晤钱天祐君，知罗曼·罗兰一书，燕京在指定参考书中，大喜。托钱君借《约翰·克利斯朵夫》的第3卷。下午去治沙眼。

11月11日　星期六

温习法文。下午杨学德来，半个下午拍球，半个下午闲谈。

11月12日　星期日

温习法文。晚间吴春晗君来，这是下学期的第一次会谈，我将上学期所作书评给他看。他说萧一山的书实在不大高明，商务的大学丛书中列入这书，大部分是面子关系，审查委员顾颉刚、陈寅恪[1]诸先生都不赞成列入。萧先生得蒋介石的补助费 3 万元，到欧洲研究去，商务印书馆殊又欲得罪与政府有关之人物也。

11月13日　星期一

温习法文。今天下午乌云密布，雨雪交加，为今冬第一次下雪。

11月14日　星期二

上午赴燕大，将《约翰·克利斯朵夫》第 1 卷还给德�，乘便参考罗宾斯的书。下午整理那篇书评，整理好后即寄出。此后二月以内，预备作《百年前的中英交涉》及毕业论文，此外则法文加油，有空可学点日文，再有闲可找人闲谈及读《通鉴纪事本末》。胃病这几天又发，虽然晚间 9 时许便睡，但晨间五六时许即以胃痛而醒，不复入睡，精神极坏，还是休养身体要紧。晚间云畴及古谛来，闲谈着毕业后的问题，结果是同声一叹，付之天命。不过我知道自己的前途最捉摸不定，找事情的成功希望最少。但是也没有办法，让他去！9 时半周刊社送来稿子样张，又费了半小时的工夫去校对。

11月15日　星期三

社会记事：今日阅报，闻福建独立，另组政府，反对中央。近

1　陈寅恪：1890—1969，江西义宁（今修水）人。曾在德国柏林大学、瑞士苏黎世大学、法国巴黎高等政治学校和美国哈佛大学学习，长达十余年。1925 年任清华学校国学研究院导师，后任清华大学中文、历史、哲学三系合聘教授。1949 年后任中山大学教授、中央文史馆副馆长等。著有《隋唐制度渊源略论稿》《元白诗笺证稿》《唐代政治史述论稿》等。

日卖国外交（设关通邮交涉），内乱又将起矣！

读鲁迅《伪自由书》。文笔老辣，言人所不敢言，我一口气读完它。

11 月 16 日　星期四

预备法文，靠着英译本之助，居然在一天中读了 22 页，这是我读法文速率的新纪录。

11 月 17 日　星期五

预备法文。

11 月 18 日　星期六

预备法文。读《约翰·克利斯朵夫》英译本第 9 章 "Burning Bush［燃烧的荆棘］"。傍晚德煊来，晚餐添了一个 8 角 4 分的什锦火锅，整个晚上一点事不做，只弄纸牌，临睡时仍觉腹痛，辗转反侧，良久始入睡。胃病一时不能痊愈，奈何！奈何！

11 月 19 日　星期日

读毕《约翰·克利斯朵夫》英译本第 9 章（第 3 卷，pp.165-344）。下星期一定要看完它，以便还给图书馆。

11 月 20 日　星期一

预备法文 10 余页。

11月21日　星期二

预备法文 20 余页。前届周刊社送来纪念章一枚。

11月22日　星期三

阅书：《约翰·克利斯朵夫》第 10 章 "The New Dawn ［复旦］"。

时代的齿轮转动得越速，思想界的先锋之落伍也越速，读此卷时恍惚看见中国最近十几年的思想界，但是中国思想界的权威者，大多不肯高喊："March over us. Trample us under your feet. ［超越我们向前进，把我们踩在你的脚下。］"

11月23日　星期四

阅毕《约翰·克利斯朵夫》Vol. Ⅲ "Love and Friendship"［第 3 卷 "女朋友们"］（pp.1－504）。

此书为罗曼·罗兰之杰作，叙述一奋斗成功之音乐家一生事迹。英译本译笔甚佳，分三卷，惟中卷未读，拟俟假期中再读。

11月24日　星期五

下午赴燕大，晤陈德煊君，借得《江苏减赋全案》。

11月25日　星期六

上午阅书：Eames, *English in China* ［埃姆斯：《英语在中国》］100 余页。下午至图书馆抄录《工商半月刊》所登载之《浙江永嘉工商业调查》。

11月26日　星期日
阅书：埃姆斯《英语在中国》100余页。

11月27日　星期一
阅书：《史料旬刊》及 *British and Foreign State Paper* ［英国外交文件］中关于纳皮尔来华事件，预备做一篇文章。

11月28日　星期二
写《百年前之一幕中英冲突》2 000余字。

11月29日　星期三
续写《百年前之一幕中英冲突》2 000余字。

晚间应约往见 Gapanovich ［噶邦福］，与外国人私人接谈，这算是第一次，以前如赴 Holland ［霍兰德］处开茶话会都是结伴去的。今天的经验使我觉得自己的英语程度尚不够，常苦词不达意。

11月30日　星期四
续写《百年前之一幕中英冲突》2 000余字。共约 6 000 言，作一结束。拟明天投交《申报月刊》社。本学期拟不再做东西，想整理课内事务，尤其是毕业论文及读《通鉴纪事本末》。

昨天下午与宗燧至合作社食些栗子，晚间又睡不安。小张说我用功过度，致得失眠，只是误会，我自己知道失眠的原因在胃病，不过想胃病早痊，自要多活动身体，减少读书的时间，这倒是不错的。

12 月

12 月 1 日　星期五

阅书：J.J. Gapanovich, *Sino-Russian Relations in Manchuria*（1892 - 1906）[噶邦福：《满洲的中俄关系（1892—1906）》]（pp.1 - 47）。

昨天做完一篇东西，今天复阅一番便寄出去，能获登与否虽难断言，但总算了结一桩心愿，颇觉爽快。

12 月 2 日　星期六

今天进城，赴商务印书馆购廉价书数册，又在东安市场买旧书数册，再赴新月书店买廉价书二册。赴同生照相馆摄影。这是毕业照片，要戴制帽穿制服，揽镜自照，不禁失笑。由照相馆出来，赴景山书店购买缪凤林《中国通史纲要》。欲乘便赴北大购陈垣《二十史朔闰表》，腰间钱已用尽，只得作罢。旋即赴青年会乘车回校。携了两大堆的书，自视殊觉可笑，时常贪买便宜书，不知反以此耗去金钱不少。

12 月 3 日　星期日

阅书：《江苏省减赋全案》首三卷，搜集论文材料。

上午与王栻谈话，询及吾明年毕业计划，余只得以未定答之。吾

志在继续升学，而家人则颇欲我谋事。然位置之能找得与否，权在他人手中，自己毫无把握。至于升学则有出国与留校二途，出国一途对于余之引诱力较大，但其困难亦较多，最重要者即经济问题，家中虽不贫困，然留学费用之负担过重，非中人之产所能胜任，大哥曾劝我出国，父亲虽未发表意见，然颇有难色。自己亦知家中经济情形，不欲孤注一掷。但留校之时期既长，将来之出路仍与大学毕业相类，所得学问亦殊有限。杙劝我下决心出国，然吾意殊踌躇不易决也。

12 月 4 日　星期一

今日报载，闽省有 4 日下午下总攻击令讯。不知故乡安危如何？殊为焦急。下午写信回家去询问。

12月5日　星期二

阅书：《江苏减赋全案》四、五、六卷。

据连日报纸记载，谓上海盛传浙闽军在平阳发生冲突。报载中央当局否认前线已接触，然当局之言，久已失信用，自不足置信。故乡安危殊为可虑，至为不安。《世界晚报》谓闽军已于4日晚下总攻击令，右翼将进占瑞安、温州，此中略去"平阳"殊可耐昧，或暗示平阳已失欤！

12月6日　星期三

阅书：《江苏省减赋全案》卷七及卷八。

今日报纸记事又甚沉寂，虽载闽方已下总攻击令，但尚无接触消息，故乡谅无恙，稍放心。

12月7日　星期四

阅书：冯桂芬《显志堂稿》中关于江苏减赋诸篇。

下午王栻君来谈，见案头所置新购之缪凤林《中国通史纲要》，因言及在今日中国史学界情况下，敢于作通史者，仅有二派：一派为守旧之右派，如柳诒徵及缪凤林辈，以中国旧有之历史哲学为基础，以整理旧史；一为新起之左派，以新输入之唯物史观为基础，大刀阔斧地构成中国社会进化史。至于中央派之胡适、顾颉刚等，利用西洋19世纪之史学方法，欲用考据入手，逐渐整理，尚未敢着手贯通五千年之通史也。就将来结果而言，或以此派为最有希望，但以目前之未经清理之史料，殊未足以筑通史。杕君殊后悔误入史学系，以杕之性情近于沉思贯通之哲学，而不耐烦于琐碎之考据也。

12月8日　星期五

至书库中翻阅《沈文肃公政书》《曾文正公奏疏》及《江西通志》，欲寻找江西减赋之史实也。今日校中已公布大考时间表，此后须对功课稍留意矣！

12月9日　星期六

阅书：刘锦藻《皇朝续文献通考·田赋考》及《曾文正公书札》。

上午入书库，因为曾看见《达衷集》有一篇英人转录的《威海卫环翠楼记》，想在中文书中找出根据，搜寻了两小时多，只在《登州府志》中找到一条："威海卫司西北城上有环翠楼，下有望月台，为明指挥王某建。"真是失望。我想《文登县志》中大概可以找到，但清华图书馆无此书，要到北平图书馆去找。

12月10日　星期日

阅书：刘锦藻《皇朝续文献通考·田赋续考》。

晚间写家信询问故乡情况，这几天报载虽没有前星期那么紧张，但密云不雨终将有大雷雨袭来，心中殊为暗惧也。

12月11日　星期一

阅书：《清史稿》，想找点关于安徽减赋的史料，抄录了一篇《黄体芳传》。

《图书评论》社忽寄来第一卷合订本二册，大概是前次的稿子可以采用，书费或许在稿费中扣去。

12月12日　星期二

阅书：《曾文正公书札》。

晚间忽感不适，呕吐数次。这半年中为病魔所侵，近数星期胃病幸未发，今日忽又不适，殊为悸然。

12月13日　星期三

阅书：《曾文正公书札》及《批牍》。晚间读《通鉴纪事本末》卷十《明帝奢靡》一节，参考《三国志》一一注明出处，可见其采择工夫，惜此事太费工夫。

12月14日　星期四

阅书：《胡文忠公遗书》中"书牍"及"批札"，《李文忠公全书》内"朋僚函稿"，预备再翻阅《东华录》及《清史稿》，即告一段落。

12月15日　星期五

阅书：《清史稿·食货志》及文、穆二宗本纪。

晚间周刊社送来《洋书辩伪》样张，错字颇多，费了1小时才校完送还。

12月16日　星期六

蒋廷黻先生带领进城参观使馆界。晨8时由校出发，首赴英使馆，由使馆副领事Altilton〔阿尔蒂顿〕引导，在公使办公室内见有历任公使小照，又《〈南京条约〉签字图》（附有图中人物姓名）。会客室为中国式，闻系王府改造。次赴美使馆，不如英使馆占地之广，招待者为天津领事，以室内正在办公，故仅在外面游览一周。乃赴荷使馆，荷使亲自接待，室内陈设甚华丽。告辞而出，已11时半矣。午餐在司法部街华美番菜馆，席间蒋先生谈中国外交界人物，以颜惠庆最受人敬视，顾维钧、施肇基次之。下午赴意使馆，误入意兵营，蒋先生虽谙英、法二国语言，至此亦均失效，意兵仅知意语，后由路人告知意使馆在另一街，入意使馆，招待者引入会客室，围坐用茶。1时半，本欲赴日使馆，但事前接洽，未有复信，不能去，疑有意拒绝吾人，可见岛夷气量之狭小。乃赴法使馆，有满腮长须之法文招待，用法语问答，同学中几无人能懂，幸蒋先生法语尚不错。法使馆所藏档案颇富，英、美使馆旧档案运回本国，荷、意使馆则在庚子年被焚。后又赴德使馆，会客室旁悬有《辛丑条约》签订图，及克林德肖像（德国历任公使俱有肖像）。4时乘车返校。

12月17日　星期日

阅书：芍唐居士《防海纪略》卷上。

下午与王、徐、吴三君至圆明园散步，后又赴体育馆拍篮球。接父亲来信知故乡尚无恙。

12月18日　星期一

阅书：《防海纪略》。忽忆及其与石印本魏源《圣武记》中《洋舶征抚记》相似，乃取来对照，果然抄袭之痕显然。按旧刊本《圣武记》中此篇有目无书，余颇疑石印本之出于窃取擅加也。又清泉芍唐居士自称"先贤后裔"，疑即《林文忠公逸事》之作者曾寅光，惜不知曾氏是否为湖南清泉人（遍检光绪年修《湖南通志·选举志》，无其名），又不知其是否尝在北塘军次，疑莫能明。

晚间写家信二封。

12月19日　星期二

《图书评论》社的稿费寄来了，一共是80元，恰合预料，总算令人满意。这一年中的稿费收入达200余元，实非始料之所及。不过我仍觉得卖文生活太清苦，偶一为之则可，若靠此来维持生活，似乎有点困难。今天寄来的稿费令我太高兴了，从前的一番辛苦，总算不白费了。

上午赴燕京借来《同治朝东华录》。下午预备法文。

12月20日　星期三

阅书：《同治朝东华续录》。

12月21日　星期四

阅书：《同治朝东华续录》。

阅报，闻闽浙边境已开战，庆元、泰顺炮火尤烈，不知家中情形如何？14日大哥来信云："苟不幸大战发生，惟有迁家避沪而已。"不知目前作何计划。

12月22日　星期五

今日将毕业论文大纲交与蒋廷黻先生一阅。蒋先生说："大纲尚妥，无问题。惟参考书尚希望再阅几本。"并指出几本。他指出：（一）汪士铎《林文忠公抚鄂纪略》及《史料旬刊》中琦善一奏；（二）图书馆未编目书中尚有数种，俟查出后通知；（三）社会调查所抄录所故宫档案及安徽重修通志馆北平办事处（地点未详，待查询）。后来我又提出石印本《圣武记》中《洋舶征抚记》一篇的作者问题，他也怀疑不是魏源做的，告诉我姚薇元[1]君有申报馆聚珍版《圣武记》，姚君已为《圣武记》所载史事作考证，可往与商榷。下午我往姚君处，姚君也说这篇颇可疑，并云北平图书馆藏有单行本无著者姓名之《洋舶征抚记》。余疑《圣武记》中一篇，为申报馆取单本□□（道光廿六年古微堂本有目无书），至于《洋艘征抚记》

1　姚薇元：1905—1985，安徽繁昌人。1926年考入清华学校物理系，后转历史系，1931年（第三级）毕业后，考入研究院，1936年毕业，获得硕士学位。曾任大夏大学、贵州大学、中央大学、金陵女子学院、国立政治大学教授。1949年后任湖南大学、武汉大学历史系教授。著有《鸦片战争史实考》《北朝胡姓考》《唐代诸帝享年考》《唐代回纥人华北考》等。

则系抄袭《防海纪略》，有暇当作文一篇，专论此事。

12月23日　星期六

阅书：《通鉴纪事本末》卷十（《司马懿诛曹爽》《吴易太子》《诸葛恪寇淮南》）。

下午偕刘古谛赴燕京，晤及陈凤书、钱天祐及陈德煊诸君。燕京中溜冰风气甚盛，未名湖中，冰上飘然往来者皆溜冰士女也。来北平将近四载，未曾试过一次，殊深自惭愧，未能利用此溜冰之机会也。

12月24日　星期日

阅书：《通鉴纪事本末》卷十一上（《魏灭蜀》《淮南三叛》《司马氏篡魏》）。

12月25日　星期一

阅书：《通鉴纪事本末》卷十一下（《晋灭吴》《羌胡之叛》《陈敏之叛》）。

12月26、27日　星期二、三

阅书：《通鉴纪事本末》卷十二（《西晋之乱》）。

12月28日　星期四

阅书：《通鉴纪事本末》卷十三上（《刘渊据平阳》《慕容据邺》《成李据蜀》《张氏据凉》）。

在中原丧乱的时候，北平因五胡杂居的关系，民族之雄杰更易起而为独立的运动，辽东之燕及西北之凉，因为地处边徼，犹民国以来之新疆及东三省，易于脱离中央的政权，四川盆地自成一区域，故亦易发生政权分化的运动。至于刘渊的据占黄河流域，意义最为重大，有与南方对峙的形势，后来石勒几统一北方，惜以政治不良遂告崩溃。燕向南侵入中原，秦由关中向四周扩充，秦、燕相遇，秦告胜利，遂统一北方，与东晋相对峙。

12月29日　星期五

阅书：《通鉴纪事本末》卷十三下（《王敦平湘汉》《石勒寇河朔》《前赵平秦陇》《石勒灭前赵》《氐据仇池》）。

将昨天接到的蔡谦君来信，交与蒋廷黻先生一阅，蒋先生遂写介绍信一封，致陶孟和先生，其辞曰："孟和兄，清华同学夏鼐，现正研究咸同时代长江之田赋问题，尊处所抄录之档案，可供其参考否？其中或有少数，夏君须抄录，如蒙允许，夏君拟于寒假内至尊处工作一二星期，如何之处，请示知，专此即颂公安，弟廷黻。"即再致蔡君一函。

12月30日　星期六

阅书：《通鉴纪事本末》卷十四（《东晋之内乱》《前燕之强盛》）。

12月31日　星期日

阅书：《通鉴纪事本末》卷十五（《东晋统一南方》《前秦统一

北方》)。

下午校中举行聚餐会。晚间有游艺会，以今日预备读完一卷书，未去观看。

1934 年

1 月

1月1日　星期一

今天是元旦，但是佳节良辰对于我已失去了它们的意义。我仍是依着预定的计划，读了一卷《通鉴纪事本末》，这是第十六卷，叙述了淝水之战，秦国大败，政权亦崩溃，发生了三个新国：后燕、后秦与西燕。后秦灭前秦，后燕灭西燕，北方的大部分归入这两个政权之下。魏国牧马南下，夺取了后燕的冀、并各州，使后燕保余土于东北，燕的南方余土又成立了一个新政权是谓南燕。但是这时候的后燕和南燕，不过是前时后燕的剩余而已。读到晚10时余始掩卷欲睡，想起新年日记未记，草草地写了几句话，但因新年是一年的第一天，使我想起今年下半年的计划问题，今年也许是我的生活史上划时期的一年，至少可以说，我一生的事业是决定于今年。对于这样重要的一年，我却到现在为止还没有一定的计划，偶然想起下半年的问题，常令我有一种渺茫难捉摸之感。

社会记事：闽军攻浙，平阳吃紧，分水关及镇下关皆发现闽军前锋队。

1月2日　星期二

阅书：《通鉴纪事本末》卷十七上"伪楚之乱""卢循之乱"；卷十七下"谯纵之乱"。前者是叙述东晋的两大势力的升降，荆襄的军队是东晋武力的中心，王敦、桓玄都假之以作乱，但淝水战后淮南的北府兵势力骤盛，与荆襄对峙，王恭、殷仲堪之作乱，便是由于二人分握有这两大势力在手中，晋廷不得不杀王国宝等以谢之。桓玄杀刘牢之，诛几北府旧将，于是刘裕率北府兵起事，诛桓玄，荆襄兵力骤衰，北府称雄东晋，刘裕终得篡帝位。至于"卢循之乱"，是叙述东南沿海发生了新宗教（这或许由于与航海而来之外族相触而生，但无确证），野心者凭借这宗教以作乱。"谯纵之乱"，则叙述四川盆地的独立运动。这三次乱事，都为北府兵所平定。

1月3日　星期三

阅书：《通鉴纪事本末》卷十七下及卷十八。所叙述的是东北方面，后燕为魏所截断，南部成立南燕，北部的剩余为冯氏所篡，成为北燕；西北方面，除了后秦外，在苻氏败亡时，西北边徼上又成立了后凉及西秦，后凉衰时，又成立了北凉、南凉及西凉（西凉由北凉分出，但不久即复并于北凉），但后凉为西秦所灭，其他四国也都称藩于西秦，所以只有后秦最重要。后秦衰，北方有夏国崛起，攻掠秦境。后来，南凉为北凉及西秦所分，西凉为北凉所灭，西秦及夏又亡于魏，西北仅剩北凉。同时，南朝北伐，攻取南燕及后秦。

最后魏合并北燕及北凉，这两个最在极边的国家。于是439年成为南北朝，从304年蜀、赵称王，135年的纷乱，告一结束。这一时代中北方十六国的分合，最繁复不清楚，我想从地理区域及人种两方面去统御它，上面所撮述的，不过是从地理一方面着想，先做一大纲而已。

1月4日　星期四

写了四封信，做了一篇目录版本学的报告，仅1 000余字，敷衍而已。收到《图书评论》第2卷第5期，见前作之《评〈清代通史〉》一文已经登出。

1月5日　星期五

阅书：《通鉴纪事本末》卷十九上，刘宋初年的内忧外患，即"刘裕篡位""徐傅废立""彭城王专政""元魏寇边"。读这书时想乘机得些益处，所以加以标点，并于书眉上做撮要，但这样一来所花费的时间实在太多，不要说整部的《通鉴纪事本末》难看完，便是陈寅恪先生所指定的到第二十六卷"高祖兴唐"为止的一部分，也一时难读完。我预备读到第二十卷为止，暂告一段落。至于晋南北朝隋史，撰作论文以代考试。

1月6日　星期六

阅书：《通鉴纪事本末》卷十九下、卷二十上。宋文帝力图恢复中原，曾一度收复四镇，但终遭败北。不久南北都经过弑逆之祸，但北朝不久便平定，南朝则孝武帝除逆嗣位，不得去除德丑位齐的同举义师者，所以又有南郡王、竟陵王的两次叛变。孝武死后，又有废帝之乱及晋安王之乱，所以国力大亏，明帝时便丧失了淮北四州及豫州淮西之地。这一段不到二十年的历史，恰巧表明内乱对于国家元气损害之巨。

1月7日　星期日

阅书：《通鉴纪事本末》卷二十下、卷二十一上（"元魏寇齐"）。在南朝方面经过两次的篡位，免不了诛除异己者的一套把戏。北朝却在孝文帝治下，变法图强，所以其结果是北强南弱，魏人南下，取去了沔北五郡。

1月8日　星期一

阅书：《通鉴纪事本末》卷二十一上，"萧衍篡齐"；卷二十一下，"南北交兵"，"魏伐柔然"。梁武帝的文治是南朝之最，即在武功方面，其初年亦颇可观，能抵御北魏的南侵。

一口气读了11卷半的《通鉴纪事本末》（《万有文库》本共7册半，计740页）。现在有些倦了，想休息一下，以下还有5卷，考期距今却只剩3天，恐无余暇矣！

1月9日　星期二

想作晋南北朝史的论文，一时找不到题目。后来偶得一题《论北魏兵士除六夷及胡化之汉人外，似亦有中原汉人存在》，到书库去找材料，写了 3 000 余字，便算交卷。

1月10日　星期三

今天是学期考试的第一天，但是今年我的功课都是做论文替代，只有张星烺[1]的宋辽金元史是在课室考试。今天誊清了昨天所作的那篇东西，看看篇幅太短，过意不去，想再作一节《论东晋徙民》，花了半天搜集材料，材料颇不少，但嫌麻烦，又放弃了不去做。

阅书：Walter Leaf, *Homer and History*［沃尔特·利夫：《荷马与历史》］50 余页，预备做希腊史论文也。

1月11日　星期四

阅书：沃尔特《荷马与历史》，又 *Cambridge Ancient History* Vol. Ⅱ.［《剑桥古代史》卷2］中 Bury［伯里］所作 "*Achaean Greece*［《阿卡亚希腊》］"。

下午预备宋辽金元史。张星烺先生编的讲义并不见佳，取材大致从《宋史》及《宋史纪事本末》，未经融会贯通，所采录屑细史实过多。幸得他的考试是马马虎虎的，假使像蒋廷黻先生那么严厉，那便要吃苦了。

1　张星烺：1888—1951，字亮尘。江苏泗阳人。学者。早年入上海南洋公学、天津北洋大学求学，1906 年后赴美国哈佛大学化学系、德国柏林大学生物化学系深造。长期任辅仁大学历史系教授兼系主任，并在北平大学、清华大学、燕京大学等校兼课。著有《中西交通史料汇编》《欧化东渐史》等，译注有《马可孛罗游记》等。

1月12日　星期五

上午晋南北朝隋史考试，试题：（1）试释"五胡十六国"一名辞之涵义；（2）试述北魏六镇之乱的前因后果。我因为已做论文替代，故未参加考试。

下午宋辽金元史考试，试题：（1）问宋太祖中央集权政策如何措施，对内对外利弊如何？试申述之；（2）问王荆公变法，关于教育事业，有何新设施？试详言之；（3）问五代分崩，群雄割据，有类今日，然五代时颇有孳孳为善者可略举数人否？其政绩若何？为何今代竟无一抱功德利民之心者？古今心理有何不同？（4）问西辽建国经过若何？任择三题。

1月13日　星期六

作希腊史论文 *Achaean Civilization* [《阿卡亚文明》]，作了5页便算完卷。下午又到图书馆中乱翻书籍。晚间写了四封信。又将《鸦片战争中之天津谈判》一文寄出，不知能获登否？使人胆虚气馁。前寄《申报月刊》一文，至今仍无消息，亦不知吉凶如何？我觉得卖文这事，至多只能当作副业，若专靠这吃饭，大概是要饿肚皮的，尤其是像自己这种人。

1月14、15日　星期日、一

作法文 *Jean-Christophe* [《约翰·克利斯朵夫》]之撮要，以代考试。

1月16日　星期二

今天考试完毕，明天起放寒假。将法文考卷抄一遍。平时苦恨功课太忙，现在无课，又觉得百无聊赖起来。晚间赴周刊社聚餐。

1月17日　星期三

阅《东方杂志》新年号，其中"时人传"（汪精卫、蔡子民、胡适之、王云五）最引起我的兴趣。赴蒋廷黻先生处询知社会调查所已有复函，允许查阅档案。

1月18日　星期四

进城在东安市场购了几本旧书。赴北平图书馆阅书。再赴社会调查所接洽参考档案事，决定下星期前往进行工作。

1月19日　星期五

阅书：程演生辑《太平天国史料》第一辑3册。

1月20日　星期六

阅书：《中国近代经济史研究集刊》第1期（122页）。

1月21日　星期日

阅书：许地山编《达衷集》200余页。

接社会调查所蔡谦来信："各事现均接洽就绪，档案甚多，不便借出，请兄在 22 日到所当面与汤象龙[1]君接洽为盼。至于住处，设不嫌敝处简陋，即请暂住弟处可也。"

1月22日　星期一

今天携了手篚进城去。下午晤及汤象龙君谈及参阅档案事，始知［社会调查］所内抄录之档案，与我所研究之问题无关，大为失望。汤君允许明天伴我到北大　查。晚间赴北平图书馆阅太平天国文件八种。

1月23日　星期二

上午与汤君赴北大国学研究所，晤及赵泉澄君，询问北大所藏档案。据云，顺、康、乾诸朝档案较多，咸、同间甚少，至于咸、同间减赋之文件则似未见。这真令人失望。我乃赴北平图书馆，阅吴云《两罍轩尺牍》。

1月24日　星期三

上午赴北大晤及王明君。旋赴东安市场购买旧书。再赴西单东华公寓访黄靓君，见他们在打麻将，我在旁作壁上观。晚餐在西来

1　汤象龙：1909—1998，别名豫樟。湖南湘潭人。清华大学政治系第一级（1929年）毕业生，升入研究院攻读研究生。1930年任职于北京调查研究所、中央研究院等。1936年赴英国伦敦政治经济学院、法国巴黎大学文学院、德国波恩大学深造。1942年任经济部物资局专门委员、上海经济研究所研究员等。1949年后任四川财经学院教授。著有《民国以前的对外赔款》《中国近代海关税收和分配统计》《中国近代财政经济史论文集》等。

顺食羊肉锅。仍在社会调查所过宿。

1月25日　星期四

上午赴北平图书馆阅《浙江赋役全书》。下午又往阅太平天国文件，并抄录了《幼学诗》一种。晚间蔡谦请客，邀我及王镇中、钱女士一同赴西长安街广和楼晚餐，用去了三块多钱。返舍后，与王君下了两盘棋，即睡。

1月26日　星期五

今天告别蔡、王二君，到西单市场及东安市场买了几本旧书，又去拍半身照片。下午乘汽车返校。连日在城内虽很安适，但在人家处做客，总不舒畅，回来后精神很萎靡不振。晚间在景荣处与学德等谈，至近熄灯始返。

1月27日　星期六

9时许才起来。上午与学德等拍篮球。下午至贤修处弄扑克，又赴叶岑处听留声机。晚间在景荣房中，几个同乡开留声机作乐。这几天精神很是不振，没有心情读书，我疑惑自己又有病在身了，否则决不会这样萎靡。

1月28日　星期日

上午抄录1941年至1970年间之中西历日对照表。下午贤修来闲谈。

1月29日　星期一

抄录 1971 年至 2000 年间之中西回历对照，又添入回历作成一表，附入陈垣《二十史朔闰表》的后面，即交仪华钉书局装订封面。

1月30日　星期二

今日上海交通［大学］与清华［大学］赛球。

1月31日　星期三

阅书：Putnan Weale［朴笛南］《庚子使馆被围记》(中译本共 240 余页)。

晚间在景荣房中闲谈，食了瓜子与花生米，回来后忽觉不舒，腹泻 2 次，并且呕吐。夜间睡眠不安，颇为苦痛。

2 月

2月1日　星期四

阅书：马士《中华帝国对外关系史》第 3 卷。

今日病体稍佳，但胃口甚坏，整天只饮 2 杯牛奶及四五块蛋糕。遇到祥第，他亦病了，真是同病相怜。下午贤修闻我生病，故来看视，盛意殊可感也。

2月2日　星期五

阅书：《中华帝国对外关系史》第 3 卷。

图 6 清华、燕京二大学温籍同学毕业合影（被举起者中为夏鼐）

图 7 清华、燕京二大学温籍同学毕业合影（清华大学图书馆前，前右二为夏鼐）

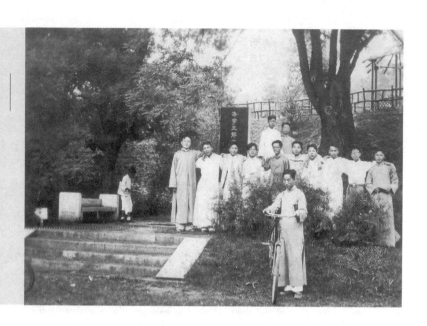

下午拍了几张小照，集合同乡在合作社中用点心，又拍二照以作纪念。这些照片如不错，我预备即登入年刊中。

2月3日　星期六

阅书：《中华帝国对外关系史》第3卷。

上午写了一封信给林济，他说在沪没钱用，向我借20元。我昨天向王杖借来，今日汇寄给他。

2月4日　星期日

阅书：《中华帝国对外关系史》第3卷（全书485页，完）。

340

2月5日　星期一

阅书：王芸生《六十年来中国与日本》第4卷100余页。

上午往见蒋廷黻先生，商榷毕业论文事。前星期曾往历史系办公室数次，皆未晤及，今日始晤及。遂询以图书馆未编目书籍中是否尚有可参考者。乃同赴书库中，见新购未编目书籍乱堆一处，无法检寻，废然而返。以后拟着手写完，寒假中一事无成殊可惭也。

2月6日　星期二

阅书：《六十年来中国与日本》第4卷100余页（352页，完）。

明天要开学了，今天到注册部去看分数，只发表两样功课，宋辽金元史是E，晋南北朝隋史是S+。前者得E者颇多，并不稀罕，后者得S+仅我一人，更没有一个得S+以上，颇感欣然。这科试卷已发还，有陈寅恪先生的评语："所论极是，俱见读书细心，敬佩敬佩。[1]"像小孩儿骤得大人的赞许，不觉有点飘飘然。怎么这样不长进，为了小事情便喜形于色。

2月7日　星期三

阅书：《六十年中国与日本》第5卷100余页。

今日接到父亲的信及家中寄来的过年货。父亲的信中说起温州市况的衰落，钱业的赔累。寄来的过年货，有腊鸭、腊肉、鳗鲞及

1　陈寅恪先生评语原为："所论甚是，足征读心［书］细心，敬佩！敬佩！"

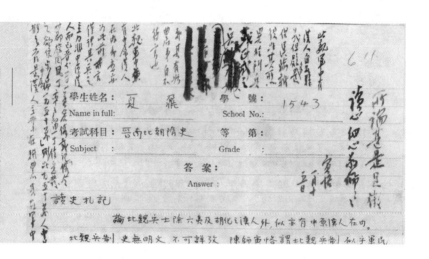

鸡肫干。晚上邀了同乡六七人到三院，喊了一斤黄酒，喝得半醉。返来后，脸上有点热，脑中有些昏瞀，模糊中想到假如自己现在是在家里，将有何种的情形。已有四年未在家过年了，晨曦下倚着西厢曝日光，或冬夜躲在室内浅斟，这些是平凡的生活，然而我却有些依恋于这些平凡的生活。

2月8日　星期四

阅书：《六十年来中国与日本》第5卷100余页（全书390页，完）。

昨天起已开始上课了。上学期的考试又发表两样，都是居全班的殿军，目录学为N，希腊史为S，不觉失笑，可谓造化小儿弄人！

晚间在祥第房中又谈起毕业后的问题，这问题真有点令人为难，只有四个月考虑的余暇了，为之奈何！预备这星期以内写封信咨询家人的意见。

2月9日　星期五

阅书：《六十年来中国与日本》第6卷200余页。这一篇关于二十一条事件，有许多新材料。

2月10日　星期六

阅书：《六十年来中国与日本》第6卷100余页（全书402页，完）。

天气有点转暖了，同时心境却格外觉得空虚孤寂。下午与孔耀、赵恕[1]拍了几张照片，后来看足球比赛。晚间邀同乡聚在三院，同吃家中寄来的过年货，赵恕有葡萄酒一瓶，大家喝了半醉。返舍后，觉得万分的无聊，感觉到自己心理上的危机，今年适巧要遇到生活上发生大变动的危机，我预感到深深的不安。

2月11日　星期日

阅书：陈博文《中日交涉史》100页。

写家信商榷下学期计划，这问题是第一次向家中提出，不知结果如何。下午拍球，寒风尚冽，拍后觉不舒服。晚间腹泻，颇以为苦。

1　赵恕：1913—？，浙江乐清人，气象学家。1931年毕业于中央研究院气象训练班。曾任清华大学地学系助理员、国民党空军气象大队长等。1949年后任贵州省气象局高级工程师等。著有《1932年气象观察》等。

2月12日　星期一
预备法文，久未阅读又已生疏。

2月13日　星期二
预备法文 Flaubet, *Un coeur simple* ［福楼拜：《淳朴的心》]。

2月14日　星期三
预备法文。今天是阴历元旦，附近村庄中的爆竹声依稀可闻，校中则一切如常，依旧上课。上午预备法文。中午与同乡三四人，叫了两三样比较可口的菜，便算是庆祝阴历新年。晚间又来一个火锅，进食过多，返舍后觉不舒服，呕吐了几口才觉略舒，胃病久不见痊，为之奈何!

2月15日　星期四
预备法文福楼拜《淳朴的心》。

2月16日　星期五
预备法文福楼拜《淳朴的心》。
自己的法文真令人失望，寥寥 36 页的小说，竟费了四五天才读完，如果不自努力，未免辜负自己。

2月17日　星期六
上午与德煊、祥第进城。先赴白云观，观为元代丘长春修道之所，地址颇大，新正中有庙会，但并不十分热闹，惟游人较多而已。进口处有一桥，桥堍下有二道士静坐，遮以木制金钱，游人以铜圆掷之，能中钱眼者谓能获福，骗人之勾当而已。又有老人堂，系三教老年道士静坐之处，白须飘然，脸肉干瘪有木乃伊之概。由白云观赴厂甸，中饭在师大食堂用餐，在厂甸购旧书数册。今日刮风颇大，尘沙满脸，颇为所苦。进和平门，至中央影戏院，观阮玲玉主演之《归来》。出戏院乃赴灯市口燕京同学会预定铺位，至东来顺晚餐。晚间赴开明戏院，观尚小云之《宝莲灯》及《金针刺蟒》，此为余在平第一次观京戏也，印象颇不差。

2月18日 星期日

上午8时即醒，3人同睡一室，醒后闹了一会儿。早餐后乃赴北海，游至正午始出园。又至北大食堂用膳。赴哈尔飞，观新艳秋之全部《玉堂春》，6时许始散场。至西单等车，今日由城返校的人极多，7时班的车开了七八辆，都是满座，吾们等了半点多钟才得座位，抵校已8时许，9时即睡。

2月19日 星期一

前昨两日进城去逛，身体颇倦，加以昨日下午食瓜子过多，胃部又觉不舒，夜半曾醒数次。晨间9时始起身，第一课时的法文便在睡梦中牺牲了。上午补记近一星期来的日记。

2月20日 星期二

预备法文 Lamartine［拉马丁］的诗。

今天晚上，小张忽同我谈起说："鼐！你的处世方法非改换不可！我遇见几个同学都不知道你的姓名，大家谈起历史系的高材生，都仅知吴春晗不差，而不提起你的姓名。我知道你不差，但是你的手段太拙劣，不会到教授处谈谈，与同学多接触，弄成了姓名不闻于清华。这也许与你将来的前途有碍，即欲作埋首研究的学者，也多少应该讲究些交际的手段。名过其实原属非是，但至少要名实相符。然而你的名声却远不及你的真实学问，我劝你要改换生活，不要关起门来读书。"这孩子今天忽板起正经脸孔说老人话，这是他第一次对我说这类话。我自己岂不知道自己的弱点，岂不感得改正自己弱点的必要！然而十余年来的生活养成了我的惯性，虽欲改变而不可得。违背素性行事，局蹐不安，反觉啼笑皆非。我的前途是黑暗的，我的过去生活是钻牛角尖，非碰钉不可。

2月21日　星期三

预备法文 Victor Hugo［雨果］的诗。

天气有些暖和了，下午与小张拍网球，衣服穿得太薄，又着了凉。

2月22日　星期四

预备法文，读 Lunr, *Siège de péking*［吕尔：《北京之围》］数十页。

下午与吴春晗谈了春假旅行事，吴君谓历史系旅行目的地不外三处：（1）西安，（2）齐鲁，（3）日本。第三处以经费关系不易办

346

到，第一处则本系二位女同学以不方便，不愿去，剩下第二途，我的私意是赞成西安一途，但既不能成功，只好亦去齐鲁一趟。

2月23日　星期五

阅书：黄体芳《醉乡琐记》，系笔记体裁，记载了书画、古玩及前人琐事。下午拍网球及篮球。

2月24日　星期六

这几天不知怎样总是疲倦，没有劲儿，不能动笔，做旁的事情也没有兴趣。写了一封信给翼天，第一次谈起毕业后的问题，想请他设法，但希望极微。下午遇朱义析君，谈了一会儿。晚间在云畴房中，谈的都不外毕业后出路问题，真是令人丧气，此后假若可能，要竭力避免谈论此徒乱人意的问题。回来后遇德煊，约定明天与祥第三人乘车往游香山，索性花一天的工夫尽量的逛，然后收敛心神，做些目前应做的事情。

2月25日　星期日

上午与祥第、德煊乘自行车赴近郊游览，赴颐和园，在园门口停一会儿；再赴玉泉山，然后赴卧佛寺，在寺中逛了一会儿；再启程赴香山，返舍已4时许。

2月26日　星期一

今日开始写《评〈中日外交史〉》，预备在一星期写完。今天写了 2 000 余字。

2月27日　星期二

续写书评 2 000 余字。下午进书库寻材料，不知怎样的一来，忽又发老脾气，乱翻书籍，花费了整个下午。回来后又觉得这样耗费时间太可惜。昨宵又以胃病，中夜而醒。

2月28日　星期三

续书评 1 000 余字。

阅《瓯风杂志》1、2 期，看得起劲了，到晚间才有工夫写文章。这是一班故乡的遗老遗少们弄的把戏。其中，"通论"极迂，不可读；"乡先哲遗著"，及"近人有关故乡的著作"，尚佳；"文苑"中之诗文，亦太多遗老气。学术虽无地方性，但以阐发故乡文化及专载有关故乡之文亦另有风味。

3 月

3月1日　星期四

续写书评 2 000 余字。

3月2日　星期五

续写书评 1 000 余字。全篇七八千言，拟再校阅一遍即付邮。下午赴燕京。

3月3日　星期六

阅书：张星烺《中西交通史料汇编》。发现有缺，借图书馆本抄补之。

3月4日　星期日

进城。上午赴北平图书馆，欲借《英夷入寇记》一观，以未编目不可得，颇失望。下午观电影《健美的女性》。散场后至东安市场，购旧书数册即返校。案头睹大哥复信，述及家中意见："父亲意似默许，奈母亲坚执，以为己身年迈为辞，即欲投身职业，亦非本地不可，否则宜归闲居坐守。经兄［再三譬说］……最后母亲说，是否待弟暑假毕业归来，先择本地有无适当之职业，如无职业可寻，亦待姬妹出阁后再说，总之，留学似有希望，幸勿自萦心胸，此后如有机会，当再为双亲一请之。"大兄善意，殊可感也，母亲意见亦未可厚非，桑榆晚景，欲儿女侍侧定省，亦为人之常情，即我自己之意，亦不欲远离家乡，但世事如此，非身储一艺，似不足以立于世，留学之念可打消，而择业之意总难作罢，此事容后再加考虑。

3月5日　星期一

复阅前星期所作之书评，更改数字，即付邮。

3月6日　星期二

阅《地学杂志》关于《中西交通史料汇编》之书评，转录于自己所购书之上。

3月7日　星期三

取《广州府志》所引《夷舶寇海记》，以校申报馆版《圣武记》之《洋舶征抚记》。下午刘古谛君来，谈及毕业后的问题。刘君意欲赴日本一游，又说从前太注重现实，排除梦想，实则人生非梦想不能生活，我以为很不错。我需要一种梦想，纵使这梦想是可望不可及的，然而至少能作我追求的憧憬，支持我继续努力下去。

3月8日　星期四

阅书：《骆文忠公年谱》及《左文襄公年谱》。

3月9日　星期五

阅书：《马端敏公年谱》。又阅南强书局出版之《新文坛秘录》，其中述及吴虞所作赠妓诗，所谓痰迷诗即是，颇为有趣。

3月10日　星期六

上午进书库寻书。下午伴德煊、学德等观师大、清华女子篮球赛，后来几个同乡作篮球戏。晚间谈笑，食水果，不知怎样又伤胃，呕吐两口，甚感不舒。

3月11日　星期日

阅书：《求阙斋弟子记》及光绪《大清会典事例》。

因昨日多食伤胃，甚感不舒。写家信二封。

3月12日　星期一

阅书：*Historie et Historiens depuis cinquante ans* [《五十年来的历史和历史学家》]（pp.517–559）中 Henri Maspero, *Chine et Asie Centrale* [马伯乐：《中国与中亚》]。这是叙述 1876—1926 年间欧洲支那学的情形，颇可一读。其中亦述及中日方面支那学之情形，但嫌过略。有暇拟加移译，并设法续述 1926 年后至今日之情形。

3月13日　星期二

修改前在燕京时所作的《宋元学案札记》，并且改换一个题目，名之为《二程的人生哲学》。删去述永嘉学派的一节，誊抄一遍，寄到周刊社去换钱用，全文共 4 000 字左右。这篇文章是当时思想在极端矛盾的状态下写的。

3月14日　星期三

阅书：钱基博《现代中国文学史》。这书的观点，自然是完全 out of date [过时的]，但是所叙述的几个晚清遗老的琐闻轶事，却多前所未闻，殊觉有趣。

3月15日　星期四

阅书：《史学年报》。

3月16日　星期五

晚间在景荣处，听他谈起去年暑假在乡间所闻的齐东野语，颇觉有趣。据乡下老头儿说："蒋总司令实是乌龟精出世，故每战遇雨必胜，以龟为水族也。且有一次，蒋氏办公偶倦，凭案小寐，侍卫入内奉茶，见之大惊，竟失手将金盘玉杯坠地击破。蒋氏惊醒询问，侍卫以适间朦胧中见一金龙张牙舞爪，是以惊悸失手为辞，蒋笑而不言。"有人云：中原会战，蒋军确在雨中战胜阎军，此乃由于阎军多抽白面，雨水战场中不能点火，故阎军败绩；当时人有阎锡山在山西练海军之说，实则其军人多服用海洛英也。我于民国十六年时，在乡间亦闻乡人言蒋氏之能战胜孙传芳，其名字上即已预伏谶兆，"介"字像人两道着地，"石"则稳如磐石之意，人在石上，自然不倒；"传"字虽为人傍，然斜人不稳，故必败。又前在光华附中时，闻一同学云："蒋氏祖墓在奉化，风水甚佳。蒋氏之得有今日地步，皆祖墓之赐也，蒋氏不欲忘本，故时常返里扫墓。但据善于图鉴者云，其坟前一泓清水，尚嫌过低，若能引之使稍高数尺，必有九五之尊。蒋氏闻之，即令修理坟前之水道，能否应验，且观将来。"这些故事使我联想到《史记》中的《高祖本纪》。帝王之出必要征兆，这种原始信仰仍残留于乡间，至今不减。这是今日中国革命所以困难的重要原因之一。

3月17日　星期六

这两天本想开始做毕业论文，但又觉材料不够，想进书库搜集些材料，然而一进书库，便似着了魔，连论文的材料也无心搜集，东翻西翻的乱翻书，一点成绩也没有，今日下午书库不开放才死了心。晚间多食了点东西，又抽了两根香烟，近舍后胸膈间极觉不舒，睡了一会儿即醒，只觉得胸间作胀，酸水往上涌，苦痛之至，后来终于吐了三四口，才稍觉舒服，朦胧入睡。

3月18日　星期日

晨间一点事情也不能做，只觉得满口酸水，并且胸间似有针刺，作小痛，去医院拿了些药粉来，冲着开水吃下去。旋至祥第房中谈话。4时许又去看天津报。回来后略阅《曾文正公年谱》。晚间预备法文。

昨天接到翼天的信，说十中已有李一飞与陆光宇，须有空缺才能进去，希望甚小矣。写信去答复他并致谢意，又去函申报月刊社查询那篇稿子的消息。

3月19日　星期一

阅书：《曾文正公年谱》及《皇朝掌故汇编》。

3月20日　星期二

阅书：濮兰德《清宫外纪》（中译本，全书188页，完）。这书是外人所作，所引材料不注出处，全书题材以清代宫廷生活为主，范围太狭偏，且似不重要。其中采用笔记、轶事，娓娓动人，但难征信，所录上谕亦嫌稍多，有减兴趣。

3月21日　星期三

阅书：金梁《光宣小记》（168页，完）。为金氏就其昔年日记中所记有关朝廷掌故者择录而成。金氏甲辰入都应试，至辛亥避地大连，所记即此数年间之事，颇多前人所未悉。此书就掌故而言，颇值得一读也。晚间周刊社送来稿件校对。

3月22口　星期四

今天本想开始写论文，后来在图书馆书库中忽然想搜集关于北京猿人的材料，竟耗废去一天的工夫。

3月23日　星期五

阅书：Keith, *New Discoveries Relating to the Antiquity of Man*［基思：《有关古代人类的新发现》］中关于北京猿人的几章，本想加以移译，后来觉得其中专名太多，移译费时，又放弃了已定的计划。

3月24日　星期六

今天忽然高兴起来，想写两篇幽默的文章《见闻偶记》及《我所认识之伟人》。

3月25日　星期日

今日开始写作毕业论文了。将已制定好的大纲，加以修正，写

图10 夏鼐的清华大学毕业论文《太平天国前后长江各省之田赋问题》

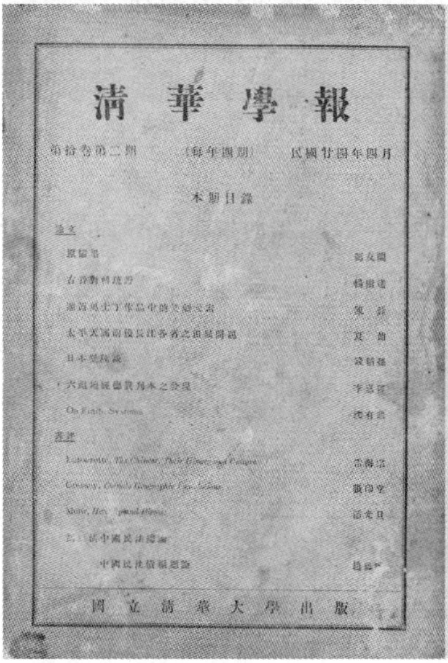

图11 刊载夏鼐清华大学毕业论文的《清华学报》第十卷第二期（1935年4月）

了 1 000 余字又搁下，预备明天续写。对于这毕业论文，也许是因为太官样文章罢！总懒得动笔。一天搁延一天，到今日才下决心开始。假使可能的话，还预备在春假以前写好，至少要在春假以前写好两万字，不知能达到目的否！

3月26日　星期一

今天续写毕业论文 1 000 余字。下午秘书处邀我去谈，要我负责组织历史考察团。报名加入本组 10 余人，但仅有 3 人为历史系，2 人为蜜斯[1]不能办事，只剩下我一个人，不能不负责，殊为心烦意乱也。写好三张通告，要他们于明晚出席筹备会。秘书处要我接洽的五件事：（1）火车时间，（2）住处，（3）参观地点，（4）负责人员，（5）指导员。都只好明天再办。

3月27日　星期二

今天为历史考察团的事，几乎费了一天的工夫。先去找蒋廷黻先生，询问考察地点及计划、指导员。蒋先生略述一般计划，至于指导员也没有派定，要我们自己去接洽。赴雷海宗先生处，雷先生说编中国通史事忙无暇。秘书处要我去请历史系助教，杨、谷二君也不能去。只好将此事先搁起。到图书馆参考关于云冈石窟的书，只看了 Chavannes［沙畹］的 *Mission Archéologique dans la Chine Septentrionale*［《北中国考古调查记》］及瞿兑之在《国闻周报》中

1　蜜斯：即小姐（Miss），当时对女生的戏称。

356

的一篇。晚间开会推选负责人员，自己又在其内，真是糟糕，又另选出郑丕留[1]（沛潠）、许亚芬[2]为干事，陈超[3]、张章达二人管行李。散会后又去与雷先生接洽，雷先生坚拒。回舍后又大呕，胃病未愈，殊为可虑。今日奔波一天，成绩很微，几近于无事忙，可见自己办事之差劲。

3月28日　星期三

今天上午至图书馆翻阅书籍。下午与郑丕留君去调查火车时间，惟平绥路时间尚未清楚，明日拟赴清华园车站打听。晚间赴周刊社聚餐。回来后与二王及徐、黄随便谈谈，消去一晚。

3月29日　星期四

晨间与郑丕留君至清华园车站，打听火车时间，决定旅行团之路程、日期及费用，起草通告。下午约许君来共同商议，大致决定。乃往谒蒋廷黻先生，催其指定指导员，蒋师乃指定杨凤岐，事情大致解决。又分发通知书。

---

1 郑丕留：1911—2004，原名沛嘜。江苏太仓人。学者。清华大学心理系第六级（1934年）毕业生。曾任教于清华大学心理系。1943年赴美国康奈尔大学动物系深造，获硕士学位。1945年就读于威斯康星大学农学院，后获博士学位。1949年后任中国农业科学院畜牧研究所副所长、所长等。著有《三河马调查报告》，主编《中国家畜家禽品种志》等。

2 许亚芬：1911—？，安徽桐城人。清华大学历史系第六级（1934年）毕业生。曾任青岛市女子中学教员、北平华北学院讲师等，1937年赴美国史密斯学院、拉德克里夫学院深造。后随丈夫杨绍震去台湾，后去美国。译有《美国文明的兴起》等。

3 陈超：1919—1982，字卓甫。河南开封人。清华大学历史系第七级（1935年）毕业生。毕业后做过中学老师，曾任山西大学历史系教授等。

3月30日　星期五

阅《东方杂志》27卷2号中婴行所作《云冈石窟》一文及沙畹《北中国考古调查记》。

3月31日　星期六

续写论文1 000余字。上午赴燕京，晤及陈凤书及钱天祐，旋赴海甸购布鞋一双。

4月

4月1日　星期日

写论文1 000余字。

4月2日　星期一

续写论文1 000余字。

见3月份《外交月报》中下期要目预告，已列入《鸦片战争中之天津谈判》，颇自喜也。下午去领毕业考察费，去年旧章转学生是要减少缺交的学费。今年交涉成功，一律待遇，又多了20元，亦为惬意事。

4月3日　星期二

续写论文1 000余字。

今日接到《申报月刊》社退回的稿，颇为失望。心绪为之搅扰不宁，拟改寄《国闻周报》社。

4月4日　星期三

续写论文数百字。

下午往晤郑丕留君，商酌旅行团事。晚间在一院开会，大致都已决定矣。又作书致王芸生讨论书评事，同时将昨日收回之稿寄往，未悉能予登载否。

4月5日　星期四

续写论文1 000余字。

秘书处通知，山西大学已有复电拒绝借宿。临行期迫，为之奈何！改托张民觉[1]致电太原第一中学，要求借宿。

4月6日　星期五

晨间与郑丕留君至秘书处询问车票事，始知尚未办妥，即决定由我进城办理。乘车至西直门，购买车票须至起程之站办理，当即赴前门平汉站询问，始知今晚系特别快车，优待券不能适用，须改为明日，且平汉局所发之优待券不能适用于平太路，须向校内另行

1　张民觉：1908—1991，山西岚县人。生殖生理学家。清华大学心理系第五级（1933年）毕业生，毕业后留校任助教。1938年赴英国留学，1941年获剑桥大学动物生殖学博士学位，1945年到美国马萨诸塞州伍斯特基金会实验生物研究所工作。1990年当选为美国国家科学院院士。

要求发函通知石家庄正太局。事出仓卒，连忙返校与郑君商议，日期改后一天，校内同学由我负责通知，已进城同学，由郑君在车站静候，当面通知，至晚始告一段落。

4月7日　星期六

整理行囊，预备出发。又赴秘书处接洽：（1）正太路优待券事，（2）大同至张家口改后一天事，（3）平汉路人数减少事，皆由秘书处备函。颇希望此去能平安无事，不要再生什么周折。下午5时半由校出发，6时半抵前门西车站。9时许乃往换票，原价每人8元9角，七五折后为6元7角。9时35分车始开行，连日奔走，精神颇倦，不久即入睡。

4月8日　星期日

晨7时抵石家庄，下车换乘正太路。9时始开，须候车两小时，同去之女生，主张乘暇赴车站旁之正太旅馆内盥洗，乃开一房间，娘儿们的盥洗，本已是够麻烦了，何况是经过一天的仆仆风尘，盥洗起来越发费时，返车时已离开车时间不久了。9时半开，12时许过娘子关，即冀晋交界处也。关在车站之背后，为丛林岩石所遮，未能获见。过娘子关后，即有军人入车中盘问来历，可见晋省的闭关主义。下午7时抵太原。正太铁路所经为太行山脉，多凿山通路，凡历隧19，可见其工程之艰，不下平绥一路。车中无事，玩玩扑克牌。一出车站，便遇到军警盘问，告以由清华来，并示以名片，始放行。后来在同太汽车道上，每站都遇到同样的事。抵太原后，即与杨、郑二君

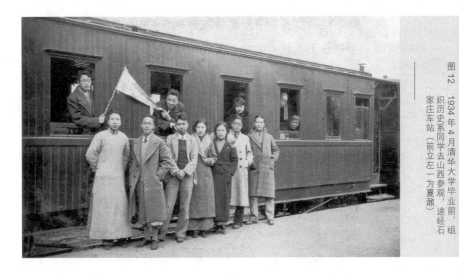

先赴一中接洽借宿，在一中晤及校长崔梦禹，颇为客气。房间已预备好，一为会议室，添置木床十，为男同学宿所；另有一房，筑有土炕二，为女同学宿所。接洽妥当后，乃返车站，偕同学齐赴一中，由校役于附近餐馆预备晚餐送来。食毕，赴校长室，商酌明日行程。以旅途辛苦，且赴晋祠之汽车尚未商妥，故改为明日在太原城内游览。返室后，作家书报"平安抵并"，时已11时许，乃就睡。

4月9日　星期一

昨晚虽11时许始睡，但今晨6时许即醒，匆匆盥洗毕，即鹄候女同学们起来一同早餐后出发。早餐后已8时余，遂先赴山西大学，由注册主任刘仁厚招待。该校为李提摩太以山西抚恤庚子被难教士之款所办，初颇有名，清末之新学书，多有山西大学堂所译编者，但现下办理殊不见佳。闻校长王氏［录勋］，学问尚佳，每星期之首，须为工学院诸教授讲解一星期内各学科之内容，可见诸教授程度之差，至于文、理、法科，更在工科之下。在大楼内及楼下小庭中，各拍一团体照，以为纪念。旋至民众教育馆，馆即设于旧文庙内，包括图书馆、博物院及古物陈列所。卫聚贤所领导发掘之万泉县汉汾阴后土祠遗址及新石器时代遗物，皆藏于此馆内，其中有一石制之男根，其新石器时代生殖器崇拜之遗迹欤！抑一时游戏之作欤！大成殿内陈列祭器及乐器。博物院分动、植、矿三部，以大蟒蛇、大红蟹，及畸形羊、猪为最有趣。古物陈列所有科举遗物（如考卷、题名录、夹带等物）、前清冠服盔甲、石铜佛像、碑碣、古钱等，远不及故宫之富，然亦颇有趣。余忽生一念，以为将来在故乡不妨也设立这样一个小规模的古物陈列所，然规模虽小，仍非私人之力所能办到也。在大成殿前拍一团体照。旋至女师参观。返一中用膳后，清华校友常绥青君来，偕赴省政府参观，在假山上可鸟瞰太原全景，在山下自省堂前拍一照。自省堂为阎锡山办公之处，屋瓦是黄色琉璃瓦拼成"自省堂"三字，墙上有三大"中"字即阎氏中庸主义之意也。旋至傅公祠，在碑林畔拍一照。傅公祠系祀傅青主者，平时不准闲人入内，此次以事前由学校去信接洽，故得方便。后赴一师，遇及［清华］太原校友分会主席张君[1]，系1926年留美

---

1 张君：即张咏（1906—1989），1918年考入清华学校，1926年赴美国留学，1932年获哥伦比亚大学体育专业哲学博士学位。回国后任山西大学体育主任、教授等。1949年后任职于国家体委。

图 13 1934 年 4 月，去山西参观时，在山西大学（右二为夏鼐）

图 14 1934 年 4 月，去山西参观时，在太原晋祠的傅青主祠观看北魏造像碑

生，在哥伦比亚专攻体育，得有博士衔，现在山西大学任教，约我们明晚聚餐。参观一师后，赴井盛园，吃了几样山西菜（醋熘白菜、拌滤鸡、炒油肉之类），共费去 5 元余。由餐馆出来，与郑君采办明午野餐用之面包、牛油、果子酱、香肠、牛肉、油焖笋、白梨之类。我又买了瓶腹泻药，大概是车上着凉，今天泻了四五次，明天再这样，晋祠游不成了。

4月10日　星期二

昨天在省公署时，马君来复信云去晋祠汽车已接洽好，今晨 8 时来一中相接，此系公家汽车，不必出费，可给汽车夫一二元小费而已。不料汽车 9 时半才来，由首义门经汾河桥，桥颇长，须时 3 分 40 秒始通过，11 时许抵晋祠。由金人桥至圣母庙，旋至朝阳洞，乃在朝阳洞前"晋源古柏第一章"石刻之旁，爬到古柏上拍了一照。晋祠为祀唐叔虞之祠，庙门深闭，不能入内，乃在庙前拍了一照。旋赴圣母庙前之难老泉畔拍一照。水由神庙下来，颇为清冽，有"晋水第一泉"一亭，临于其上。据云，晋水所经灌田数千顷，即发源于此。山西仅有晋水流域可种稻田，庙前数百武有周氏之"在田别墅"，中有大理石雕刻之河马、卧龙、比丘。在朝阳洞野餐，并购得唐碑一份，旋赴"贞观翰墨"亭观唐碑。下午 2 时返城，至鼓楼参观晋绥物产陈列所。晚间应清华同学会之召，去并州饭店聚餐，校友中之女性仅马太太一人。返一中马君已有回信，谓长途汽车明晨 5 时来接，票价原为 180 元，现言明减为 146 元 5 角。

图 15　1934 年 4 月，夏鼐去山西参观时，在太

4月11日　星期三

晨 4 时许即起身，5 时半动身，告别崔校长，此次承其殷勤招待，盛意殊可感也。6 时余抵汽车站，购票又生纠葛，据云包车须纳 15 人之票，价计 168 元，否则仍须添入他客 2 人，后乃言明仍包车，但减为 160 元。修车玻璃，又费一小时余。北赴大同，沿途道路崎岖，簸摆颇甚，加以昨夜睡眠未足，精神不爽，中午在阳明堡进食。由阳明堡以北，车行雁门山中，群冈起伏，汽车路依山势盘旋而上，斜度颇高，且道旁左临峭壁，右濒深谷，依窗外瞰，殊为惊心骇目，然溪水一湾，峦峰若屏，风景殊不恶。车过雁门关时未停，至广安站已在山麓矣！乃下车休息，并拍一照。由此以北多为

平原，道路平坦，余亦入睡。5时许抵大同，借宿山西省立第三师范。长途跋涉，风尘满面，赴云华池洗澡。余在温州时，皆在家中洗澡，频年沪平读书，则皆在校中浴室，此次实为平生第一次在商人主办之浴室洗澡也。晚餐在兴隆春用膳。返三师后，将明晨早餐及雇驴事接洽妥当后即安睡。此间天气甚为寒冷，室内非火炉不热，出门时足趾觉僵，与北平冬日无异，将丝棉袄与绒衫都穿上而仍觉冷，然已无衣可穿，将线袜二双一齐穿，仍觉足寒。晚间写家信一封。

4月12日　星期四

今日往游云冈，此为本次旅行之主要目的地。晨6时即起身，与杨君赴街上购买点心，预备午餐之需。8时许即出发，本拟全体雇驴（每驴仅3角），后以仅雇到9头驴，乃添雇轿车二（每车1元5角）。云冈距大同府城30里，驴行殊缓，沿途两岸荒土，墓碑累累，殊为凄凉，朔风吹襟，令人作寒噤。至观音堂已达半途，下驴稍息，乃再起行。涉二小溪，远见一山，横壁如屏，山洞罗列如蜂窠，即云岗山。石佛寺之蓝色琉璃瓦，反映阳光，风景殊佳。至寺前下驴，返首而望，轿车尚远。余乃独自至寺后山巅，绕山一周，山上有黄土杂岩石所筑之土城。下山后，则同学们皆已在寺前小店中进午餐矣！匆匆食蛋糕、饼干及白梨后，即与陈超君赴寺参观。先在寺前山门外独摄一影，后至寺中，由庙祝引导，先往观中央第一大窟，窟中之佛像凡5丈2尺5寸之高，新近装修，金碧煌煌，古趣尽失，殊为可惜。又至第2窟，即为正殿，有大支提，四壁又

图 16　1934 年 4 月，去山西参观时，在云冈石窟门前

刻石像，亦遭修饰。第 3 窟乃放置杂物之所。第 4 窟亦然，稻草满
地。第 3 窟且有石碓。由边门出，参观第 5 窟至第 9 窟，即"五佛
洞"也。第 5 窟前有一石碑，为民国九年历时中撰，志光绪十七年
装彩五佛洞之事，五色绘彩，堪增恶俗相耳。至寺西新筑赵承绶云
冈别墅稍憩，余不欲错过时光，即与陈超君同赴西部参观诸窟。西
部五大窟，佛像皆甚大。先至第 5 窟摄一影，即最常见之云冈大佛，
高 40 尺。其他三窟皆在洞中，不易摄影。第 1 窟、第 3 窟皆已混入
民房。第 1 窟以房主人未在，竟不能入室内一观，由民房墙上内窥，
见佛像为民居煤火所熏，作浓黑色。再西则为小窟甚多，西部诸窟
古趣甚浓，令人流连不忍舍去，亦摄影二三张。乃由村庄城堡上将
西部诸窟作鸟瞰式之摄影。参观东部诸窟时已 4 时许，诸同学皆不

耐久候，欲先返城，惟我与陈君落后，张章达君亦在山下侍候。东部大窟，工程颇大，但仅刻成中央之大佛像，似乎中途停工者。东为碧霞洞，又东为寒泉洞及石鼓洞，以频年失窃佛头甚多已加堵塞，[壁上有题字]"民十八年（1929年）二窟计共失去廿九个"。余乃于洞口摄一影以为纪念。又赴大洞西方之灵岩寺洞，失窃佛头甚多，壁上有黑色题字"民国十八年七月廿九日失去六个"，红色题字"民国十八年十一月二日失去九个"，蓝色题字"民国二十年高接冯点此洞失去七个"。前二者在支提东面，后者在支提西面，所失去佛头之遗痕上，皆以黑、红、蓝色标志数字。余颇惧数十年后，云冈石窟将与圆明园同成为纸面上之陈迹也。乃与陈君及张君在驴上摄二影，

始作归计。抵一师已7时许矣！云冈石佛之厄运为：（1）受风雨之剥蚀；（2）人工装饰，不仅新装时将佛像恶俗化（如中央诸大窟），且日久后涂抹上来之石灰及色彩落去，露斧凿痕（如西部诸窟），所谓欲爱之反以害之也；（3）当地居民不知爱惜，作为民居使佛像为煤火所熏；（4）盗卖佛头者之凿取。若不取法保护，殊为可虑。晚餐后赴街上购一铜香炉，9时许赴平绥车站。原定夜1时开行，但以运孙殿英部下退伍兵之兵车过多，至3时许始开行。在车站中鹄候，寒气迫人，幸站长允许我们在他的办公室内烤火。我坐在铺盖上睡着了，车抵站时被人家唤醒，上车后又睡着了。但是总不能安睡，时常被震醒。

4月13日　星期五

晨9时抵张家口。由杨、郑二君接洽住宿，我们在车站候车室中等候，无事可做，买些烤白薯当早点，玩玩扑克牌。二君回来说，张垣教育机关多在上堡，离车站甚远，故已定交通旅馆三个房间，计一天洋3元。安置行李，洗手擦面，一直弄到正午始告一段落。乃赴对面之万福春午膳，共费去7元半，为旅行以来最奢侈的一顿餐。饭后唤定洋车，租了一个下午，允7时以前返栈，车价每人5角。先赴赐儿山云泉寺，在寺中前殿摄了一影，至后殿，在喷玉泉（即水洞冰洞）前喝茶，又摄了一影。在寺中休息了好一会，读读洞旁的诗及对联。下山后赴中山公园，昨晚未能安睡，我在车

图19　1934年4月，去山西参观时，返程途经张家口车站（右四为夏鼐）

子里竟打起瞌睡来。中山公园无什么可观，乃与朱君赴口蘑店买口蘑及葡萄干。因为人很疲倦不欲多跑，即返旅馆。晚餐亦在万福春，费洋 8 元。与杨、郑二君赴市购面包、果子酱、牛肉、香肠、冬笋及梨。此间市况较大同远为繁华，与太原府可以相埒。返栈后即睡。

4 月 14 日　星期六

昨日已询知火车于今晨 7 时许即开，所以预先吩咐茶房要在 6 时便喊醒我们。连日困倦，虽床上有臭虫，被啃几口，但睡得很舒服。被唤醒后，勉强起身，匆匆用膳。赴火车站始知火车误点，在候车室鹄候数小时，至 11 时车始开行。下午 3 时许抵康庄，谓火车昨日脱轨修理未毕，等了一小时余始开行，抵清华园已 8 时许矣！唤洋车仅得二乘，不够用，乃向附近煤栈中借得运煤车一辆，大家乘运煤车返校，兴致很好，高唱"西山苍苍"的校歌，便在这歌声悠扬中通过了校门。我至五院门口下车，将行李拿回房中，今宵可以舒舒服服地睡一宵了。

案头有王芸生先生来信，允许将前次去稿登载。为之一喜。又梁方仲[1]君一信，欲阅我所作之毕业论文，余此作尚未脱稿，殊为赧

---

1 梁方仲：1908—1970，原名嘉官，笔名方翁、如愚等。广东番禺（今广州）人。经济学家。清华大学经济系第二级（1930 年）毕业生，升入研究院深造经济学部深造，1933 年获硕士学位。随即在中央研究院社会研究所工作。1943 年赴美国考察，曾在哈佛大学、英国伦敦政治经济学院工作。1947 年任中央研究院社会研究所研究员。1949 年后任岭南大学、中山大学经济系教授兼系主任。著有《一条鞭法》《明代粮长制度》《中国历代户口、田地、田赋统计》等。

然，待明日复信。

4月15日　星期日

今日补记春假中之日记。午餐后邀徐贤修、吴景荣、刘昌镠诸同乡来喝汾酒，吃葡萄干。午后去洗澡，前星期六离校以前曾去秤过，计116磅，今日一秤轻了2磅半。晚间预备明日的法文，已多日未见面了，颇觉生疏。像云畴所说的，第二外国语是养不熟的狗，一放手它又逃走了。

4月16日　星期一

写信二封，一答复梁方仲君，一为家信报告旅行平安归来。下午拍网球，晚间杨凤岐请客，在前工字厅，这是旅行团的末次聚餐了。回来后，王、李诸同乡来喝汾酒，10时许始去。

4月17日　星期二

晚间邀同乡数人，喊了两样菜，再弄一碟口蘑白菜，喝些汾酒。

4月18日　星期三

阅书：王庆云《石渠余记》。下午拍网球。

4月19、20日　星期四、五

阅书：《清宫史略》。

下午拍网球。

4月21日　星期六

阅书：Gooch, *Modern History of 1885-1913*［古奇：《现代史（1885—1913年）》］。

4月22日　星期日

预备法文。旅行归来已一星期，一点事情也没有做。近半月来，外交局面又有些变化。黄郛赴赣，庐山会议对于通邮、通车，似有解决之势。但前天日本外部的发言，过于露骨，惹起各国的反感。中国也年年可以利用这局面，暂时延搁通车、通邮的问题，力图联络欧美各国。如果屈服于日人的威吓，则前途甚危险。中央对于此事，似已决定方针，春假来蒋廷黻应召赴庐山，与蒋介石密谈，或即为决定此次局面之对策也。

4月23日　星期一

阅书：《现代史（1885—1913年）》（全书149页，完）。

4月24日　星期二

续写毕业论文1 000余字。糟糕极了，旅行回来已一星期余，对于毕业论文却全然不肯动笔续写。这是强压的工作，因之心中总觉得有点不服气，想把他宕延下去。同时又因这是毕业论文，不得不郑重其事，有时更假装慎重，不能轻易动笔。别的事情搁下不做。

弄得半年以来，一事无成！真的可叹复可笑！

4月25日　星期三

为了《晋祠铭》的考证，又费了一天的工夫。傍晚遇刘古谛，新自日本旅行返国，张宗燧亦在侧。

4月26日　星期四

续写毕业论文1 000余字。

4月27日　星期五

在书库中翻旧报纸，忽得到民国七年一月五日普济［号轮船］失事的记载，费了一天的工夫去选抄这些记载。

4月28日　星期六

学校运动会，停课一天。上午入书库阅旧报纸，检查民国七年12月18日广济［号轮船］在温肇事的记载。下午拍网球。晚间在景荣房中闲谈。

4月29日　星期日

今日是学校纪念日，坐不下去读书。上午骑驴到燕京去，邀学德、德煊来参观夺旗。下午看女子排球及化装表演。晚间至吴春晗君房中，与吴君及梁方仲君商酌组织史学社事，以后又谈谈旁的事，到了11时许始返舍。至于游艺会，未去看。

4月30日　星期一

续写论文 2 000 余字。

5月

5月1日　星期二

续写论文 1 000 余字。

5月2日　星期三

续写论文 2 000 余字，下午觉倦，依枕小寐，竟至 4 时许始醒，睡眼婆娑，不能写东西。到图书馆中乱翻杂志。晚间 10 时许即睡，但胃病又发，辗转反侧，至 12 时许始入睡。近来身体的多病使我觉到深切的苦痛，有许多事情想做，但一件事情也不能做。

5月3日　星期四

续写毕业论文 1 000 余字。今日阅学校教务处通告，谓论文须于 6 月 12 日以前缴交，又须另抄一份存图书馆，纸张格式由学校规定，于合作社出售，又是一件麻烦的事，为之不欢。

5月4日　星期五

今日天气暖热，已带初夏气象，衬衫外只加一件单制服便够了。晚间上课，9 时许始返，夜寒衣薄，又着了凉，半夜中腹痛不已，辗转床席，殊以为苦，薄旦始稍缓和，入睡未久又醒。十余年来的读书生活，旁的事情可说是一事无成，只有所谓文弱书生的病躯，即已养成了，可为浩叹！

接《外交月刊》社通知，前期稿费可得 24 元，按前期所登者仅全文三分之一，六七千字左右耳，稿费不算菲薄。

5月5日　星期六
续写毕业论文 2 000 余字。

5月6日　星期日
续写毕业论文 3 000 余字，叙述两湖减赋经过。以下各节、材料较多，易于着手写作。

5月7日　星期一
阅书：Chavannes, *Le T'ai-Chan* ［沙畹：《泰山志》］，叙述关于崇祀泰山神的宗教信仰之发展一段，极佳。

5月8日　星期二
进城去。赴东安市场购旧书，再赴北平图书馆晤及刘节君，托其借出抄本《夷艘入寇记》，即在馆中办公室内校对。晚宿燕京同学会。

5月9日　星期三
至北平图书馆，以抄本《夷艘入寇记》，校申报馆本《圣武记》

中之《洋艘征抚记》；又借出 E.H. Parker［巴克尔］(1849-1926)
之 *A Chinese Account of Prim War*，即此书之译本也，译本出于
1888 年，即巴克尔在上海领署中服务（1887—1888）之时也。
至下午 6 时许始校毕，赴北大，晤及巽庼、王明，仍宿燕京同
学会。

5 月 10 日　星期四

晨赴琉璃厂购书，12 时乘车返校。这两天在燕京同学会中睡得
不舒服，精神不佳，今天竟不能做一事。

5 月 11 日　星期五

本学期的考试时间表已公布，论文要从早结束，以便预备考试。
但打不起精神来写论文。

5 月 12 日　星期六

以《防海纪略》校申报馆本《圣武记》，仅校一个下篇，上篇因
已购得残本，故暂时搁下不校。

5 月 13 日　星期日

预备法文。

5 月 14 日　星期一

搜集论文材料。

5月15日　星期二

续写论文2 000余字，叙述江西减赋经过。今日阅晨报，知清华今年留美生有历史2名，即美国史及考古学，详章未公布。

5月16日　星期三

续写论文2 000余字，叙述安徽减赋经过，又将浙江减赋经过写了一半。这篇论文也许可以于本星期赶完。朱庆永[1]来通知，史学社拟于本星期日在城内骑河楼开成立会。

5月17日　星期四

续写毕业论文，关于浙江减赋经过。

5月18日　星期五

续写论文，关于江苏减赋经过。

5月19日　星期六

整理江苏减赋案之史料，又将统计表改作一遍，删去不必要的项目，以清眉目。预备本星期写完的东西，只好待下星期再说了。

1　朱庆永：1909—1978，又名君实。安徽泗县人。清华大学历史系第五级（1933年）毕业生。毕业后任南开大学政治经济学院研究员。1936—1942年先后留学于英国伦敦大学、爱沙尼亚大都大学、苏联莫斯科大学。回国后任中央大学史学系教授，后任中国驻联合国教科文组织代表。1949年后任北京师范大学教授。著有《欧战的发展——地中海与东南欧》，译有《现代世界史（1870—1918）》《中世纪史》等。

5月20日　星期日

进城开会。上午至骑河楼清华同学会，发起人10人（汤象龙、吴春晗、罗尔纲[1]、朱庆永、谷霁光、孙毓棠、梁方仲、刘隽、罗玉东、夏鼐），除孙毓棠在津未来外，其余皆已到会，商酌会章及进行方针。下午继续讨论，至3时许始毕，定名为史学研究会，推选汤象龙为主席，约定下月17日再行大会，乃散会。赴太庙观铁道展览会，尚未开放。赴中山公园观牡丹。旋赴东安市场购旧书数册，乃乘车返校。

5月21日　星期一

续写论文。

5月23日　星期三[2]

晚间历史学会开会，欢送蒋廷黻先生出国及毕业同学离校，至10时余始散。

5月25日　星期五

上午续写论文。下午赴燕京托陈凤书借出江、浙二省府志6种。

1　罗尔纲：1901—1997。广西贵县（今贵港）人。1930年毕业于中国公学文学系。曾任北京大学文科研究所考古室助理员、中央研究院社会研究所助理员，1947年升任研究员，兼中央大学历史系教授。1949年后，任中国科学院经济研究所研究员、近代史研究所研究员。著有《太平天国史》《湘军兵志》《李秀成自述原稿注》等。
2　5月22日、24日日记原缺。

论文只剩结论及参考书目了，希望明天能结束。

5月26日　星期六

续写毕业论文，正文已完，只剩参考书目。午餐承同乡相邀聚餐，欢笑殊洽，旋在校园中照相及拍网球。晚间观游艺会。

5月27日　星期日

今天写完毕业论文，放下笔来，嘘了一口气。这半年来被这件事情累死了，时常不肯提笔写这论文，又以不能做旁的事情空耗费了许多时间。全篇共4万余字，是有生以来所写的文章中最长的一篇了，但是不满意处仍很多，文笔又是拙劣，真叫人丧气。下学期假使找到适当的职业，还是多读书少写作为佳。至于这一篇论文，待装订好即交进，将来有空当领出来自己誊抄一份。晚间观电影《残春》。

5月28日　星期一

整理宋辽金元史笔记。校阅毕业论文。

5月29日　星期二

整理希腊史笔记。

5月30日　星期三

阅书：王芸生《六十年来中国与日本》第7卷100余页。

5月31日 星期四

阅书:《六十年来中国与日本》第7卷200余页(全书共384页,完)。

将毕业论文交进,乘便与蒋廷黻先生谈毕业后的问题,他劝我进研究院,说今年机会很好,这一班里进研究院的很少,将来希望较大,如继续研究中国近代经济史,将来可赴伦敦政治经济学院去研究。又谓现在研究院章程已改,二年即可毕业,惟本校毕业者亦须经过考试,但谅无困难,劝我勿气馁。至于留美保送除二助教外,尚有余额,亦可设法。但留美须依指定科目读去,不若研究院毕业者之自由。至于找职业亦可设法,社会调查所现正扩充组织,可将本届论文交与陶孟和先生审阅,调查所中,如努力工作,前途亦颇远大。至于毕业论文,或可即为介绍与调查所刊物中发表。谈话回来,颇觉满意。

6月

6月1日 星期五

今日法文课,梁宗岱先生没有来。打电话给杨女士,说今年法文不考了,依平时成绩批分数,又少了一件事情,颇为喜悦。

6月2日 星期六

写家信一封,用了9张信纸,报告下学期的计划及暑假留校的要求。

阅书：Rostovtzeff, *A History of the Ancient World*［罗斯托夫采夫：《世界古代史》］五六十页。

6月3日　星期日

阅书：Breasted, *The Conquest of Civilization*［布雷斯特德：《文明的征服》］100余页。此书以 *Ancient Time*［《古代》］为蓝本，稍加修订而成，故大致相同，惟写成较后，故有新材料加入较之更佳。

6月4日　星期一

阅书：布雷斯特德：《文明的征服》100余页。

下午将春假旅行相片，贴在相册上。交进目录学考卷。

6月5日　星期二

阅书：布雷斯特德：《文明的征服》100余页。

6月6日　星期三

阅书：罗斯托夫采夫《世界古代史》100余页。

6月7日　星期四

预备明日宋辽金元史考试。

6月8日　星期五

考试宋辽金元史，五题任做三题［做（1）（3）（5）］。

（1）问南宋初年金人渡江南侵，其足迹约至今何地？因何而退？宋人反攻有无成绩？当时名将有何人？

（2）问金世宗之盛治，试就所知条列述之。

（3）问宋代文艺学术空前绝后者约有几端？试略述之。其致盛之理由何在？

（4）问蒙古初起时中国内外蒙古、新疆及西部土耳其斯坦有何部落及国家，试略述之。

（5）蒙古人征欧洲军事成功非常之速，其理由何在？试条述之。

6月9日　星期六

希腊史考试。

(1) Athenian Constitution under the Rule of Pericles［伯里克利时期的雅典宪法］

(2) Secondary questions［辅助题］

① The leaders of Athenians during Greco-Persian War［希波战争中的雅典领导人］

② The immediate cause of Persian Expedition to Greece［波斯出兵进攻希腊的直接原因］

③ Who was Polybius and what was his work［波里比阿是什么人？他有什么著作？］

④ Submission of Athenians after the Peloponnesian War［伯罗奔尼撒战争后雅典人的归顺］

6月10日　星期日

阅书：罗斯托夫采夫《世界古代史》。

下午赴燕京，晤及德煊及学德。返校时途经成府，与祥第购了两只鸽子，共费2.6毛，预备明天交三院烹饪好了大嚼一顿。

6月11日　星期一

阅书：罗斯托夫采夫《世界古代史》（全书400页，完）。此书插图甚多，为其特色之一，叙述亦清楚，关于史事之解释，有时且胜于布雷斯特德。

晚餐赴朱庆永等之邀，在工字厅聚餐，在座者有朱庆永、谷霁光、杨绍震[1]、吴春晗、许亚芬，连我一共6人。餐后在杨君房中打桥牌，10时许始返舍。

6月12日　星期二

温习西洋上古史。

祥第、贤修都要回家，看见别人喜气洋洋，自己却是有家未归，未免怅然伤神，但是根据前年暑假留校的经验，也仅是这几天难过而已，以后也便会淡然处之的，忍耐几天的苦吧！

1　杨绍震：1909—？，江苏武进人。历史学家。清华大学历史系第五级（1933年）毕业生，留校任助教。1934年赴美留学，后获哈佛大学文学硕士学位。1939年任厦门大学史学系教授。1949年去台湾后，去台湾。著有《西洋史要义》等。

6月13日　星期三

祥第今天回去了，上午10时送他出校门，自己连一年一度的返家也办不到，细思殊觉黯然。返舍后不能读书，乃赴蒋廷黻先生处。据云，毕业论文已阅过，做得颇不错，但希望修改后再发表。又说我的文章的弊病，一在贪多，因之屑琐散漫，不能擒住主要点去发探，所以这一篇4万多字本子，最好能删成3万字左右；二在文气不尊重，常夹杂报章杂志通俗文章的油腔，学术论著应严肃一点。又指出篇内有一处以江苏情形推论全国，中国各地情形不同，此种推论太危险。至于社会调查所的事情，本星期当往接洽，或先函商，但何时有切实答复则无把握。论文修改，可俟暑假后再作。

6月14日　星期四

上午送贤修返里，温习上古史。下午拍网球。晚间在前工字厅，与本届历史系同学聚餐。

6月15日　星期五

阅书：《文明的征服》100余页。

6月16日　星期六

阅书：《文明的征服》100余页。读这书时想读过一番便不再读，故一面翻阅，一面即默记，因之读得很慢。未阅之书尚多，此后非加速不可。

6月17日　星期日

进城参与史学研究会，决定出版刊物。下午赴北大，晤及克宽君，略谈数语，即赴太庙参观铁展。旋赴东安市场购旧书数册，即返校。

6月18日　星期一

阅书：Shelley and Krey, *Medieval Foundation of Western Civilization*［谢利、克雷：《西方文明的中世纪基础》］（全书582页，至25日阅完）。

6月19日　星期二

阅书：谢利、克雷《西方文明的中世纪基础》。

下午与刘古谛、张宗燧、宁有澜、董文立[1]同赴燕京，应陈凤书之邀，聚餐于燕京东门外餐馆，大家都是光华附中同班毕业的，侥幸的能够再叙一处，现在毕业后，更不知后会何时了！宁君已决定赴美国麻省理工学院，陈君下学期毕业后拟赴英国伦敦大学经济学院，刘君拟赴日本庆应大学，张君正在预备考留美，反顾自己的前途，顿生渺茫之感。

6月20、21日　星期三、四

阅书：谢利、克雷《西方文明的中世纪基础》。

1　董文立：1909—1988，河北束鹿（今辛集）人，清华大学第七级（1935年）毕业生，1937年参加革命。曾在延安自然科学院化学系任教，在新华化学厂、陕甘宁边区火柴厂、紫芳沟化学厂工作。1949年后任惠安化工厂总工程师、厂长，第五机械工业部二局和五局副局长等。

6月22日　星期五

上午10时行毕业礼。来宾演讲是胡适。4年前在光华时曾听过他在毕业礼中的致辞。这次也不外那套陈话。说"自己有三张药方，好比观音赐予孙行者的三根毫毛，可以给你们将来救急用：（1）多找出几个问题，以作研究；（2）多弄点业余的玩意儿，在职业外发展自己的天才；（3）要有自信心，自强不息，不问收获，但问耕耘"。实则根据自己这几天的经验，毕业即同失业，什么也谈不到。胡适所说的，依旧是局外人的风凉话而已。

6月23日　星期六

阅书：谢利、克雷《西方文明的中世纪基础》。

6月24日　星期日

这一星期，只阅了一本582页的谢利、克雷《西方文明的中世纪基础》。

6月26日　星期二[1]

写了一封家信，又写信给贤修及祥第。

6月27日　星期三

阅书：田农《西洋史表解》。

1　6月25日日记原缺。

6月28日　星期四

下午陈巽颐来，陪他闲谈了一个下午。

6月29日　星期五

阅书：《西洋史表解》（共 322 页，完）。替他修正了许多误点。
阅 Ely, *Outline of Economics*［伊利：《经济学概论》］。

又生病了，肚子作怪。

6月30日　星期六

阅书：伊利《经济学概论》。

身体不爽，9 时半才起身到医院去看病。

7 月

7月1—3日　星期日一二

阅书：伊利《经济学概论》。

7月4日　星期三

阅书：李季《我的生平》第 1 册（272 页，完）及第 2 册首章，
系其自传，至留德时止。以下尚有二章，系批判胡适之实验主义及
《中国哲学史大纲》，有暇当续阅。

昨晚饮了一杯咖啡，夜间辗转不能入寐，到夜半 1 时余始睡熟，

胃病尚未愈，又加上失眠，其苦可知矣。

7月5日　星期四

下午与赵恕及德煊散步闲谈，竟花了一个下午。这样耗费时光，太不应该。这两天病已稍痊了，正该努力补足因病耗去的时光。

7月6日　星期五

阅书：伊利《经济学概论》（全书 866 页，完）。

下午王栻的两个弟弟老五[1]、老六[2]由沪北上，陪他们巡览校舍，花了整个下午。

7月7日　星期六

涉猎：Fairchild、Farniss、Buck, *Elementary Economics* Vol. Ⅰ〔费尔柴尔德、弗内斯、巴克：《基础经济学》卷一〕。此书较前书内容切实，材料较多，惜篇幅过多，二卷合 1 200 余页，殊无暇精阅也。

7月8日　星期日

涉猎：费尔柴尔德、弗内斯、巴克《基础经济学》卷一及卷二。

1　老五：即王栻的五弟王载桓（1916—2000），字小同，浙江平阳人，毕业于北洋大学矿冶系，曾任西安交通大学机械系教授。

2　老六：即王栻的六弟王载纮（1918—1997），浙江平阳人，毕业于南开大学化学系，曾任轻工业部研究员。著有《植物油脂生产》等。

7月9日　星期一

阅书：Munro, *Government of Europe*［芒罗：《欧洲的政体》］。

下午学游泳，前星期五曾试游一次，今天是第二次，钻进水中依旧半沉半浮。晚间偕德煊至登梅处，饮酒划拳，喝得脸孔热烘烘，竟不能读书。

7月10日　星期二

阅书：芒罗《欧洲的政体》。

下午至蒋廷黻先生处取回毕业论文，预备修改一番，蒋师允为介绍《清华学报》上发表。又谈及社会调查所事，据云今年与中央研究院合并，现方谋裁减，不添收人员。进研究院问题亦曾谈及，劝我第一年以全力读完学分（24学分，包括清代学术史），暑假三个月以全力预备初试（注意政治制度及学术思想，如清代官制、科举制度、升降办法、康梁思想背景等）。9月初旬开学时即可举行初试，第二年专力毕业论文，并提示毕业论文题目：（1）清代贵胄（一、二品）之出身（贵、富）；（2）清代督抚之分析（出身、职权等）；（3）清代御史制度（或限于对外交问题之见解及其效果）；（4）清代驾驭藩属之政策；（5）清代满汉势力之消长；（6）清代军机处之始末（组织、职权、人员、变迁）。

7月11日　星期三

这两三天气候过热，温度在110度左右，据报载北平城内热毙

19 人。

7 月 12—14 日　星期四—六
阅书：芒罗《欧洲的政体》。

7 月 15 日　星期日
阅书：芒罗《欧洲的政体》（全书 819 页，完）。

云畴来谈，拟早日南返，以便就近接洽谋事。论及谋事之困难，愤慨异常，谓如不能得一枝栖，将设法赴日本学法律去。

7 月 16 日　星期一
涉猎：张慰慈《政治制度浅说》。

7 月 17 日　星期二
阅书：冯友兰《中国哲学史》卷上，200 余页。其书对于考据方面，虽不如胡适《中国哲学史大纲》，然关于叙述各家之哲学系统，却远胜胡氏，在现下此类著作中尚罕其匹。惟对于哲学与当时环境之关系，除概论当时社会制度之变迁外，尚未能作更进一层之分析。陶希圣、李季、叶青诸氏之作品，或可以补充此缺陷。

7 月 18、19 日　星期三、四
阅书：冯友兰《中国哲学史》卷上（574 页，完）。

7月20日　星期五

进城报名。上午检验体格，人颇拥挤，检毕赴法学院，已过 12 点。乃赴姜善君处，述及报考时借宿，承其惠允。下午报名手续毕后，即赴东安市场购书数册，乃返校。

7月21日　星期六

阅中国哲学史讲义。

傍晚偕德煊及赵恕至燕京，9 时许返校。

7月22日　星期日

阅中国哲学史讲义。

云畴昨日进城，今日返校。据云已决定二三日内南返，谋事尚无头绪，须赴京、杭面洽。

7月23日　星期一

将中国哲学史温习一遍，即作一结束。明日起预备中国通史。

7月24日　星期二

阅书：吕思勉《白话本国史》第一册。

7月25日　星期三

阅书：缪凤林《中国通史纲要》首三章。

吕氏之作,在古史论战之前,故信古而不加怀疑。缪氏之作,虽在古史论战之后,而笃信经传,虽将唐、虞以前归入传疑时代,仍信唐、虞、夏之史迹为确有。为学固须自有主见,然不应泥古而不化,吕作平凡,缪作泥古,皆非所取。然在地下材料未能充分发现以前,新派史学对于殷周以前之史迹,亦只得搁笔。

晚间观电影卓别林《从军梦》。

7月26日　星期四
温习雷海宗中国上古史笔记。

晨送德煊离清华,他已租大森公寓。返室后写信二封。

7月27日　星期五
阅书:《白话本国史》第二册。

7月28日　星期六
阅书:《白话本国史》第二、三册。

7月29日　星期日
阅书:《白话本国史》第三册。

吴晗君来,谓广西桂林专修师范欲聘一文史指导,月薪160元,欲邀余去。余欲继续求学,乃婉却之,然吴君盛意殊可感也。

7月30日　星期一
阅书:《白话本国史》第四册。又预备法文。

7月31日　星期二

进城，先赴达教胡同大森公寓，晤及德煊及小同。旋同赴北大，晤及倪克宽及王明。返公寓后，将行李搬到法学院姜善君处。明天即要考试了，法文两个多月未读，不得不临时抱佛脚，10时余始睡。

8月

8月1日　星期三

考试国文、党义及第二外国语。由法学院搬回大森公寓。

8月2日　星期四

考试英文。租得一部自行车，以便往返。这是第一次在城内骑车，在洋车、汽车、电车、自行车队中奔驰，虽觉得意，然心中未免悸然，常惧失误。下午赴北平图书馆阅书。

8月3日　星期五

考试中国哲学史及经济学概论。

下午返校，本拟乘自行车，后以天阴欲雨，且连日睡眠不足，身体颇倦，故乘公共汽车返校。得贤修来信，知十中事已无望，也好，省得踟蹰不定，现在决心读研究院罢。晤及古谛，据云明天将南返，谈到10时许始别。他要我在题词本上题字，我题了下列几个字："近来我越弄越糊涂，对于自己的将来，没有什么的期望，更想不出什么话来勉励老兄，不过，我们是六年同学，三年同舍，一旦分袂，未免依恋难舍，让我们记住这一段友情罢！易卜生说'旧的友情不会生锈的'，希望这不是一句诳语。"

8月4日　星期六
又进城，考试西洋通史。

8月5日　星期日
考试中国通史及近代政治制度。

连日胃病又发，饭后腹中作痛。睡后，天未亮又以腹痛而醒。身体衰弱至此，为之一叹！万事无成，而病魔已缠身，数年来努力之结果，如此而已。

8月6日　星期一
考试清史。

下午与姜善君同赴大森公寓，王栻昆弟皆在寓内，遂与之同赴北大，晤及倪克宽君，一同赴北海游览。晚间去公寓弄牌，至天亮始罢。

8月7日　星期二
上午返校，在青年会候车，竟倚几睡着，10点钟一班贻误，改乘12时一班返校。下午熟睡至7时半始醒。晚餐后，10时许又睡。身体衰弱至此，出于意料之外。

8月8日　星期三

10时许始醒，在图书馆杂志室阅书，精神甚为委顿，不能读书。得家信劝吾返家，就十中职，但十中已无望，家中未悉情况，故有此语。

阅书：中译本箭内亘《兀良哈及鞑靼考》。

8月9日　星期四

阅书：《中国通史纲要》第1册。

8月10日　星期五

阅书：《中国通史纲要》第1册（全书418页，完）。

8月11日　星期六

阅书：Botsford, *A History of Rome*［博茨福德：《罗马史》］100余页。

8月12日　星期日

阅书：《罗马史》200余页（全书352页，完）。

听说今年招生注重体格，凡患沙眼者将予摈斥，未免不安。为了这小小的眼症，竟使我遭受多少麻烦，希望这一次不要再给我一个致命伤。前星期听说，梅校长曾发表讲话，这次研究院招生不仅视成绩优劣，兼视校中有否导师而定。自己是研究中国近代史，下学期恰无此种导师，不要又从这里发生麻烦，我心中非常不安。如果连研究院也不能考取，将有何面目回家，尤其冤枉的是被摈的原因，不是自己的不努力，是被一些不相干的小事而贻误，更觉满怀悲郁，好在 20 日放榜，离今仅一星期，希望命运不要给我以过分的打击。

8 月 13 日　星期一

进城报名，颇惧以沙眼遭摈，幸以症状尚轻，半年以内可以治痊，故允许报名。惟检查心脏时发现 Klappenfehler［心脏瓣膜症状］，据云症状尚轻，但此后无论运动及读书，皆宜节制，否则将增重，百事无成，惟病症日增，可为浩叹！小张表示下学期要搬去与钱伟长同住。

阅书：Rostovtzeff, *Social and Economic History of Rome Empire*［罗斯托夫采夫：《罗马帝国社会经济史》］。

国立清华大学留美公费生考试委员会发的准考证：报考生公字第 330 号，择定在北平应考"考古学"门。

8 月 14 日　星期二

阅书：《罗马帝国社会经济史》。此书颇佳，惜以时间匆促，无暇详阅矣。

8 月 15 日　星期三

阅书：Botsford, *Source of Book of Ancient History*［博茨福德：《古代史资料》］。仅稍加涉猎而已。

留美考试报名快要截止，小张还没有去报名，今天他对我说，决定不去报了。询问他为什么缘故？他说：预备来不及，准是没有希望的，又何必空费工夫与报名费呢！下午他到钱伟长那儿弄牌去了，看他悠然自得的情状，我真有点后悔自己空寻烦恼。这次预备考研究院已费了一月多的时间，现今仅剩下二星期的工夫，虽说所考的东西多已读过，但是留美的标准，自然要高，预备的不充分，如何会有录取的希望？我若早知道小张的计划，我也要随和他，放弃了留美考试，现在已经报名，只好努力干去！

8月16日　星期四

阅书：顾颉刚《五德终始说下之政治及历史》（198页）。陶希圣《辩士与游侠》（98页）。

8月17日　星期五

阅书：Kroeber, Anthropology［克罗伯：《人类学》］。

其中论及言语与其他文化因子之联系性，颇可为近来讨论欧化语者之参考，即对于大众语的争论一问题亦不为小助。言语是同文化有联系性的，欧洲的文化既已搬进中国来，则欧化语是免不了的事情，尤其语汇方面，新名词添增不少。结构方面虽亦受影响，但比较不易，此皆为自然之势。至于大众语问题，我以为是大众是否有能力创造大众语的文学，而不是现在冒充大众语作家者假装不三不四的大众语文学。大众的文化一般地升高，侵入文学中便会使文学自然地大众语化了。

8月18日　星期六

阅书：克罗伯《人类学》。

8月19日　星期日

阅书：克罗伯《人类学》，西村真次《人类学泛论》。

8月20日　星期一

阅书：柳诒徵《中国文化史》。

清华研究院考试的结果，今日已决定了，不过名单要等明天才发表，心中忐忑不安。平生所经考试为数不少，从未有如此考试之不宁者。最大之原因，由于落第后即无处安身。从前由小学考初中时，系借三房堂兄夏时文凭，如不获准，可以回到小学去读。初中升高中时，保送5名，故敢赴沪报考光华。高中毕业时，亦可直接升入大学部，故投考燕京时亦无所惧。燕京转学清华时，情形亦然。惟此次孤注一掷，落第后即不能续学，故格外不宁。且此次所考之科目，10种之中，党义、中、英、法4种外，其余中西通史及经济学则一二年级时读过，大半忘记，中国哲学史、近代政治制度、清史，则为在校时从未读过者，故心中更为杞忧。考试后，虽觉成绩尚过得去，然不见得十分优异，故忧心更炽，听说明天下午始发表，这24小时真够我捱了。

8月21日　星期二

今天公费留美生考试开始。上午考试国文：

（1）"近年来吾国建设之成绩"，"论效率"（作文，二选一）。

（2）《左传·宣公十二年》"栾武子论楚非骄老"一段（译白话）。

下午考党义：

（1）复决、创制、罢免之制度在欧美各国所用以补救民主政治之成效如何？民权主义之特色是否改普通选举权？复决、创制、罢免三种直接民权之采用，若另有其特色，试述其要，然后论民权主义中之四种民权之运用方式与德、美、瑞士所采用者之异同何在？

（2）试述中国贫弱之根源及其补救之方策。

4时许考场出来后，至第一院观新生名单，仍未出来。返室阅书，至6时许往进晚餐，拟乘便往一院再看，至楼梯口遇小张，云已发表，历史系仅一人，已遭录取。大喜过望，驰往一院，索得新生名单，研究院凡15人，历史、物理、经济皆仅1人，政治系2人，中国文学系3人，外国文学系7人，其中清华出身者8人。返三院进餐后，回到宿舍，吁口气，一颗心儿今日才放下。

8月22日　星期三

上午考试英文：

Composition: Now I have prepared my special line of study or profession［作文：我已准备好我学习或从事的专业领域］；

Translation (Paragraph in *China Critic*)［翻译（《中国评论家》中的一段）］。

下午考试法文：中法互译及法文作文（成绩不佳）。

昨天因为高兴，晚餐多吃了一些，夜半忽胃病又发，辗辗不能成寐，平旦始入梦，而7时半之钟声又催人起身矣。精神不振，幸今日之科目不大重要，否则殆矣。下午考试完毕后返室，依枕假寐，竟即入睡，6时许始醒。晚餐食挂面以易于消化也。10时许即睡。

8月23日　星期四

考试中国通史及西洋通史，题目尚不难，惟详尽惬意亦不易。

中国通史题（七择六）[1]：

（1）齐威王以后齐王之兴衰始末；

（2）唐以前之统一首都多在长安，以后多在开封及燕京，何故；

（3）宋代对外不振之原因；

（4）明代宦官擅权之原因及概况；

（5）秦之新设施有何种为汉所完全接受，孰为部分接受，孰为完全放弃；

（6）唐代治理外藩之政策。

西洋通史题：

（1）欧洲文明是否将来必广被全球，有何证据；

（2）欧洲大战以终结战争为言，是否已达目的，并叙证据；

（3）意大利及日耳曼不统一之原因；

（4）释名（Maid of Orlean［圣女贞德］，Henry V［亨利五世］，Michelangelo［米开朗琪罗］，Petrarch［彼特拉克］，Machiavelli［马基雅维利］，F. Bacon［培根］，R. Darwin［达尔文］，Abelard

---

1　原日记漏记题（7）。

［阿贝拉尔］)）。

8月24日　星期五

上午考试中国上古史，凡四题择做三题[1]：

（1）中国先史时代；

（2）殷墟文字；

（3）释名（凡10，如：北京人，小屯期及仰韶期，毛公鼎，虢季子白盘，《竹书纪年》之今木、古木，古文《尚书》及伪古文《尚书》，张三世、正三统，职方氏，太初历，石鼓文）。颇难作答。

下午西洋上古史：

（1）上古史多争论之故；

（2）西洋上古史终点有几，其意义孰最宜，何故；

（3）释名（Champollion［商博良］，Rawlinson［罗林生］，Schliemann［谢里曼］，Mommsen［蒙森］，Meyer［迈耶尔］）；

（4）罗马帝制初期之军事及政治较以前之进步；

（5）汉尼巴军事才干以外之志概识略；

（6）Ionia［爱奥尼亚］在希腊史上之地位及Ionian thinkers［爱奥尼亚思想家］在西洋文化史上之地位；

（7）西洋上古史上之Semites Peoples［闪米特人］及其特殊贡献。

亦不易作答。连日考试，除法文外，当以今日所考者为最难，

1　原日记漏记一题。

答案不佳。

8月25日　星期六

考试人类学：

（1）Notable physical appearance of child of Nordic father and Negritic mother at twenty years age. ［北欧日耳曼男性和黑人女性的子女在二十岁时的显著体质特征。］

（2）Give ethnographical account of five tribes. (Eskimo, Zulu, Aino, Inca, Iroquan etc.) ［五支部落文明的民族志资料（因纽特人、祖鲁人、阿伊努人、印加人和易洛魁人）。］

（3）Main type of Asiatic people and their serial classification. ［亚洲人的主要类型及其进化序列。］

（4）Define the term (corrade, coup de poing, sib, mestizo, Hesper pattern). ［名词解释（侵蚀、双面手斧、亲缘、混血儿、海斯帕模式）］

（5）Paleolithic cultures of southern France ［法国南部旧石器时代文化］

题目虽不难，但自己所知道的知识太少了。考试已完，此事已算完了，希望极少。

写信给家里。在研究院未发表时，我曾幻想到如果研究院落第，今日留美考试一终结，当写信回家报告归期，将毕业论文修改后交去发表，便整装回家，此后便是无尽期的失业闲居。想到这里，万分惨淡，幸得结果未如此之恶劣，今天居然可以写信报告下学期计划，心中颇为舒适。下午与景荣散步闲谈，至体育馆打篮球。晚间在范君房中晤及詹文讚[1]君，又是闲谈。

8月26日　星期日

今天起整理毕业论文，删改后另行誊清，约需一星期可毕。在谷霁光处谈，听说河南大学历史系主任杨鸿烈[2]也在这里应试考古学，这确是一个劲敌，南京方面的一个人不知是谁。又听说这次考研究院的成绩颇不差，很有领津贴的希望。

8月27日　星期一

继续删改毕业论文及誊抄，这两天共成一万字。

8月28日　星期二

继续整理论文。

8月29日　星期三

继续整理论文，这两天又成一万余字。不知什么缘故，这次的改作，很是矜持谨慎，不肯以怠慢对之，精神稍觉疲倦，即搁笔不写，一连四天，尚只改写二万字左右。

1　詹文讚：广东东莞人，清华大学经济系第七级（1935年）毕业生。
2　杨鸿烈：1903—1977。云南晋宁人。学者。从北京师范高等学校毕业后考入清华学校国学研究院专攻历史。毕业后任教于南开大学、上海中国公学、云南大学、河南大学等校，1937年赴日留学，在日本东京帝国大学研究院深造，获博士学位。1946年起任香港大学教授，1955年任广东省文史馆研究馆员等。著有《中国法律发达史》《中国法律思想史》《中国法律在东亚诸国之影响》等。

8月30日　星期四

整理论文。

8月31日　星期五

整理论文，共 3 万余字，已完。补交到注册部，算做研究成绩。工作已毕，拟休息一天。下午与小同、赵恕赴燕京，在德煊处闲谈，又在湖畔散步，秋月皎洁，斜挂树梢，灯影湖光，风景可人。旋至东门口购得花生及香果，拿回去大嚼，风味很不差。晚间即宿燕京客房中。

9 月

9月1日　星期六

阅书：柳诒徵《中国文化史》。

上午由燕京返校。下午阅杨绍震著《庚子年中俄东三省交涉》。关于此次事件，中俄两方均有新史料发表，故易于出色。本篇之优点在于整理之功夫，及国际形势之解释。

接谷霁光来函，约明日赴汤山及松堂。晚间赴谷霁光处闲谈。

9月2日　星期日

上午 8 时赴工字厅，与谷霁光、吴春晗、杨绍震等 24 人，同赴汤山，10 时余抵其处。用茶后，赴温泉淋浴（每位浴费 6 角）。旋赴汤山公园游览。返汤山别墅用餐，仅食鸡丝面卧二果，每人5角。餐毕赴西山、香山游览，旋赴松堂，乃清华之牧场。5时许，在松堂用晚餐，赴附近之无梁殿游览。返校时已6时余矣！往返200余里，为游殊快也。晚间在吴君处用餐，喝点广东红糯酒，稍有醉意，赴合作社饮茶，遇祥第君，知已返校。乃偕祥第等回宿舍。案头有挂号信通知单，乃《图书评论》稿费，共25元。夜间又失眠，12时余始入睡。

9月3日　星期一

从今天起间日往医院，疗治沙眼，拟以一年之时间治愈之。年来为此微疾，报名报考，常恐被摈，精神上之苦痛甚深，今下最大决心必治愈而后已。赴吴君处，晤及罗尔纲君。午餐在合作社。下午徐贤修君来，新近由故乡北返。晚间又赴吴君处，与谷君、罗君等讨论史学会出版事宜，将熄灯时始返舍。

9月4日　星期二

阅书：柳著《中国文化史》上册（528页，完）。其书虽为颇费功力之作，然泥古过甚，尤其是上古史一段，不脱前人以黄帝、尧、舜为黄金时代之观念，以《周礼》为周公所定之周室制度等，皆觉未妥。

傍晚与徐、王、刘、王赴燕京，晤及德煊，9时许始返。天已黑，又以昨日新雨，路多泞滑水潭，乃在成府购一灯笼，返校已近10时，在合作社饮红茶、食水果，返舍后即睡。

9月5日　星期三

阅书：柳著《中国文化史》下册。

下午德煊来，傍晚始去。

9月6日　星期四

阅书：柳著《中国文化史》。

9月7日　星期五

阅书：柳著《中国文化史》下册。

赴注册部询问此次入学试验之成绩，据云总平均为 83 分余，为此届研究生入学成绩之冠。冠不冠，倒不必去管他，只要够得上领取津贴金，下学期可以多读点书，少写点文章，便是很使我乐意了。

9月8日　星期六

阅书：柳著《中国文化史》。上午缴费注册。下午孔耀、学德皆自故乡返校。新同乡洪瑞宪 [1] 君亦来校。

9月9日　星期日

阅书：柳著《中国文化史》下册（544 页，完）。

1　洪瑞宪：浙江温州人，1934 年秋天考入清华大学。

9月10日　星期一

进城。景荣、祥第同往，先赴中南海参观北平研究院博物馆展览会，有北平金石录稿本、北平民众艺术、此次在陕西发掘所得之新石器及铜器时代之遗物等。旋赴北平图书馆，购书数册。乃赴琉璃厂，至商务、中华[1]购书，顺便至佘家胡同旅京学会，晤及谢隆光君。返至东安市场。旋即乘车返校。

9月11日　星期二

阅书：冯承钧《元代白话碑》，陈垣《开封一赐乐业教考》《元也里可温考》。

9月12日　星期三

阅书：孟森《清朝前纪》。

9月13日　星期四

阅书：孟森《清朝前纪》，甚精审。

9月14日　星期五

阅书：孟森《清朝前纪》（全书223页，完）。注册选课。

9月15日　星期六

阅书：《剿奴撮议》及《建州考》。王树枏《德宗遗事》（系笔录

1　中华：即当时对中华书局的简称。

王小航语）。

小张搬到四院去了，房中只有我一人。

9月16日　星期日
阅书：谢国桢《清开国史料考》。

9月17日　星期一
阅书：《清开国史料考》。今日起开始上课。

9月18日　星期二
阅书：《国学季刊》3卷4期及中研院《历史语言研究所集刊》第3本第3分中孟森三篇关于清开国期之史料。关于建州卫地址有疑义，有暇拟作进一步之讨究。

9月19日　星期三
阅书：马文升《安抚东夷记》及茅瑞徵《东夷考略》。

9月20日　星期四
阅书：张鼐《辽夷略》及海滨野史《建州私志》。

9月21日　星期五
阅书：J.J. Duyvendak, *The diary of his excellency Ching Shan*〔J. J. 戴文达：《景善日记》〕。取以校左舜生辑《中国近百史资料续编》本，忽生疑义，疑此日记为赝品，有暇当作详细考订。

晚间师生联欢会。

9月22日　星期六

进城。与祥第偕往花园饭店，访庞元龙君未晤，据云午餐在泰丰楼。乃赴商务购书。至泰丰楼晤及庞君，匆匆数语后，约定下午4时再谈。与祥第至东安市场购买书籍过多，携带不便，时又下雨，乃呼车往锡拉胡同，将书籍存放黄瑾君处，雨尚未止，乃弄牌以消遣，打足四圈已5时许矣。急赴庞君处，已不在栈。晚间又往访数次，皆未遇，9时返校。

9月23日　星期日

阅书：《李秀成供状》。取木刻本校之。

9月24日　星期一

阅书：朱芳圃《孙诒让年谱》。

又在书库中消磨掉一个下午，耗费时间过多，殊不值得。

9月25日　星期二

阅书：金梁《清帝外纪》。

晚间吴景荣君来言，据注册部人传出消息，此次留美考生，考古学一门5人，南京方面1人，总成绩65分；北京方面4人，有一人得分78分，希望最大，其人所选考科目为法文，且报名时间不迟不早。按谷君所考者为德文，且在第一日报名，则其人非谷君可知。北京报考者，有一人为考研究院落选者，则此次得78分者，非杨鸿烈，即是我自己。闻之精神兴奋，不能成寐，至 1 时许始睡。

9月26日　星期三

阅书：金梁《清后外传》。

晚间景荣又来，言托注册部人密查，考古学门成绩最佳者，其英文作文首句为"My special line of study in history"["我学习的专业是历史"]。按此即我作文的首句，似乎我的希望极大。吴君熄灯后始去，又是辗转不能成寐。我不仅喜中公费生，并且另有一种感伤。如果这个属实，则此后我的生命史将翻过一页，眼前展开的是一条完全未曾践过的新路，一个人遇到这种生命史上的大转变，自然会觉得十二分的不安，神经受了最大的刺激，失眠自不能免。现离发表时间不远，假使这消息不能证实，则仅空喜欢一场而已。

9月27日　星期四

搜集关于温州方面的记载，抄录了几段，又描画雁荡山地图及温州湾地图。下午至医院复验心脏，据大夫云，并无显明症状，不必疗治。

9月28日　星期五

昨夜又睡得不好，晨 5 时许即醒来，精神不爽。翻阅法文 Daudet, *Lettres de Mon Manlir* [都德：《磨坊书札》]。又翻阅去年日文笔记，连字也有些忘记了。此后拟费点工夫来预备法文，并拟继续学习日文。

今日上钱宾四先生的"近三百年学术史"，概论一般学术风气，颇精辟，但亦有未妥处。今日精神不佳，不耐作苦思，拟再作一番思考，提出疑问于下次上课时求教。

9月29日　星期六

阅书：《浙江省一瞥》，向达译、Barne［巴恩斯］著《史学》，王国良《中国长城沿革考》。买了许多书，放满两个书架子，不知何日始能读完。今日拣了三本薄薄的小书匆匆读过。《史学》系叙述西洋史学的小史。

9月30日　星期日

阅书：李圭《鸦片事略》、洪昇《长生殿》。

10月

10月1日　星期一

阅书：《鸦片战争新史料》（《国闻周报》中陆续登载者）。

中午时遇陈鏊[1]君。据云，昨在陈岱孙处闻留美公费生考卷已大致审查过，考古学方面在南京考试者为朱延丰[2]君，在北京考试者为杨鸿烈、谷霁光、某君及我4人，成绩以我为最优，与次优者相差颇远，获隽无疑云云。余笑谢之。

1　陈鏊：1912—？，字壬孙。福建闽侯人。陈宝琛之孙。学者。清华大学历史系第七级（1935年）毕业，后升入研究院历史学部研究生肄业。曾任中国大学讲师等。
2　朱延丰：1906—1969，字汉新。江苏萧县（今属安徽）人。1929年清华大学历史系毕业后留校任助教，1933年升入研究院历史学部深造。1935年后就读于英国牛津大学、法国巴黎大学，获硕士学位。回国后任东北大学、中央大学、四川大学、中山大学历史系教授。1949年去台湾。著有《历史唯论批判》《突厥通考》等。

晚间遇杨绍震君。据云，今日下午开第二次留美公费生考试委员会，录取名单大致已定，共取20名（原定25名，其中电机、机械各2名及航空1名，以投考者成绩皆过劣，不取）。考古学方面是我的名字，明后日即可发表云。傍晚遇陈熙泽[1]君，陈君笑呼："考上了留美，还不请客！"我想，大概这消息是可靠的。不过，这事实出于我的意料之外。

10月2日　星期二

今天留美考试在报纸上发表，自己果然获取，前几天的传言证实了。不过自己本来预备弄的是中国近世史，这次突然考上了考古学，这样便要改变我整个一生的计划，对于这样一个重大的改变，我并没有预料到，我有些彷徨无主。下午去找吴晗君谈谈，他说："昨天你还是预备弄近世史，今日突然要将终身弄考古学，昨夜可以说是你一生事业转变的枢纽。这一个转变实在太大，由近代史一跳而作考古，相差到数千年或数万年了。"我想同他商榷今后的计划，他说最好还是找刘崇鋐先生去谈去。

晚间在王栻君房间谈话，到10时余始回来。又写了几封信。拍了一个电报给家里，虽只"留美获中"4字，但是家人接到后，不知要怎样欢喜呢！

10月3日　星期三

阅书：李济《西阴村史前的遗存》。

1　陈熙泽：江苏吴县人，清华大学生物系第八级（1936年）毕业生。

上午去找刘崇钹先生谈话。我说自己的计划，拟在国内预备一年，前半年在室内预备书本上的知识，明春实习发掘的事情，到明年暑假再行放洋，谈了一点多钟。他说他是治近代史的，上古史方面还是去咨询雷海宗、孔繁需先生。于是到雷海宗先生处，他说考古学方面也不熟悉，将来校中自会指定导师，目前可阅《大英百科全书》及《剑桥上古史》中关于考古的各章。又至孔繁需先生处，他说对于考古学亦不熟悉，如果要咨询这一方面的事，可以代为介绍傅斯年先生，便取出一张名片，写了介绍信交给我。今天已接到校中通知书云："刻正为各门聘请指导员，一俟聘就，……当再行通知。"只好等待。下午与贤修与商量聚餐的事。

10月4日　星期四

写信给刘古谛，信中说道："我初入大学的一年是弄社会学的，后来转入历史系，已经是十字街头钻入古塔中，但是对于十字街头终有些恋恋不舍，所以要攻中国近代史，以便进一步剖析当前的社会。现在忽而改读考古学，简直是爬到古塔顶上去弄古董。离十字街头更远了，喧扰的市声，渐隐渐微了。在塔顶旧室中，微弱的阳光下，徘徊于蛛丝鼠迹之中，虽有一种'怅望千秋一洒泪，萧条异代不同情'的诗意，但是这岂是现代式的生活？我总觉得这是我的职业，我应该在职业以外去找一个可以安心立命的思想或信仰。但是到哪儿去寻这种思想或信仰呢？"即前晚与王栻君所谈的问题也。下午将昨天取回来的毕业论文，送交吴景超先生，预备在《清华学报》上发表。晚间参加历史学会。

大学期间发表文章目录

1932 年（1 篇）

1.《言语和中国文字二者起源的比较》，林语堂著，作铭[1]译，《清华周刊》，1932 年第 37 卷第 1 期（1932 年 2 月 27 日）

1933 年（8 篇）

2.《秦代官制考》，作民[2]，《清华周刊》，1933 年第 38 卷第 12 期（1933 年 1 月 14 日）

3.《〈近代中国外交史资料辑要〉书评》，夏鼐，《图书评论》，1933 年第 1 卷第 6 期（1933 年 2 月 1 日）

4.《宾辞数量限制说之批评》，作民，《清华周刊》，1933 年第 39 卷第 4 期（1933 年 4 月 5 日）

5.《〈道光朝筹办夷务始末〉订误一则》，作民，《清华周刊》，1933 年第 39 卷第 7 期（1933 年 4 月 26 日）

6.《魏文侯一朝之政治与学术》，作民，《清华周刊》，1933 年第 39 卷第 8 期（1933 年 5 月 8 日）

1　作铭，夏鼐的笔名。

2　作民，夏鼐的笔名。

7.《中国近代史研究的资料》，塞勒斯·皮克著，作民译，《清华周刊》，1933 年第 39 卷第 11/12 期（1933 年 6 月 14 日）

8.《〈鸦片战争史〉书评》，夏鼐，《图书评论》，1933 年第 1 卷第 11 期（1933 年 7 月 1 日）

9.《奥本海末尔的历史哲学》，作民，《清华周刊》，1933 年第 40 卷第 5 期（1933 年 11 月 20 日）

10.《洋书辨伪》，作民，《清华周刊》，1933 年第 40 卷第 9 期（1933 年 12 月 18 日）

1934 年（6 篇）

11.《〈清代通史〉书评》，夏鼐，《图书评论》，1934 年第 2 卷第 5 期（1934 年 1 月 1 日）

12.《二程的人生哲学——读〈宋元学案〉札记之一》，作民，《清华周刊》，1934 年第 41 卷第 1 期（1934 年 3 月 26 日）

13.《鸦片战争中的天津谈判》，夏鼐，《外交月报》，1934 年第 4 卷第 4 期（1934 年 4 月 15 日）

14.《百年前的一幕中英冲突：拿皮耳争对等权的失败》，夏鼐，《国闻周报》，1934 年第 11 卷第 16 期（1934 年 4 月 23 日）。《文化月刊》，1934 年第 5 期（1934 年 6 月）转载

15.《鸦片战争中的天津谈判（续）》，夏鼐，《外交月报》，1934 年第 4 卷第 5 期（1934 年 5 月 15 日）、《拒毒月刊》（1934 年第 78 期）

16.《〈中日外交史〉书评》，夏鼐，《图书评论》，1934 年第 2 卷第 12 期（1934 年 8 月 1 日）

索 引

（1931.1.1—1934.10.4）

B

伯希和（Pelliot）

33.2.10，33.2.24

C

蔡孔耀（孔耀）

32.9.5，32.10.29，32.12.3，32.12.31，33.4.14，33.5.12，33.5.30，
33.7.18，33.8.19，33.8.21，33.8.23，34.2.10，34.9.8

蔡莫佛（蔡君）

31.8.6，31.8.7

蔡谦（蔡君）

31.6.5，31.7.7，31.7.21，31.8.1，31.8.2，31.8.7，31.8.8，31.8.9，
31.8.29，32.1.5，32.1.13，33.12.29，34.1.21，34.1.25，34.1.26

陈超（陈君）

34.3.27，34.4.12

陈达

31.9.10

陈岱孙

34.10.1

陈德煊（德煊）

33.5.27，33.8.23，33.8.31，33.9.3，33.9.16，33.9.25，33.10.1，
33.11.14，33.11.18，33.11.24，33.12.23，34.2.17，34.2.24，
34.2.25，34.3.10，34.4.29，34.6.10，34.7.5，34.7.9，34.7.21，
34.7.26，34.7.31，34.8.31，34.9.4，34.9.5

陈凤书

31.1.2，31.7.12，31.7.25，31.8.6，31.8.7，31.11.23，32.1.23，
32.1.27，32.3.31，32.4.7，32.4.24，32.10.1，32.12.31，33.1.20，
33.5.22，33.10.15，33.12.23，34.3.31，34.5.25，34.6.19

陈继严（继严）

31.5.10，31.11.6，32.1.1，32.8.5

陈篯熙（陈君）

31.1.29，31.2.2，31.2.3，31.2.6，31.2.9，31.2.28，31.3.21，
31.3.22，31.3.29，31.3.31，31.4.5，31.4.15，31.4.26，31.5.16，
31.5.23，31.5.24，31.5.25，31.6.7，31.6.20，31.6.24，31.6.27，
31.7.21，31.7.26，31.8.1，31.8.2，31.8.7，31.8.29，31.8.30，
31.11.12，31.11.15，32.10.1，32.12.31，33.9.2

陈鏊

34.10.1

陈巽颐（巽颐）

32.9.24，32.9.25，34.5.9，34.6.28

陈熙泽（陈君）

34.10.1

陈寅恪

33.11.12，34.1.5，34.2.6

陈垣（陈援庵）

31.3.21，33.12.2，34.1.29

陈桢

31.7.12，31.7.13，31.9.18，31.9.19

崔殿魁

33.5.18

崔敬伯

33.9.9

D

戴文魁（文魁）

33.7.28，33.7.31

董文立

34.6.19

董允辉（董君、允辉）

31.1.1，31.1.16，31.1.23，31.2.2，31.2.3，31.2.6，31.2.17，31.2.28，31.3.12，31.3.18，31.3.27，31.3.29，31.4.5，31.4.26，31.5.2，31.5.9，31.5.17，31.5.22，31.5.23，31.5.25，31.6.1，31.6.6，31.6.13，31.6.15，31.6.27，31.9.5

董子容（董君、子容）

31.1.1，31.1.6，31.1.8，31.1.16，31.2.13，31.3.20，31.3.21，

31.4.5，31.4.7，31.6.7，32.3.27，32.4.7

33.3.26，33.4.1

何纪泽（纪泽）

32.6.28，33.5.26，33.5.28

胡适

31.1.13，31.5.13，31.5.14，32.1.25，32.3.10，32.3.24，32.10.13，
32.10.14，33.1.15，33.6.12，33.6.13，33.12.7，34.1.17，34.6.22，
34.7.4，34.7.17

胡师刚

31.12.13

胡先骕

31.3.19

华罗庚

33.1.3

华芷荪

33.2.26，33.3.8

黄节

33.4.26

黄万杰（黄君、云畴、万杰、老黄）

31.3.10，31.3.12，31.3.21，31.4.26，31.5.23，31.6.6，31.6.12，
31.6.16，31.6.17，31.6.24，31.7.4，31.8.9，31.9.3，31.9.5，31.9.6，
31.9.9，31.9.10，31.9.11，31.9.15，31.9.20，31.9.26，32.1.2，
32.1.4，32.1.27，32.2.1，32.2.19，32.2.20，32.9.6，32.11.17，
33.1.1，33.1.3，33.1.18，33.1.19，33.1.30，33.2.15，33.3.22，

33.5.27，33.7.16，33.9.6，33.10.2，33.10.20，33.10.28，34.2.24，

34.3.28，34.4.15，34.7.15，34.7.22

黄郁炎（郁炎）

32.7.17，32.8.5，33.7.25，33.7.31

霍兰德（Miss Holland）

31.11.18，31.12.24，32.1.25，32.3.15，32.3.17，33.11.29

霍世休

33.3.15

洪瑞宪

34.9.8

洪煨莲

33.2.10

J

贾邦福（Gapanovitch、葛邦福、噶邦福）

31.9.14，33.11.29，33.12.1

姜善

34.7.20，34.7.31，34.8.6

江亢虎

33.9.18

蒋廷黻（蒋先生）

31.9.22，32.3.18，32.4.13，32.5.23，32.11.20，32.11.25，32.11.30，

32.12.14，32.12.15，32.12.17，32.12.20，32.12.21，33.2.4，

33.2.13，33.2.17，33.3.5，33.3.6，33.3.23，33.3.25，33.3.25，

33.4.17，33.5.5，33.5.8，33.5.15，33.9.13，33.9.27，33.10.3，
33.12.16，33.12.22，33.12.29，34.1.11，34.1.17，34.2.5，34.3.27，
34.3.29，34.4.22，34.5.23，34.5.31，34.6.13，34.7.10

K

孔繁霱

31.11.18，32.1.7，34.10.3

柯召（柯君）

32.11.17，32.11.18，33.2.15，33.8.24，33.8.25

L

雷海宗

33.9.5，34.3.27，34.10.3

李登梅（登梅）

32.10.29，33.4.14，33.5.25，34.4.16，34.7.9

李嘉言（李家雁）

33.3.26

李峻之

33.2.22，33.4.15，33.5.3

李良（锄非）

30.8.30，31.5.10，32.11.7，32.6.18，32.6.20，32.6.22，32.7.2，
32.7.7，32.7.16，32.7.30，33.5.6，33.5.26，33.5.28，33.5.29，
33.5.30，33.5.31，33.6.2，33.6.26，33.7.7，33.7.11，33.7.14，
33.7.16，33.7.20，33.7.29，33.8.1，33.8.5，33.8.8，33.8.9

李汝祺

31.1.12

李守钦

33.6.2

李守恩（秀庵）

31.11.7，32.6.20，32.6.28，32.7.2，32.7.16，33.7.16

梁方仲

34.4.14，34.4.16，34.4.29，34.5.20

梁宗岱

33.10.20，34.6.1

林东海（林博士、林某）

31.1.12，31.1.22，31.2.24，31.6.12

林济（林君）

31.7.6，31.7.7，31.7.15，31.7.16，31.7.19，31.7.20，31.7.21，
31.9.5，31.11.6，31.11.25，31.12.13，32.1.1，32.3.31，32.9.24，
32.9.25，32.10.6，33.1.4，33.1.25，33.1.26，33.1.27，33.5.6，
33.9.16，34.2.3

林少兰（少兰）

33.8.20

林文奎

32.3.3

林琴南

31.2.27

刘昌谬（昌谬）

32.9.5，33.4.22，33.8.27，34.4.15

刘崇鋐

33.3.23，33.9.6，33.9.8，34.10.2，34.10.3

刘古谛（刘君）

31.1.1，31.1.2，31.1.16，31.1.17，31.1.27，31.2.12，31.2.23，
31.3.29，31.4.3，31.4.5，31.4.11，31.4.20，31.5.2，31.5.17，
31.6.1，31.6.6，31.6.9，31.6.13，31.6.16，31.6.17，31.6.23，
31.6.30，31.7.16，31.7.25，31.8.1，31.8.2，31.8.5，31.8.7，
31.8.29，31.9.9，31.11.17，31.12.5，31.12.28，31.12.29，31.12.31，
32.3.31，32.11.17，32.12.1，32.12.11，33.1.26，33.5.27，33.9.17，
33.12.23，34.3.7，34.4.25，34.6.19，34.8.3，34.9.4，34.10.4

刘节

31.12.26，32.9.25，34.5.8

刘廷芳

31.2.3，31.11.15，33.2.10

刘文典（叔雅）

33.3.15，33.5.18

刘武

31.12.26

刘英士

33.1.6，33.2.3

罗尔纲

34.5.20，34.9.3

陶希圣

31.2.17，31.2.18，31.2.19，31.3.24，31.12.29，33.1.1，33.1.2，
33.1.5，33.1.12，33.3.26，33.9.8，34.7.17，34.8.16

陶英杰

33.5.27

W

王德斋

33.9.9

王明

32.9.25，34.1.24，34.5.9，34.7.31

王杕（杖、木武、王君）

31.1.17，31.2.22，31.3.22，31.5.10，31.6.19，31.9.2，31.9.8，
31.9.9，31.9.11，31.9.13，31.9.14，31.9.17，31.9.20，31.9.24，
31.9.26，31.10.17，31.11.3，31.11.4，31.11.5，31.12.5，31.12.26，
31.12.31，32.1.2，32.1.3，32.1.7，32.1.9，32.1.20，32.1.22，
32.1.24，32.4.26，32.6.10，32.6.11，32.6.12，32.6.14，32.6.15，
32.6.16，32.6.17，32.8.23，32.8.24，32.8.28，32.8.29，32.8.30，
32.9.18，32.10.14，32.11.16，32.11.17，32.11.18，32.12.10，
32.12.25，33.1.21，33.1.24，33.1.30，33.2.10，33.3.8，33.3.10，
33.3.11，33.3.21，33.3.22，33.3.26，33.4.12，33.5.26，33.5.28，
33.6.14，33.7.9，33.8.27，33.10.16，33.10.21，33.10.22，33.10.28，
33.12.3，33.12.7，34.2.3，34.3.28，34.8.6，34.9.4，34.10.2，34.10.4

王书之

31.11.6，31.11.25，31.12.13，33.7.2，33.7.23，33.7.24

王祥第（祥第、王君）

31.1.2，31.1.29，31.2.2，31.2.3，31.2.22，31.3.22，31.5.10，31.5.23，31.8.1（？），31.8.2（？），31.9.8，31.9.9，31.9.11，31.9.12，31.9.13，31.9.20，31.9.24，31.9.26，31.11.3，31.11.5，31.12.31，32.1.13，32.1.20，32.1.22，32.3.4，32.3.18，32.5.13，32.6.10，32.6.11，32.6.14，32.6.15，32.6.16，32.8.20，32.8.24，32.8.29，32.8.30，32.9.2，32.9.24，32.10.1，32.10.3，32.10.11，32.11.16，32.11.17，32.11.18，32.12.25，32.12.31，33.1.1，33.1.2，33.1.21，33.1.22，33.1.24，33.1.26，33.1.27，33.1.30，33.2.9，33.2.15，33.2.18，33.3.11，33.3.22，33.4.1，33.4.16，33.4.23，33.5.24，33.5.27，33.7.9，33.8.19，33.8.20，33.8.21，33.8.23，33.9.6，33.9.16，33.10.20，33.10.28，33.11.1，34.2.1，34.2.8，34.2.17，34.2.24，34.2.25，34.3.18，34.3.28，34.6.10，34.6.12，34.6.13，34.6.26，34.9.2，34.9.4，34.9.10，34.9.22

王芸生

32.8.4，32.8.5，32.11.30，34.2.5，34.4.4，34.4.14，34.5.30

王载纮（老六）

34.7.6

王载桓（老五、小同）

34.7.6，34.7.31

王造时

32.3.3

闻人乾

32.9.26，33.1.10

闻一多

33.4.26，33.5.6

吴秉经（秉经）

33.7.17，33.7.21，33.7.23，33.7.24，33.7.25，33.7.29，33.8.3

吴晗（吴春晗、辰伯、吴君）

32.9.26，32.11.24，32.12.27，33.2.22，33.2.26，33.3.9，33.3.15，
33.3.16，33.3.23，33.3.31，33.4.15，33.4.24，33.4.27，33.9.11，
33.11.12，34.2.20，34.2.22，34.4.29，34.5.20，34.6.11，34.7.29，
34.9.2，34.9.3，34.10.2

吴景荣（景荣、吴君）

32.9.5，32.12.25，33.1.24，33.1.26，33.1.27，33.3.11，33.3.22，
33.4.8，33.4.16，33.4.22，33.4.29，33.5.13，33.5.24，33.5.25，
33.5.27，33.8.27，33.10.1，33.12.17，34.1.26，34.1.27，34.1.31，
34.3.16，34.4.15，34.4.28，34.8.25，34.9.10，34.9.25，34.9.26

吴宓（吴先生）

33.1.6

吴其昌（子馨）

31.11.18，31.11.21，32.1.7，32.1.12，32.5.25

X

夏鼐（翼天）

31.6.17，32.5.13，33.2.21，33.6.10，33.6.24，33.7.17，33.7.18，

33.7.20，33.7.24，33.7.28，33.7.29，33.7.31，33.8.1，33.8.4，
33.8.31，34.2.24，34.3.18

夏鼎（大哥、大兄）

31.1.12，31.1.23，31.5.10，31.6.2，31.6.19，31.7.4，31.8.9，
31.8.24，31.10.12，31.11.7，31.11.25，31.12.13，32.1.1，32.6.18，
32.6.19，32.6.22，33.4.6，33.6.4，33.6.21，33.12.3，34.3.4

夏瑞暄（瑞暄）

33.4.14

夏顺庚（父亲、双亲）

31.1.12，31.1.23，31.5. 10，31.6.2，31.6.19，31.6.20，31.7.4，
31.8.9，31.8.24，31.10.12，31.11.7，31.11.25，31.12.13，32.1.1，
32.3.8，32.6.18，32.6.22，32.6.23，32.8.5，32.8.30，33.1.4，
33.2.7，33.3.12，33.4.6，33.6.1，33.12.3，33.12.17，34.2.7，
34.3.4

夏素琴（铮儿、铮、铮铮）

32.6.19，32.6.24，32.8.24，33.4.14

夏秀莲（姬妹）

32.6.22，33.2.6，33.6.21，34.3.4

萧公权

31.1.12

萧蓬

31.11.18，33.10.28

谢廷式

33.11.3，34.3.27，34.3.29，34.4.8，34.4.13，34.4.16

杨鸿烈

34.8.26，34.9.25，34.10.1

杨绍震（杨君）

34.6.11，34.9.1，34.9.2，34.10.1

杨学德

32.10.1，32.12.3，32.12.31，33.1.18，33.3.17，33.5.28，33.5.30，
33.6.14，33.7.17，33.7.18，3.7.20，33.7.21，33.8.31，33.10.1，
33.11.11，34.1.26，34.1.27，34.3.10，34.4.29，34.6.10，34.9.8

姚薇元

33.12.22

叶岑

32.9.5，33.1.25，33.5.27，34.1.27

叶焜

32.1.1，32.7.27，32.8.5，32.8.18，32.8.23，32.8.26，32.10.6，
33.2.14，33.6.10，33.6.30，33.7.1，33.7.10，33.7.11，33.7.30，
33.8.19

叶械

31.5.10

俞平伯

31.2.18

Z

查良钊

32.9.22

詹文讚

34.8.25

张承洪

31.6.3

张德昌

33.4.15

张东荪

30.9.1，30.11.29，31.6.9，31.7.31，33.2.3

张尔田（张先生）

31.2.16，31.2.17，31.2.18，31.3.18，31.3.23，31.5.25

张继

31.4.22

张杰（牛夕）

33.2.25

张璟龄（张君）

31.7.12，31.7.14，31.7.27，31.8.1，31.8.3，31.8.4，31.8.6，
31.8.8，31.8.9，31.8.20，31.8.29

张民觉

34.4.5

张星烺

34.1.10，34.1.11，34.3.3

张章达（张君）

33.2.25，34.3.27，34.4.12

张子高

31.9.10，31.9.11，31.9.15，31.9.17，31.9.19，32.4.13，33.1.7

张宗炳

30.9.1，31.5.17，31.7.12，31.8.4

张宗燧（张君、小张、宗燧）

31.1.16，31.3.22，31.4.21，31.5.17，31.6.5，31.6.23，31.7.4，
31.7.21，31.8.1，31.8.2，31.8.4，31.8.7，31.8.16，31.8.18，
31.8.20，31.11.5，31.11.17，31.12.5，31.12.29，31.12.31，32.1.13，
32.2.1，32.2.5，32.4.30，32.9.23，32.10.2，33.1.20，33.1.21，
33.1.22，33.2.3，33.9.9，33.9.24，33.11.30，34.2.20，34.2.21，
34.4.25，34.6.19，34.8.13，34.8.15，34.8.21，34.9.15

章太炎

32.3.24

赵泉澄

31.5.2，32.3.24，34.1.23

赵恕

34.2.10，34.7.5，34.7.21，34.8.31

郑桑

30.8.31，32.7.27，32.8.5，32.10.4，33.6.10，33.6.30，33.7.1，
33.7.10，33.7.29，33.8.19

郑丕留

34.3.27，34.3.28，34.3.29，34.4.4，34.4.6，34.4.8，34.4.13

郑振铎

33.2.10，33.4.26

郑重

31.9.9，31.9.18，31.9.19，32.6.23

朱庆澜

32.9.22

朱庆永

34.5.16，34.5.20，34.6.11

朱延丰

34.10.1

朱义析

31.1.30，31.2.17，31.3.18，31.4.5，31.4.11，31.4.20，31.6.3，
31.6.6，31.6.20，31.7.11，31.8.7，32.1.23，34.2.24

朱自清

33.2.10，33.4.26